CONFIRMED IN THE SPIRIT

Confirmados
en el Espíritu

AUTORES
AUTHORS

HERMANAS DE NOTRE DAME
SISTERS OF NOTRE DAME

CHARDON, OHIO

LOYOLA PRESS.
UN MINISTERIO JESUITA
A JESUIT MINISTRY

IMPRIMATUR

Conforme al canon 827 del Código de Derecho Canónico, el Reverendísimo John F. Canary, Vicario General de la Arquidiócesis de Chicago, ha otorgado el 9 de julio 2012 aprobación para la publicación. La aprobación para la publicación es una declaración oficial de la autoridad eclesiástica, la cual establece que el material en cuestión carece de errores morales o doctrinales. De lo establecido no se infiere que quienes han otorgado la aprobación están de acuerdo con el contenido, opiniones o expresiones vertidas en el trabajo ni asumen responsabilidad legal alguna relacionada con la publicación.

In accordance with c. 827, permission to publish is granted on April 13, 2012 by Rev. Msgr. John F. Canary, Vicar General of the Archdiocese of Chicago. Permission to publish is an official declaration of ecclesiastical authority that the material is free from doctrinal and moral error. No legal responsibility is assumed by the grant of this permission.

EN CONFORMIDAD / IN CONFORMITY

El Subcomité para el Catecismo de la Conferencia de Obispos Católicos de los Estados Unidos consideró que este texto catequético, copyright 2014, está en conformidad con el Catecismo de la Iglesia Católica.

The Subcommittee on the Catechism, United States Conference of Catholic Bishops, has found this text, copyright 2014, to be in conformity with the Catechism of the Catholic Church; it may be used only as supplemental to other basal catechetical texts.

Consultores/Advisors: Barbara F. Campbell, M.Div.; Santiago Cortés-Sjöberg, M. Div.; Jeanette L. Graham, M.A.; Jean Hopman, O.S.U., M.A.

Traducción al español de/Spanish translation by: Édgar R. Beltrán y Joel Sánchez

Diseño de portada/Cover design: Loyola Press

Ilustración de portada/Cover Illustration: Mackey Creations/Shutterstock.com (paloma/dove), iStockphoto/Thinkstock (fondo/background)

Diseño interior/Interior design: Loyola Press

ISBN-13: 978-0-8294-3682-2
ISBN-10: 0-8294-3682-0

Copyright © 2014 Loyola Press, Chicago, Illinois.

Impreso en los Estados Unidos de América/ Printed in the United States of America.

Reconocemos con gratitud a los autores, editores, fotógrafos, museos y agentes por autorizarnos a reproducir el material con derechos de autor que aparece en esta obra. Loyola Press ha hecho todos los intentos posibles para identificar a los propietarios de los derechos de autor. En caso de alguna omisión, Loyola Press se complacerá en reconocerlos apropiadamente en las ediciones futuras. Los reconocimientos continúan en la página 122.

Grateful acknowledgment is given to authors, publishers, photographers, museums, and agents for permission to reprint the following copyrighted material. Every effort has been made to determine copyright owners. In the case of any omissions, the publisher will be pleased to make suitable acknowledgments in future editions. Acknowledgments continue on page 122.

LOYOLAPRESS.
UN MINISTERIO JESUITA
A JESUIT MINISTRY
(800) 621-1008
www.loyolapress.com

21 22 23 Web 12 11 10

ESTA EDICIÓN BILINGÜE DE *CONFIRMADOS EN EL ESPÍRITU* ESTÁ DEDICADA A

THIS BILINGUAL EDITION OF *CONFIRMED IN THE SPIRIT* IS DEDICATED TO

Miguel Arias

1971–2012

A nuestro amigo, colega y compañero en el ministerio,
quien dedicó su vida y trabajo a servir al pueblo hispano inmigrante.

Que la fe en Cristo resucitado,

que guió siempre a Miguel en su ministerio,

sea para quienes leamos estas páginas

fuente de sustento,

apoyo y fortaleza

en nuestro caminar hacia

una relación más profunda e íntima

con Dios, nuestro Padre.

To our friend, colleague, and companion in ministry,
who dedicated his life and work to serve the immigrant Hispanic community.

May the faith in the Risen Christ,

which guided Miguel in his ministry,

be for us who read these pages

a source of nourishment,

support, and strength

in our journey toward a deeper

and more intimate relationship

with God, our Father.

índice

contents

rezar

ORACIÓN AL ESPÍRITU SANTO

Ven Espíritu Santo, llena los corazones de tus fieles.

Y enciende en ellos el fuego de tu amor.

Envía tu Espíritu y serán creadas todas las cosas.

Y renovarás la faz de la tierra.

Oremos:

¡Oh Dios, que has instruido

los corazones de tus fieles

con luz del Espíritu Santo!,

concédenos que sintamos rectamente

con el mismo Espíritu

y gocemos siempre

de su divino consuelo.

Por Jesucristo Nuestro Señor.

Amén.

pray

Come, Holy Spirit, fill the hearts of your faithful.

And kindle in them the fire of your love.

Send forth your Spirit and they shall be created.

And you shall renew the face of the earth.

Let us pray:

O God, by the light of the Holy Spirit you have taught the hearts of your faithful. In the same Spirit, help us to know what is truly right and always to rejoice in your consolation.

We ask this through Christ, Our Lord.

Amen.

rezar

Un viaje de mil leguas comienza con un solo paso.

Escribe una oración a Dios en la que reflexiones sobre dónde te encuentras en este momento en tu viaje de fe. Piensa en los sentimientos, preguntas, esperanzas y deseos que tienes. Comienza así una conversación con Dios, tu Padre y amigo.

Yo, _____, que estoy

iniciando este viaje que es mi preparación para el sacramento

de la Confirmación, le ofrezco a Dios la siguiente oración:

_____

_____

_____

_____

_____

_____

_____

_____

pray

MY PRAYER

A journey of a thousand miles begins with a single step.

Write a prayer to God, reflecting on where you are in your faith journey. Think about your feelings, questions, hopes, and desires. Then begin a conversation with God—your Father and friend.

I, _____, *about to begin*

my journey to prepare for the Sacrament of Confirmation, offer

the following prayer to God.

_____

_____

_____

_____

_____

_____

_____

_____

Bienvenidos a
CONFIRMADOS EN EL ESPÍRITU

EL DÍA DE TU BAUTISMO tus padres prometieron criarte en la fe y asegurarse de que la vida divina, que Dios te da, reciba el cuidado necesario y se fortalezca en tu corazón. Ellos aceptaron la responsabilidad de enseñarte lo que significa ser católico y de ayudarte a cumplir los mandamientos de Dios como nos lo enseñó Jesús, al amar a Dios y a tu prójimo.

El Espíritu Santo te llenó de dones y gracias en tu Bautismo para guiarte. Desde entonces tus padres, padrinos, párroco, catequistas y otros buenos cristianos te han ayudado a vivir la vida que Dios tiene preparada para ti. Mediante la celebración de la Eucaristía te has fortalecido para responder al llamado de Dios. También has tenido que reconciliarte con Dios y con tu prójimo por medio del sacramento de la Penitencia y la Reconciliación. Ahora te estás preparando para dar otro paso: celebrar el sacramento de la Confirmación.

Confirmados en el Espíritu te ayudará a prepararte para que el Espíritu Santo te fortalezca en el sacramento de la Confirmación. Repasarás muchas de las verdades que has aprendido y profundizarás en tu comprensión de cómo la Confirmación se relaciona tanto con el Bautismo como con la Eucaristía. Lo que es más importante, reflexionarás sobre cómo el Espíritu Santo te puede ayudar a elegir sabiamente y a actuar con responsabilidad en tanto que aprendes cómo escuchar a la voz del Espíritu y a obedecerla con fidelidad.

Al adentrarte más en este libro obtendrás una mayor apreciación de lo que significa ser confirmado en el Espíritu. Llegarás a darte cuenta de que solo el Espíritu de Jesús te puede ayudar a ser testigo del Evangelio y a servir al reino de Dios. Hace dos mil años san Pablo escribió sobre las metas de todos los cristianos y de los desafíos a los que se enfrentan; habló sobre el llamado y la promesa de Dios: "Y quien nos preparó precisamente para ello es Dios, que nos dio como garantía el Espíritu" (2 Corintios 5:5).

Welcome to
CONFIRMED IN THE SPIRIT

ON THE DAY OF YOUR BAPTISM, your parents promised to raise you in the faith and to see that the divine life, which God gives you, is kept safe and grows stronger in your heart. They accepted the responsibility of teaching you what it means to be Catholic and to keep God's commandments, as Jesus taught us, by loving God and your neighbor.

At your Baptism the Holy Spirit filled you with gifts and graces to guide you. Since then, your parents, sponsors, parish priest, catechists, and other good Christians have helped you live the life God has intended for you. Through the celebration of the Eucharist, you have strengthened yourself to respond to God's calling. You also have had to be reconciled with God and your neighbor through the Sacrament of Penance and Reconciliation. Now you are getting ready to take another step—celebrating the Sacrament of Confirmation.

Confirmed in the Spirit will help you prepare to be strengthened by the Holy Spirit in the Sacrament of Confirmation. You will review many of the truths you have learned, and you will deepen your understanding of how Confirmation is linked to both Baptism and the Eucharist. More importantly, you will consider how the Holy Spirit can help you choose wisely and act responsibly as you learn how to stay attuned to the Spirit's voice and to obey it faithfully.

As you journey deeper into this book, you will gain a greater appreciation for what it means to be confirmed in the Spirit. You will come to realize that only the Spirit of Jesus can help you give witness to the Gospel and serve the Kingdom of God. Two thousand years ago, Saint Paul wrote about the goals of all Christians and the challenges they face. He spoke about God's call and promise. "Now the one who has prepared us for this very thing is God, who has given us the Spirit as a first installment." (2 Corinthians 5:5)

CAPÍTULO 1

Confirmados en el
Espíritu

¿Alguna vez te has sentido completamente solo en el mundo? ¿Alguna vez te has enfrentado una situación difícil y no has sabido qué hacer? ¿A quién le pediste ayuda?

"Oremos, hermanos, a Dios Padre, para que envíe abundantemente sobre ellos al Espíritu Santo, a fin de que este mismo Espíritu los fortalezca con la abundancia de sus dones. . ."

—Ritual para la Confirmación

CHAPTER 1

Confirmed in the
Spirit

Have you ever felt all alone in the world? Have you ever faced a difficult situation and didn't know what to do? Whom did you ask for help?

"Let us pray to our Father that he will pour out the Holy Spirit to strengthen his sons and daughters with his gifts . . ."
—*Rite of Confirmation*

El Espíritu está con nosotros

"Si me aman, cumplirán mis mandamientos; y yo pediré al Padre que les envíe otro Defensor que esté siempre con ustedes: el Espíritu de la verdad, que el mundo no puede recibir, porque no lo ve ni lo conoce. Ustedes lo conocen, porque él permanece con ustedes y estará en ustedes. No los dejo huérfanos, volveré a visitarlos".

Juan 14:15–18

Entender las Escrituras

En el pasaje anterior Jesús está hablando con sus apóstoles después de la Última Cena. Les está dando unas palabras finales de consuelo antes de que sus acusadores lo vengan a arrestar. Los apóstoles están nerviosos y se preguntan qué es lo que vendrá después. Jesús no niega que está por marcharse.

Los discípulos tienen miedo de quedarse solos; estarán perdidos sin Jesús. Pero Jesús les dice que enviará un **Defensor** para que los ayude.

El término *defensor* viene de una palabra griega que puede significar "abogado". También puede significar "mediador", "intercesor", "alentador" o "consolador".

Jesús pide al "Espíritu de la verdad" que sea el defensor de sus amigos y permanecer con ellos. Jesús nos ofrece el mismo apoyo. Él nos dice: "No los dejo huérfanos" (Juan 14:18).

Las Escrituras y tú

Tener que enfrentarte a los retos de un nuevo día puede darte miedo. Quizá tengas que afrontar una situación difícil en casa o en la escuela. Es posible que te inquieten los acontecimientos que ves sucediendo en el mundo. Con tantos problemas a los que se enfrenta el mundo y a los que te tienes que enfrentar tú mismo, no es de extrañar que a veces te preguntes dónde está Dios.

Eres como los discípulos escuchando a Jesús. Han estado con Jesús durante casi tres años y ahora él se marcha. Están tratando de comprender lo que está pasando y se preguntan qué vendrá después.

Jesús asegura a los discípulos que no los dejará huérfanos. Les promete enviar a Dios Espíritu Santo, la tercera Persona de la Trinidad, para estar siempre con ellos. Hoy Jesús te hace la misma promesa.

REFLEXIONAR SOBRE LA PALABRA DE DIOS

¿Qué te viene a la mente cuando escuchas que Jesús promete no dejarte huérfano? ¿Con qué problemas o preocupaciones le puedes pedir ayuda al Espíritu Santo? Pasa unos momentos en oración. En silencio, habla con Dios sobre lo que quieras.

The Spirit Is with Us

"If you love me, you will keep my commandments. And I will ask the Father, and he will give you another Advocate to be with you always, the Spirit of truth, which the world cannot accept, because it neither sees nor knows it. But you know it, because it remains with you, and will be in you. I will not leave you orphans."

John 14:15–18

Understanding Scripture

In the passage above, Jesus is talking to his Apostles after the Last Supper. He is giving them some final words of comfort before his accusers come to arrest him. The Apostles are nervous, and they're wondering what's coming next. Jesus doesn't deny that he is leaving.

The disciples are afraid of being left behind; they will be lost without Jesus. But Jesus tells them he is sending an **Advocate** to help them.

The term *advocate* comes from a Greek word that can mean "lawyer." It can also mean "mediator," "intercessor," "comforter," or "consoler."

Jesus calls on the "Spirit of Truth" to be his friends' advocate and remain with them. Jesus offers us the same support. He tells us, "I will not leave you orphans." (John 14:18)

Scripture and You

Facing the challenges of a new day can be scary. You may have to deal with a difficult situation at home or at school. You may be disturbed by the events you see unfolding in the world. With so many problems facing the world and yourself, you may wonder where God is.

You are just like the disciples listening to Jesus. They have been with him for almost three years, and now he is leaving them. They're trying to make sense of what's happening and are wondering what will come next.

Jesus assures the disciples that he won't leave them orphans. He promises to send God the Holy Spirit, the Third Person of the Trinity to be with them always. Jesus makes that same promise to you today.

REFLECTING ON GOD'S WORD

What comes to mind when you hear Jesus promise not to leave you as an orphan? What problems or concerns can you ask the Holy Spirit to help you handle? Spend a few moments in prayer. Silently talk to God about anything you would like.

anoint

VENTANA AL ARTE

El Bautismo de Jesús, He Qi, 2005.

Baptism of Jesus, He Qi, 2005.

El Espíritu en el Antiguo Testamento

Mucha gente piensa que Dios realmente no se involucra en el mundo, que simplemente deja que las cosas sucedan. Algunos ven a Dios como un relojero que le da cuerda al mundo y luego se hace a un lado para ver cómo pasa el tiempo. La Biblia cuenta una historia completamente diferente. Esta dice que desde el principio de la creación el Espíritu de Dios formó la tierra y todo lo que la rodea, y que Dios siempre estará con nosotros.

En el Antiguo Testamento la palabra que se utiliza para "espíritu" es el vocablo hebreo *ruah*, que se puede traducir como "soplo" o "aliento". La acción de Dios en la creación se describe en el Génesis: Dios creó el cielo y la tierra. La tierra no tenía forma; las tinieblas cubrían el abismo. Y el soplo de Dios se movía sobre la superficie de las aguas (Génesis 1:1–2). Dios modeló al hombre con arcilla del suelo, sopló en su nariz aliento de vida (Génesis 2:7).

El Espíritu de Dios está con su pueblo en todo el Antiguo Testamento: con la ayuda del Espíritu de Dios, Moisés guía al pueblo hebreo fuera de Egipto y hacia la libertad. Conforme crece la comunidad hebrea, Dios da su Espíritu a los líderes de la comunidad (Números 11:17,25).

El Espíritu en el Nuevo Testamento

En el Nuevo Testamento el Espíritu Santo viene sobre María mientras ella responde a la llamada a ser la madre de Jesús, el Hijo de Dios (Lucas 1:35). El Espíritu Santo aparece en la forma de una paloma en el bautismo de Jesús (Mateo 3:16–17). Jesús se deja guiar por el Espíritu para orar en el desierto (Lucas 4:1–2). Y Jesús leyó en el Libro del profeta Isaías que el Espíritu está sobre él cuando empieza su ministerio (Lucas 4:16–21).

Después de la Resurrección y Ascensión de Jesús, el Espíritu Santo viene en Pentecostés. El Espíritu llena de gracia a los discípulos y les da el valor para proclamar a Jesús en el mundo (Hechos de los Apóstoles 2:1–4).

El Espíritu en el mundo de hoy

El don de Dios que nos ayuda a vivir de la manera que él quiere que vivamos se llama **gracia**. El sacramento de la Confirmación completa la gracia que recibimos en el Bautismo y sella o confirma esta gracia por medio de los siete dones del Espíritu Santo.

ungir

The Spirit in the Old Testament

Many people think that God really isn't involved in the world; he simply lets things happen. Some see God as a watchmaker who winds up the world and then steps aside and lets it tick away. The Bible tells a completely different story. It says that from the beginning of creation, the Spirit of God formed the earth and all its surroundings, and that God will always be with us.

In the Old Testament, the word for "spirit" is the Hebrew word *ruah,* which can be translated as "wind" or "breath." God's action in creation is described in the Book of Genesis: God created the heavens and the earth. The earth was a shapeless wasteland, and the heavens were covered with darkness. A mighty wind swept across the waters. (Genesis 1:1–2) God formed the first man out of the clay of the ground and breathed into him the Spirit of Life. (Genesis 2:7)

The Spirit of God is with his people throughout the Old Testament. With the help of God's Spirit, Moses leads the Hebrew people out of Egypt to freedom. As the Hebrew community grows, God gives his Spirit to the community's leaders. (Numbers 11:17,25)

The Spirit in the New Testament

In the New Testament, the Holy Spirit comes to Mary as she answers the call to be the mother of Jesus, the Son of God. (Luke 1:35) The Holy Spirit appears in the form of a dove at Jesus' baptism. (Matthew 3:16–17) Jesus is led by the Spirit into the desert to pray. (Luke 4:1–2) And Jesus reads from the scroll of the prophet Isaiah that the Spirit is upon him as he begins his ministry. (Luke 4:16–21)

After Jesus' Resurrection and Ascension, the Holy Spirit comes on Pentecost. The Spirit

ART LINK

Annunciation, He Qi, 2001.

La Anunciación, He Qi, 2001.

fills the disciples with grace and gives them the courage to proclaim Jesus to the world. (Acts of the Apostles 2:1–4)

The Spirit in the World Today

The gift of God that helps us live as he wants us to live is called **grace.** The Sacrament of Confirmation completes the grace we receive in Baptism. It seals, or confirms, this grace through the seven Gifts of the Holy Spirit.

3

Las historias de las Escrituras que nos muestran al Espíritu Santo en acción ejemplifican lo que Dios ha hecho en el pasado, y también son muestra de la manera en que Dios continúa obrando en nuestras vidas hoy. Las historias nos ayudan a reconocer la obra del Espíritu Santo en nuestras propias vidas. El Espíritu nos ayuda a entender lo que Dios nos llama a hacer. La misión del Espíritu Santo y la de Jesús son inseparables. Siempre, cuando Dios envía a su Hijo, también envía su Espíritu.

Padre, Hijo y Espíritu con nosotros

Dios no está lejos de nosotros. Él quiere que sepamos lo cerca que está de nosotros. Como dijo Jesús, no nos ha dejado huérfanos.

Dios es nuestro Padre, que creó el universo de la nada para expresar su amor por nosotros. Jesús, Dios Hijo, vino a nosotros como Salvador y Redentor para volvernos a reunir con Dios, restaurando la relación que rompimos con nuestros pecados. Jesús es la imagen visible del Dios invisible. Pero es el Espíritu Santo quien nos revela a Jesús. El Espíritu Santo es Dios vivo en el mundo. Dios Espíritu Santo nos ayuda a saber que somos amados y nos muestra cómo amar a los demás.

Jesús envió al Espíritu Santo para ayudarnos, defendernos y consolarnos. Como Espíritu de la verdad, el Espíritu Santo hace que la obra salvífica de Cristo esté presente y activa en la Iglesia. El Espíritu nos da la gracia para actuar ante Dios y ante los demás como lo hizo Jesús. Usar tus talentos y tus recursos para ayudar a los demás y al mundo se llama **corresponsabilidad**.

El Espíritu Santo también nos ayuda a formar parte de una comunidad a la que llamamos **Iglesia**, o el Cuerpo de Cristo. Cristo llena a los miembros de esta comunidad con el Espíritu Santo y les fortalece, les anima y les envía a compartir la Buena Nueva con el mundo.

MI TURNO   El Espíritu en acción

1. **¿Cómo ves al Espíritu en acción en el mundo actual?**

_____

_____

2. **¿Puedes dar un ejemplo del Espíritu Santo ayudándote en tu vida?**

_____

_____

3. **¿Cuándo has sentido la gracia de Dios obrando a través de ti u otra persona?**

_____

_____

_____

_____

The Scripture stories of the Holy Spirit in action exemplify what God has done in the past, and they are also models of how God continues to work in our lives today. The stories help us recognize the work of the Holy Spirit in our own lives. The Spirit helps us understand what God is calling us to do. The mission of the Holy Spirit and Jesus are inseparable. Whenever God sends his Son, he always sends his Spirit.

Father, Son, and Spirit with Us

God is not distant from us. He wants us to know how close he is to us. As Jesus said, we are not being left as orphans.

God is our Father, who created the universe from nothing in order to express his love for us. Jesus, God the Son, came to us as Savior and Redeemer to reunite us with God and to restore the relationship we broke by our sin. Jesus is the visible image of the invisible God. But it is the Holy Spirit who reveals Jesus to us. The Holy Spirit is God alive in the world. God the Holy Spirit helps us know we are loved and shows us how to love others.

Jesus sent the Holy Spirit to help, defend, and comfort us. As the Spirit of Truth, the Holy Spirit makes the saving work of Christ present and active in the Church. The Spirit gives us the grace to act for God and others as Jesus did. Using your talents and resources to help others and the world is called **stewardship.**

The Holy Spirit also helps us become part of a community, called the **Church,** or the Body of Christ. Christ fills the members of this community with the Holy Spirit and builds them, animates them, and sends them out to share the Good News with the world.

MY TURN The Spirit at Work

1. How do you see the Spirit at work in the world today?

_____

_____

2. What is an example of the Holy Spirit helping you in your life?

_____

_____

3. When have you felt God's grace working through you or someone else?

_____

_____

_____

_____

Personas llenas del Espíritu

La presencia del Espíritu ha ayudado a cristianos de todos los siglos a vivir como Jesús y a convertirse en santos. Lee a continuación acerca de cómo santa Francisca Cabrini, cuya fiesta patronal es el 22 de diciembre, sintió al Espíritu Santo en acción en Nueva York en 1890.

"¡No!", suspiró el obispo y miró a la Madre Francisca Cabrini. "No, usted no quiere la propiedad al otro lado del río. No hay agua potable".

"Pero, Señor", suplicó Francisca, conocida por no rendirse nunca, "los niños del orfanato necesitan aire puro y un lugar donde jugar. No pueden hacer esto en la casa llena de gente de la calle 59".

"¿De dónde obtendrá el dinero?", preguntó impacientemente el obispo.

"Dios se encargará. Tenga fe".

El obispo cedió sin estar muy convencido. Francisca y sus hermanas rezaron al Espíritu Santo. Mendigaron entre carniceros, panaderos, amigos ricos y comerciantes. Finalmente obtuvieron el dinero, la comida y la ropa necesaria. Una vez que el orfanato fue trasladado a la propiedad recién comprada, se inspeccionó la tierra y se encontró un pozo.

Con la guía del Espíritu Francisca Cabrini pudo ayudar a construir cerca de 70 instituciones para los pobres y los que sufrían. Cruzó el océano 30 veces para ayudar a los necesitados, dando prueba de que nada detiene a un católico lleno del Espíritu. Los santos son católicos comunes que confían en el Espíritu Santo y le siguen a donde quiera que les guíe.

Tu nombre cristiano

En tu bautizo te dieron tu nombre cristiano. Quizá te nombraron así por algún pariente, un santo o alguna otra persona que tus padres pensaron sería un buen modelo a imitar. Al sellar tu Bautismo en la Confirmación puedes mantener ese nombre o escoger el nombre de otro santo o persona santa para ser tu modelo de vida cristiana.

MI TURNO Llamados al servicio

El Espíritu te da la fuerza para ayudar a tu prójimo como lo hizo con Santa Francisca Cabrini. Escribe sobre cómo podrías ayudar a una persona o grupo en necesidad.

_____

_____

_____

_____

_____

_____

_____

_____

_____

_____

Saint Frances Cabrini.

Santa Francisca Cabrini.

Spirit-Filled People

The Spirit's presence has helped Christians of every century to live like Jesus and to become saints. Read how Saint Frances Cabrini, whose feast day is November 13, felt the Holy Spirit at work in New York City in 1890.

"No!" The bishop sighed and looked at Mother Frances Cabrini. "No, you do not want the property across the river. There is no drinking water."

"But Bishop," pleaded Frances, never known to give up, "the children in the orphanage need fresh air and a place to run. They can't do it in the crowded house on Fifty-Ninth Street."

"Where will you get the money?" the bishop asked impatiently.

"God will take care. Have faith."

The bishop gave in reluctantly. Frances and her sisters prayed to the Holy Spirit. They begged from butchers, bakers, rich friends, and merchants. Eventually they got the money, food, and clothing they needed. After the orphanage

(Left) Detail of saints, *The Last Judgment*, Fra Angelico, 15th century.

(Izquierda) Detalle de los santos, *El juicio final*, Fra Angelico, siglo XV.

was moved to the newly purchased property, the land was surveyed and a well was found.

With the guidance of the Spirit, Frances Cabrini was able to help build nearly 70 institutions for those who were poor and suffering. She crossed the ocean 30 times to help people in need, proving that nothing stops a Spirit-filled Catholic. Saints are ordinary Catholics. They rely on the Holy Spirit and follow wherever he leads them.

Your Christian Name

At your Baptism you were given your Christian name. You may have been named after a relative or a saint or some other person your parents thought would be a good role model for you. As you seal your Baptism in Confirmation, you can keep that name or choose the name of another saint or holy person to be your model of Christian life.

> **MY TURN   Called to Service**
>
> **The Spirit gives you the strength to help your neighbors just as he did for Saint Frances Cabrini. Write how you could help a person or group in need.**
>
> _____
>
> _____
>
> _____
>
> _____
>
> _____
>
> _____
>
> _____
>
> _____
>
> _____
>
> _____
>
> _____

Imágenes del Espíritu

Para ayudarnos a entender al Espíritu Santo, el *Catecismo de la Iglesia Católica* presenta algunas imágenes de él. Reflexionar sobre algunas de estas imágenes nos ayuda a pensar en el Espíritu Santo de diferentes maneras y a considerar lo que significa para nuestras vidas.

El agua

El agua representa la regeneración y renovación por el Espíritu Santo en el Bautismo, el cual es necesario para la salvación. En el Espíritu Santo somos bautizados en una vida nueva en Cristo y nos convertimos en hijos de Dios Padre (Hechos de los Apóstoles 11:16).

La unción

La unción con aceite se ha llegado a identificar tanto con el Espíritu Santo que casi es un sinónimo de la venida del Espíritu. **Mesías** es un término hebreo que significa "el ungido". **Cristo** viene del griego y también quiere decir "el ungido". Jesús es el Mesías, el especialmente "ungido" por el Espíritu. Es un símbolo del Espíritu Santo que nos une a Jesús, el Mesías, el Ungido (Hechos de los Apóstoles 10:38; 1 Juan 2:20–27). Jesús derramará este mismo Espíritu sobre nosotros, llamándonos a ser más de lo que podemos esperar llegar a ser solo con nuestro propio esfuerzo.

rito

Rito

Escuchamos las Escrituras, la Palabra inspirada de Dios. En ellas se nos habla del amor que el Padre nos tiene, tanto que envió a su propio Hijo, Jesucristo, la Palabra de Dios hecha carne, para salvarnos.

Significado

Cada vez que escuchas las Escrituras, inspiradas por el Espíritu Santo, Dios te habla a ti.

Vida cotidiana

El Espíritu Santo nos guía y nos da fuerza durante el día, inspirando todo lo bueno que hacemos.

Vida de fe

Fortalecidos por el Espíritu Santo estamos llamados a proclamar la Palabra del Señor con palabras y hechos.

símbolo

Images of the Spirit

To help us understand the Holy Spirit, the *Catechism of the Catholic Church* presents a number of images of him. Reflecting on some of these images helps us think about the Holy Spirit in different ways and consider what he means to our lives.

Water

Water signifies regeneration and renewal by the Holy Spirit in Baptism, which is necessary for Salvation. In the Holy Spirit, we are baptized into new life in Christ and become children of God the Father. (Acts of the Apostles 11:16)

Anointing

Anointing with oil has become so identified with the Holy Spirit that it is almost a synonym for the coming of the Spirit. **Messiah** is the Hebrew word for "anointed one." **Christ** is from the Greek and also means "anointed one." Jesus is the Messiah, the one uniquely "anointed" by the Spirit. It is a symbol of the Holy Spirit's uniting us with Jesus, the Messiah, the Anointed One. (Acts of the Apostles 10:38; 1 John 2:20–27) Jesus pours out this same Spirit upon us, calling us to be more than we can ever hope to be through our efforts alone.

Rite

We listen to the Scriptures, the inspired Word of God. They tell us about the Father's love for us, who sent his own Son, Jesus Christ, the Word of God made flesh, to save us.

Meaning

Every time you listen to Scripture, inspired by the Holy Spirit, God speaks to you.

Daily Life

The Holy Spirit guides us and gives us strength throughout the day, inspiring all the good that we do.

Life of Faith

Strengthened by the Holy Spirit, we are called to proclaim the Word of the Lord in word and action.

symbol

El fuego

El fuego simboliza la energía transformadora del Espíritu Santo. Juan el Bautista proclamó que Jesús sería el que bautizaría con el Espíritu Santo y con fuego. También recordamos los dramáticos acontecimientos de Pentecostés en los que lenguas "como de fuego" descendieron sobre los discípulos (Hechos de los Apóstoles 2:3).

La paloma

Piensa en una paloma, una dócil ave, volando hasta tu mano y posándose suavemente sobre ella. De forma similar el Espíritu Santo descansó sobre Jesús cuando emergió de las aguas con las que Juan le bautizó. Él también descansa suavemente sobre nosotros y permanece con nosotros (Mateo 3:16).

El viento

El Espíritu Santo también se representa como el viento. No podemos ver el viento, pero lo podemos sentir. Al igual que hace Dios, podemos ver cómo el viento afecta a todos y a todo lo

Oración, Michael D. O'Brien, 2005.

Prayer, Michael D. O'Brien, 2005.

que toca. El "fuerte viento" que apareció en Pentecostés fue algo parecido al viento que se movía sobre la superficie de las aguas al comienzo de la creación (Génesis 1:2). El viento pone de manifiesto al Espíritu Santo dándole el soplo de vida a la Iglesia (Hechos de los Apóstoles 2:2).

MI TURNO | Tu imagen del Espíritu

1. Basándote en lo que sabes sobre el Espíritu Santo, ¿qué símbolo del Espíritu Santo sintoniza mejor con tu vida? ¿Por qué?

_____

_____

_____

_____

2. ¿Cuál es otro objeto, elemento o animal que te parece que podría ser un símbolo del Espíritu Santo? ¿Cómo explicarías ese simbolismo?

_____

_____

_____

_____

Fire

Fire symbolizes the transforming energy of the Holy Spirit. John the Baptist proclaimed that Jesus was the one who would baptize with the Holy Spirit and with fire. We also remember the dramatic events of Pentecost in which tongues "as of fire" rested on the disciples. (Acts of the Apostles 2:3)

Dove

Think of a dove, a gentle bird, flying to your hand and gently resting on it. In a similar way, the Holy Spirit rested on Jesus when he emerged from the waters of his baptism by John. He also gently rests on us and remains with us. (Matthew 3:16)

Wind

The Holy Spirit is also represented by wind. We cannot see the wind, but we can feel it. Much like God, we can see how the wind affects everyone and everything it touches. The "strong driving wind" that appeared on Pentecost was reminiscent of the wind that blew over the waters at the beginning of creation. (Genesis 1:2) The wind calls attention to the Holy Spirit breathing life into the Church. (Acts of the Apostles 2:2)

MY TURN   Your Image of the Spirit

1. **Based on what you know about the Holy Spirit, which symbol of the Holy Spirit best relates to your life? Why?**

_____

_____

_____

_____

2. **What is another object, element, or animal that could be a symbol of the Holy Spirit? For you, what is the symbolism?**

_____

_____

_____

_____

Un compromiso confirmado

Te estás preparando para recibir una efusión especial del Espíritu Santo en el sacramento de la Confirmación, una oportunidad para profundizar tu compromiso con Jesús y su Iglesia. La gracia del Espíritu Santo nos une por la fe y por nuestro Bautismo a la pasión, muerte, Resurrección y Ascensión de Cristo. En la Confirmación el Espíritu Santo nos acerca más a Cristo, nos lleva a una relación más estrecha con la Iglesia y nos ayuda a dar testimonio de nuestra fe en lo que decimos y hacemos. Has escuchado la frase "hay que predicar con el ejemplo". La Confirmación nos da la fuerza para vivir y actuar de acuerdo con nuestras creencias.

El Espíritu auxiliador

No importa lo inseguro que te puedas sentir ni cuántas preguntas puedas hacerte, el Espíritu siempre está listo para ayudarte. En la Confirmación viene a ti de una forma especial. Este don del Espíritu Santo en la Confirmación te ayudará a explorar las muchas preguntas que surjan en tu vida y te ayudará a vivir la vida a la que Dios te llama.

> Piensa en las siguientes preguntas. Escoge una y escribe sobre ella en tu diario. Después escribe una pequeña oración al Espíritu Santo para que te oriente. No tienes que entregar tu diario y nadie más lo va a leer.
>
> - ¿Cómo puedo planificar mi vida para llegar ser una mejor persona?
>
> - ¿Cómo puedo tomar buenas decisiones?
>
> - ¿Cómo me preparo para el futuro cuando no entiendo lo que está pasando hoy?

1 SER TESTIGO

Escritor del Evangelio: San Juan Evangelista

San Juan Evangelista tuvo la experiencia de vivir con Jesús: caminar a su lado, verlo realizar milagros, escuchar sus enseñanzas y recibir signos de su amor. Juan tuvo el privilegio especial de estar con Jesús en momentos cruciales y escuchó la promesa de Jesús de enviar al Espíritu Santo. Una vez que Jesús había enviado al Espíritu Santo sobre los apóstoles, Juan continuó respondiendo a la llamada de Jesús por medio de sus escritos y predicando.

Juan fue inspirado por el Espíritu Santo para escribir su Evangelio. El símbolo de Juan como escritor del Evangelio es el águila. La tradición cuenta que él también es el autor de las tres cartas de Juan y del Apocalipsis en el Nuevo Testamento. Cada vez que Juan predicaba enfatizaba el mismo mensaje: "Hijitos, ámense los unos a los otros". Él dijo que esta era la Palabra del Señor y que si la gente seguía este mensaje estarían haciendo lo suficiente. Juan fue exiliado a la isla de Patmos, donde murió. La fiesta patronal de san Juan Evangelista es el 27 de diciembre.

A Confirmed Commitment

You are preparing to receive a special outpouring of the Holy Spirit in the Sacrament of Confirmation, an opportunity to deepen your commitment to Jesus and his Church. The grace of the Holy Spirit unites us by faith and by our Baptism to the Passion, Death, Resurrection, and Ascension of Christ. In Confirmation the Holy Spirit brings us closer to Christ, brings us into a closer relationship with the Church, and helps us be a witness to our faith in what we say and do. You've heard the phrase "Practice what you preach." Confirmation gives us the strength to live out and act on our beliefs.

The Spirit Helper

No matter how uncertain you may feel and however many questions you might have, the Spirit is always ready to help you. In Confirmation he comes to you in a special way. This gift of the Holy Spirit in Confirmation will help you explore the many questions in your life and will help you live the life to which God calls you.

Consider the following questions. Choose one and write about it in your journal. Then write a short prayer to the Holy Spirit for guidance. Your journal will not be turned in and no one else will read it.

- How can I plan to be a better person?

- How can I make good choices?

- How do I prepare for the future when I don't understand what's happening today?

Gospel Writer: Saint John the Evangelist

Saint John the Evangelist had the experience of living with Jesus—walking at his side, watching him perform miracles, listening to his teaching, and receiving signs of Jesus' love. John had the special privilege of being with Jesus at crucial times, and he heard Jesus' promise to send the Holy Spirit. After Jesus had sent the Holy Spirit upon the Apostles, John continued to respond to Jesus' call through his writing and preaching.

John was inspired by the Holy Spirit to write his Gospel. The symbol for John as a Gospel writer is the eagle. Tradition holds that he is also the author of the three letters of John and the Book of Revelation in the New Testament. Each time John preached, he emphasized the same message: "Little children, love one another." He said that this is the Lord's Word, and if people followed this message, they would do enough. John was exiled to the isle of Patmos, where he later died. Saint John the Evangelist's feast day is December 27.

Introducción a los temas de la doctrina social de la Iglesia

En el Evangelio aprendemos que Jesús quiere que nos preocupemos por los necesitados. La doctrina social de la Iglesia nos llama a seguir el ejemplo de Jesús. Estas enseñanzas tratan sobre cómo construir una sociedad justa y vivir vidas santas en medio de los desafíos del mundo moderno. Los obispos de los Estados Unidos han definido siete áreas de preocupación social para la Iglesia actual:

Vida y dignidad de la persona humana. Toda vida humana es sagrada y todas las personas deben ser respetadas y valoradas por encima de los bienes materiales.

Llamado a la familia, la comunidad y la participación. La participación en la familia y la comunidad es fundamental para nuestra fe y para una sociedad saludable.

Derechos y responsabilidades. Toda persona tiene un derecho a la vida y un derecho a las cosas necesarias para tener una vida humana digna.

Opción por los pobres y vulnerables. Estamos llamados a prestar atención especial a las necesidades de los pobres y vulnerables, defendiendo y promoviendo su dignidad y atendiendo a sus necesidades materiales inmediatas.

Dignidad del trabajo y derechos de los trabajadores. Los derechos básicos de los trabajadores deben ser respetados. La economía tiene el propósito de servir a las personas; el trabajo no es simplemente una manera de subsistir, sino una manera importante en la que participamos en la creación de Dios.

Solidaridad. Puesto que Dios es nuestro Padre, todos somos hermanos y hermanas con la responsabilidad de cuidar los unos de los otros.

Cuidado de la creación de Dios. Dios es el creador de todas las personas y todas las cosas. La responsabilidad de cuidar de todo lo que Dios ha creado es un requisito de nuestra fe.

Llamada a la oración

San Agustín afirmó: "Nos hiciste, Señor, para ti, y nuestro corazón está inquieto hasta que descanse en ti". ¿Tu corazón descansa en Dios? ¿De qué manera ves al Espíritu Santo obrando en tu vida? ¿Está el Espíritu Santo llamándote a utilizar tus dones para ayudar a los demás?

2 ACT

Introduction to Catholic Social Teaching Themes

Through the Gospels we learn that Jesus wants us to care for those in need. The social teachings of the Church call us to follow Jesus' example. These teachings are about how to build a just society and live holy lives amid the challenges of the modern world. The bishops of the United States have defined seven areas of social concern for today's Church:

Life and Dignity of the Human Person All human life is sacred, and all people must be respected and valued over material goods.

Call to Family, Community, and Participation Participation in family and community is central to our faith and a healthy society.

Rights and Responsibilities Every person has a right to life as well as a right to those things required for human decency.

Option for the Poor and Vulnerable We are called to pay special attention to the needs of those who are poor and vulnerable by defending and promoting their dignity and by meeting their immediate material needs.

The Dignity of Work and the Rights of Workers The basic rights of workers must be respected. The economy is meant to serve people; work is not merely a way to make a living but an important way in which we participate in God's creation.

Solidarity Since God is our Father, we are all brothers and sisters with the responsibility to care for one another.

Care for God's Creation God is the creator of all people and all things. The responsibility to care for all that God has made is a requirement of our faith.

3 PRAY

Call to Prayer

Saint Augustine observed: "You have made us, O God, for yourself, and our hearts shall find no rest until they rest in you." Does your heart rest in God? How do you see the Holy Spirit working in your life? How is the Holy Spirit calling you to use your gifts to help others?

Espíritu

rezar

Oración al Espíritu Santo

Todos: En el nombre del Padre y del Hijo y del Espíritu Santo.
Amén.

Líder: Reunidos como comunidad de creyentes, escuchemos a Dios, hablándonos por medio de su Palabra hoy y siempre.

"Si me aman, cumplirán mis mandamientos; y yo pediré al Padre que les envíe otro Defensor que esté siempre con ustedes: el Espíritu de la verdad, que el mundo no puede recibir, porque no lo ve ni lo conoce. Ustedes lo conocen, porque él permanece con ustedes y estará en ustedes. No los dejo huérfanos, volveré a visitarlos".
Juan 14:15–18

Líder: Dios nos envía al Defensor para que nos ayude y nos guíe. El Espíritu Santo está siempre presente para ayudarnos en nuestra fe. Con los corazones llenos de fe, recemos y reflexionemos.

Todos: Ven, Espíritu Santo, llena los corazones de tus fieles y enciende en ellos el fuego de tu amor. Envía tu Espíritu y serán creadas todas las cosas. Y renovarás la faz de la tierra.

Líder: Recemos juntos al Espíritu Santo para recibir su orientación y su gracia.

Todos: ¡Oh Dios, que has instruido los corazones de tus fieles con la luz del Espíritu Santo!, concédenos que sintamos rectamente con el mismo Espíritu y gocemos siempre de su divino consuelo. Por Jesucristo Nuestro Señor. Amén.

Líder: En el sacramento de la Confirmación el Espíritu está con nosotros de una manera especial. El Espíritu renueva la faz de la tierra y nos renueva a nosotros en la Confirmación.

Todos: Dios de amor, tú continúas nutriendo nuestras almas. Gracias por enviarnos al Espíritu Santo para fortalecer nuestros corazones llenos de fe. Amén.

pray

Prayer to the Holy Spirit

All: In the name of the Father, and of the Son, and of the Holy Spirit. Amen.

Leader: Gathered as a community of believers, let us listen to God, speaking to us in his Word, today and always.

"If you love me, you will keep my commandments. And I will ask the Father, and he will give you another Advocate to be with you always, the Spirit of truth, which the world cannot accept, because it neither sees nor knows it. But you know it, because it remains with you, and will be in you. I will not leave you orphans."

John 14:15–18

Leader: God sends us the Advocate to help guide us. The Holy Spirit is always present to help us in our faith. With faith-filled hearts, let us pray and reflect.

All: Come, Holy Spirit, fill the hearts of your faithful. And kindle in them the fire of your love. Send forth your Spirit and they shall be created. And you shall renew the face of the earth.

Leader: Together we pray to the Holy Spirit for guidance and grace.

All: O God, by the light of the Holy Spirit you have taught the hearts of your faithful. In the same Spirit, help us to know what is truly right and always to rejoice in your consolation. We ask this through Christ, Our Lord. Amen.

Leader: In the Sacrament of Confirmation, the Spirit is with us in a special way. The Spirit renews the face of the earth and renews us in Confirmation.

All: Loving God, you continue to nourish our souls. Thank you for sending the Holy Spirit to strengthen our faith-filled hearts. Amen.

resumen

RESUMEN DEL TEMA

Enviado por Jesús, el Espíritu Santo viene a nosotros en el Bautismo y la Confirmación. El Espíritu nos da la capacidad de vivir una vida cristiana.

RECUERDA

¿Quién es el Espíritu Santo?

El Espíritu Santo es el Defensor a quien Jesús envió para estar siempre con nosotros.

¿Cuál es el objeto del Espíritu Santo?

El Espíritu Santo nos ayuda a aprender lo que Jesús significa para nosotros y nos da la gracia para actuar como lo hizo Jesús.

¿Cómo da el Espíritu Santo sentido a nuestras vidas?

El Espíritu Santo nos ayuda a saber que somos amados y nos muestra cómo amar a los demás.

DIARIO DE MI CONFIRMACIÓN

Usa tu diario para adentrarte más profundamente en tu preparación para la Confirmación. Tu diario no tiene que entregarse, es personal y nadie más lo va a leer. Completa las páginas ii–viii al comienzo de tu diario. Repasa tu diario periódicamente para apreciar y entender mejor la gracia de Dios en acción en tu vida mientras te preparas para la Confirmación.

Dedica un tiempo a reflexionar en silencio y a escribir en las páginas 1–10 del diario.

Palabras a saber

Defensor	gracia
Cristo	Mesías
Iglesia	corresponsabilidad

ACTÚA

1. Considera tu misión personal. Escribe sobre lo que te sientes llamado a hacer como testigo de Cristo y de su Iglesia. ¿Cuál es tu servicio especial? ¿A quién estás llamado a servir? También puedes hacer un dibujo de ti mismo llevando a cabo tu misión.

2. La palabra hebrea *ruah* que aparece en el Antiguo Testamento se puede traducir como "soplo" o "aliento". Así como nuestro aliento, el Espíritu fluye a través de nosotros y a través de todas las partes de la vida. Reflexiona sobre las veces en que has sentido esta presencia del Espíritu y menciona tres ocasiones en las que has trasmitido este amor a los demás. Escribe sobre esto.

CON MI PADRINO

Planifica pasar un tiempo con tu padrino o madrina para compartir reflexiones, preguntas e ideas sobre este capítulo y ver cómo se relacionan con sus conversaciones de la revista *De fe a fe*.

Dios de amor, ayúdame en mi fe y guíame en todo lo que hago. Alimenta mi alma y fortalece mi corazón que está lleno de fe. Amén.

summary

FAITH SUMMARY

Sent by Jesus, the Holy Spirit comes to us at Baptism and Confirmation. The Spirit gives us the ability to live a Christian life.

REMEMBER

Who is the Holy Spirit?
The Holy Spirit is the Advocate whom Jesus sent to be with us always.

What does the Holy Spirit do?
The Holy Spirit helps us learn what Jesus means to us and gives us the grace to act as Jesus did.

How does the Holy Spirit give meaning to our lives?
The Holy Spirit helps us know we are loved and shows us how to love others.

MY CONFIRMATION JOURNAL

Use your journal to enter more deeply into your preparation for Confirmation. Your journal will not be turned in and no one else will read it. Be sure to complete pages ii–viii at the beginning of your journal. Review your journal periodically

Words to Know

Advocate	grace
Christ	Messiah
Church	stewardship

to better appreciate and understand God's grace at work in your life as you prepare for Confirmation.

Quietly spend time reflecting and recording on journal pages 1–10.

REACH OUT

1. Consider your personal mission. Write what you feel called to do as a witness to Christ and his Church. What is your special service? Whom are you called to help? You might also draw a picture of yourself carrying out your mission.

2. The Old Testament word *ruah* can be translated as "wind" or "breath." Just like our breath, the Spirit flows through us and through all parts of life. Reflect on times when you have felt this presence of the Spirit and name three times you have passed his love on to others.

WITH MY SPONSOR

Arrange with your sponsor to share your insights, questions, and ideas from this chapter and how they relate to your conversations from the *Faith to Faith* magazine.

Loving God,
help me in my
faith and guide
me in all that I do.
Nourish my soul and
strengthen my
faith-filled heart.
Amen.

repaso

Completa las oraciones. Si las contestas correctamente, las letras en las casillas deletrearán "confirmados".

1. Los discípulos de Jesús se llenaron con el

Espíritu en __ __ __ __ __ ▢ __ __ __ __.

2. El Espíritu Santo dio a los discípulos

__ __ __ ▢ __ para proclamar a Jesús.

3. En el Antiguo Testamento, la palabra

para espíritu se puede traducir como

"__ __ __ ▢ __ __" o "aliento".

4. El fuego simboliza la energía

— — — — — ▢ — — — — — — — —

del Espíritu.

5. El Espíritu Santo descansó sobre Jesús como

una paloma cuando Jesús emergió de las

aguas de su __ __ __ __ ▢ __ __ __.

6. Juan fue inspirado por el __ __ __ __ ▢ __ __ __

__ __ __ __ __ para escribir su Evangelio.

7. Para la Confirmación puedes escoger

el nombre de un santo para ser tu

▢ __ __ __ __ __ de vida cristiana.

8. El Espíritu __ __ __ __ ▢ __ __ __ __

nuestros lazos con la Iglesia por medio

de la Confirmación.

9. Tenemos la

— — — — — — — — — — — ▢ — —

de cuidar de todo lo que Dios ha creado.

10. El Espíritu Santo es nuestro

— — — — — — ▢ __ o Abogado.

11. Recibes una __ __ __ ▢ __ __ __ del Espíritu

Santo en el sacramento de la Confirmación.

*Escribe una **V** para verdadero o una **F** para falso para las siguientes afirmaciones sobre este capítulo. Cambia cada respuesta falsa para hacerla verdadera.*

_____ **1.** Al Espíritu Santo se le denomina el Espíritu de la verdad en el Evangelio según San Juan.

_____ **2.** Juan el Bautista era el defensor que Jesús prometió enviar para ayudar a los apóstoles.

_____ **3.** Defensor puede significar "mediador", "intercesor", "alentador" o "consolador".

_____ **4.** Jesús prometió no dejar a los discípulos como mártires.

_____ **5.** Mesías es la palabra hebrea que significa "Hijo de Dios".

Tacha la primera letra y luego una letra no y otra sí. Las letras restantes forman cuatro palabras que dicen lo que el Espíritu Santo es para ti. Escríbelas.

P	A	B	Y	Q	U	Z	D	S	A
O	N	G	T	B	E	N	C	P	O
M	N	D	S	J	O	F	L	H	A
V	D	X	O	S	R	I	A	G	L
W	E	R	N	Y	T	C	A	N	D
H	O	J	R	B	I	C	N	S	T
M	E	T	R	P	C	O	E	V	S
C	O	G	R						

_____

_____

_____

_____

review

CONFIRMING THE FACTS

Complete the sentences. If you answer them correctly, the boxed letters will spell confirmed.

1. The disciples of Jesus were filled with the
   Spirit on __ __ __ __ __ ▉ __ __ __.

2. The Holy Spirit gave the disciples
   __ ▉ __ __ __ __ __ to proclaim Jesus.

3. The Old Testament word for *spirit* can be
   translated as "__ __ ▉ __" or "breath."

4. Fire symbolizes the
   __ __ __ __ __ ▉ __ __ __ __ __
   energy of the Spirit.

5. The Holy Spirit rested on Jesus like a dove
   when Jesus emerged from the waters of
   his __ __ __ __ ▉ __ __.

6. You receive an __ __ __ __ __ __ ▉ __ __ __
   of the Holy Spirit in the Sacrament
   of Confirmation.

7. For Confirmation you can choose the name
   of a saint to be your ▉ __ __ __ __ of
   Christian life.

8. The Spirit __ __ __ __ __ __ __ ▉ __ __
   our bond with the Church in Confirmation.

9. The Holy Spirit is our __ ▉ __ __ __ __ __ __,
   or defender.

THE SPIRIT OF TRUTH

*Write a **T** for true or **F** for false for the following statements about this chapter. Edit each false answer to make it true.*

_____ **1.** The Holy Spirit is referred to as the Spirit of Truth in the Gospel of John.

_____ **2.** John the Baptist was the advocate whom Jesus promised to send to help the Apostles.

_____ **3.** *Advocate* can mean "mediator," "intercessor," "comforter," or "consoler."

_____ **4.** Jesus promised not to leave the disciples as martyrs.

_____ **5.** *Messiah* is the Hebrew word meaning "Son of God."

CONFIRMATION PUZZLER

Cross out the first letter and every other letter after. The remaining letters spell four words that tell what the Spirit is for you. List them.

J	H	E	E	S	L	U	P	S	E
C	R	H	C	R	O	I	N	Y	S
K	O	B	L	N	E	W	R	A	C
Q	O	A	M	P	F	J	O	U	R
B	T	X	E	E	R	K	I	I	N
C	T	V	E	Y	R	D	C	F	E
W	S	U	S	P	O	Z	R		

_____

_____

_____

_____

CAPÍTULO 2

Confirmados en el discipulado

¿A veces sientes que nadie te aprecia o que no encajas en un determinado grupo? ¿Estás buscando un lugar en el que puedes ser tú mismo? ¿Cómo sería ese lugar? ¿Quién estaría allí contigo?

"Te pedimos, Señor, que el poder del Espíritu Santo, por tu Hijo, descienda sobre el agua de esta fuente, para que los sepultados con Cristo en su muerte, por el Bautismo, resuciten con él a la vida".

—*Ritual para el Bautismo*

CHAPTER 2

Confirmed in
discipleship

Do you sometimes feel that you don't belong or that you don't fit in with a particular group? Are you looking for a place where you can be yourself? What would that place be like? Who would be there with you?

"We ask you Father, with your Son to send the Holy Spirit upon the water of this font. May all who are buried with Christ in the death of baptism rise also with him to newness of life."
—*Rite of Baptism*

Reunidos como el pueblo de Dios

"Los recogeré por las naciones, los reuniré de todos los países y los llevaré a su tierra. Los rociaré con un agua pura que los purificará: de todas sus inmundicias e idolatrías los he de purificar. Les daré un corazón nuevo y les infundiré un espíritu nuevo; arrancaré de su cuerpo el corazón de piedra y les daré un corazón de carne. Les infundiré mi espíritu y haré que caminen según mis preceptos y que cumplan mis mandatos poniéndolos por obra. Habitarán en la tierra que di a sus padres; ustedes serán mi pueblo y yo seré su Dios".

Ezequiel 36:24–28

su Templo en Jerusalén fue destruido y se vieron forzados a vivir en la lejana tierra de Babilonia.

Ezequiel es el mensajero de Dios para los israelitas. A través de él, Dios promete a los israelitas que ellos volverán a ser su pueblo y regresarán a casa. Dios perdonará sus pecados y llenará sus corazones con su Espíritu para que se conviertan en un pueblo nuevo.

Entender las Escrituras

Si alguna vez has sentido nostalgia al estar lejos de casa sabes lo solitario y deprimente que puede ser. En el pasaje de las Escrituras de arriba el profeta Ezequiel escribe a los israelitas, que están viviendo lejos de casa y se sienten alejados de Dios.

Dios había prometido cuidar de los israelitas si ellos le obedecían. Pero porque rehusaron seguir su plan,

Las Escrituras y tú

Nacer con el pecado original significa que hemos nacido en el exilio, apartados de Dios. Como los israelitas, a veces elegimos no obedecer a Dios. Después nos sentimos lejos del lugar donde Dios quiere que estemos. Somos propensos a la ignorancia, el sufrimiento y la muerte. Las palabras de Ezequiel nos recuerdan que Dios cumple sus promesas y está siempre dispuesto a acogernos. Dios lo hace en los sacramentos de la Iniciación: el Bautismo, la Confirmación y la Eucaristía.

REFLEXIONAR SOBRE LA PALABRA DE DIOS

Toma un momento para descansar tranquilamente en la presencia de Dios. Oye sus palabras del profeta Ezequiel. ¿De qué quieres ser purificado? ¿Qué distracciones te impiden adorar solamente a Dios? Ruega para que estés abierto a la acción del Espíritu Santo, de modo que tu corazón se pueda llenar con el amor de Dios. Da gracias a Dios por el Espíritu que te ha dado para ayudarte a seguir su plan. Toma unos momentos para escuchar a Dios y para hablarle sobre lo que quieras.

com

Gathered Together as God's People

"I will take you away from among the nations, gather you from all the lands, and bring you back to your own soil. I will sprinkle clean water over you to make you clean; from all your impurities and from all your idols I will cleanse you. I will give you a new heart, and a new spirit I will put within you. I will remove the heart of stone from your flesh and give you a heart of flesh. I will put my spirit within you so that you walk in my statutes, observe my ordinances, and keep them. You will live in the land I gave to your ancestors; you will be my people, and I will be your God."

Ezekiel 36:24–28

Understanding Scripture

If you have ever felt homesick, you know how lonely and discouraging it can be. In the Scripture passage above, the prophet Ezekiel writes to the Israelites, who are living far from home and feeling removed from God.

God had promised to take care of the Israelites if they obeyed him. But because they refused to follow his plan, their Temple in Jerusalem was destroyed and they were forced to live in the distant land of Babylon.

Ezekiel is God's messenger to the Israelites. Through him, God promises the Israelites that they will become his people again and return home. He will forgive their sins and fill their hearts with his Spirit so that they become a new people.

Scripture and You

Being born with Original Sin means that we have been born in exile, apart from God. Like the Israelites, we sometimes choose not to obey God. Then we feel far from the place where God wants us to be. We are subject to ignorance, suffering, and death. Ezekiel's words remind us that God keeps his promises and is always ready to bring us back to him. God does this in the Sacraments of Initiation—Baptism, Confirmation, and the Eucharist.

REFLECTING ON GOD'S WORD

Take a moment to rest peacefully in God's presence. Hear his words from the prophet Ezekiel. Of what do you want to be washed clean? What distractions keep you from worshiping God alone? Pray that you will be open to the Holy Spirit, so that your heart may be filled with God's love. Thank God for the Spirit he has given you to help you follow his plan. Take a few moments to listen to God and to speak to him about whatever you would like.

munity

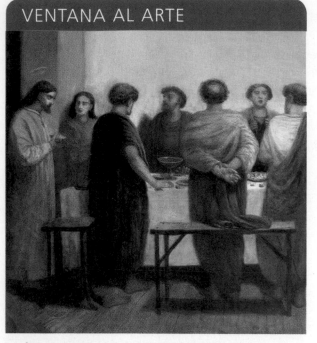

La Última Cena (detalle), James Smetham, siglo XIX.

The Last Supper (detail), James Smetham, 19th century.

Dios llama a un pueblo: la Iglesia

Dios siempre nos invita a ser parte de su familia. Como lo hizo con los israelitas, Dios también hizo una promesa, o alianza, con Abrahán y Sara. Les pidió que dejaran su casa y su familia por una tierra que él les daría. A cambio de este sacrificio, Dios prometió que Abrahán se convertiría en el líder de una gran nación del pueblo de Dios.

Siglos más tarde, Dios hizo otra alianza. En el Monte Sinaí le pidió a Moisés que diera sus mandamientos a los israelitas. Allí los israelitas prometieron obedecer los mandamientos de Dios y, a cambio, él les prometió cuidarlos y ser su Dios.

Dios ha hecho una nueva alianza con nosotros por medio de Jesús, su Hijo. En la Última Cena Jesús tomó una copa de vino y dijo: "Esta es la copa de la nueva alianza, sellada con mi sangre, que se derrama por ustedes" (Lucas 22:20).

Con su muerte, Resurrección y Ascensión, Jesús formó una nueva comunidad. Esta nueva comunidad, su Iglesia, estaba conformada por personas que creían en él, que seguían sus enseñanzas y guardaban su mandamiento de amar a Dios y al prójimo. Las personas que siguen a Jesús se llaman **discípulos**.

En Pentecostés Dios Padre y Jesús, su Hijo, enviaron al Espíritu Santo para llenar a los discípulos con la gracia del Espíritu. Los discípulos comunicaron después la Buena Nueva de Jesús a todos los presentes. Aunque las personas habían llegado de diferentes lugares y hablaban muchas lenguas distintas, el poder del Espíritu Santo les permitió entender a los discípulos en su propia lengua. Ese día tres mil personas se bautizaron y recibieron la gracia del Espíritu Santo. La Iglesia había nacido (Hechos de los Apóstoles 2:1–13,41).

Una comunidad llena del Espíritu

Revividos y animados por el Espíritu, los creyentes fueron constituidos como una comunidad con cuatro características.

- **Comunidad:** viviendo y orando juntos; compartiendo lazos comunes.

- **Mensaje:** aprendiendo de los apóstoles; proclamando la Buena Nueva.

- **Adoración:** orando en el Templo; partiendo el pan como lo hizo Jesús.

- **Servicio:** amándose los unos a los otros; cuidando de los pobres.

God Calls a People— The Church

God is always inviting us to be part of his family. Like he did with the Israelites, God also made a promise, or covenant, with Abraham and Sarah. He asked them to leave their home and family for a land that he would give them. In return for this sacrifice, God promised that Abraham would become the leader of a great nation of God's people.

Centuries later, God made another covenant. He asked Moses to give his commandments to the Israelites at Mount Sinai. There the Israelites promised to obey God's commandments, and in return, he promised to care for them and be their God.

God has made a new covenant with us through Jesus, his Son. At the Last Supper, Jesus took a cup of wine and said, "This cup is the new covenant in my blood, which will be shed for you." (Luke 22:20)

By his Death, Resurrection, and Ascension, Jesus formed a new community. This new community, his Church, was made up of people who believed in him, followed his teaching, and kept his commandment of loving God and one another. People who follow Jesus are called **disciples.**

On Pentecost, God the Father and Jesus his Son sent the Holy Spirit to fill the disciples with the Spirit's grace. The disciples then told the Good News of Jesus to everyone present. Though the people came from different places and spoke many different languages, the power of the Holy Spirit allowed them to understand the disciples in their own languages. That day three thousand people were baptized and received the gift of the Holy Spirit. The Church was alive. (Acts of the Apostles 2:1–13,41)

A Spirit-Filled Community

Brought to life and animated by the Spirit, the believers were formed into a community with four characteristics.

ART LINK

Evensong, Margaret Baird, oil on board, 1972.

Vísperas, Margaret Baird, óleo sobre tabla, 1972.

- **Community**—living and praying together; sharing common bonds

- **Message**—learning from the Apostles; proclaiming the Good News

- **Worship**—praying in the Temple; breaking bread as Jesus did

- **Service**—loving one another; caring for the poor

ad

La Iglesia crece

La Iglesia creció conforme la noticia sobre Jesús se propagó. Las personas que deseaban pertenecer a la comunidad cristiana se preparaban para entrar en la Iglesia en la celebración anual de la muerte y Resurrección de Jesús durante la Vigilia Pascual.

Estos hombres y mujeres que iban a ser cristianos descendían a una piscina de agua para representar su muerte con Cristo, la renuncia a su antigua forma de vida y su nacer de nuevo en Cristo. Eran bautizados "en el nombre del Padre y del Hijo y del Espíritu Santo". El obispo les imponía las manos y los ungía con aceite, confirmando, fortaleciendo y perfeccionando la

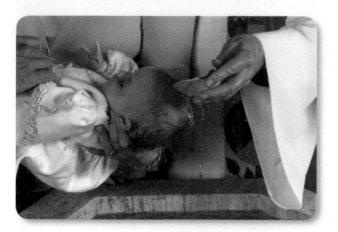

presencia del Espíritu Santo en ellos. Su iniciación se completaba cuando recibían la Eucaristía por primera vez.

La iniciación hoy en día

El nacimiento de un bebé es una ocasión especial para la familia. Del mismo modo, cuando alguien se convierte en miembro de la familia de Dios, la Iglesia le da la bienvenida con los sacramentos de la Iniciación: el Bautismo, la Confirmación y la Eucaristía.

En la Iglesia oriental la Confirmación se celebra inmediatamente después de que un niño es bautizado, a lo que le sigue la participación en la Eucaristía. Con el paso del tiempo la Confirmación y la Eucaristía se separaron del Bautismo en la Iglesia occidental. Recientemente la Iglesia occidental ha enfatizado la unidad de los sacramentos de la Iniciación al reinstaurar el **Ritual de la Iniciación Cristiana de Adultos (RICA)**. En este ritual los adultos aprenden lo que significa ser un discípulo bautizado de Jesús, seguir sus enseñanzas y vivirlas cada día. Los adultos son iniciados dentro de la Iglesia al celebrar los tres sacramentos en la Vigilia Pascual.

MI TURNO Comprometidos con Cristo

1. ¿Cómo has notado que tu compromiso con Dios crece a medida que te haces más mayor?

_____

_____

_____

2. Piensa en una cosa que puedes hacer esta semana para honrar y fortalecer tu compromiso con Dios.

_____

_____

_____

The Church Blossoms

The Church grew as the word about Jesus spread. People who wanted to belong to the Christian community prepared to enter the Church at the annual celebration of Jesus' Death and Resurrection during the Easter Vigil.

These soon-to-be Christians descended into a pool of water to signify dying with Christ, giving up their old way of life, and being born anew in Christ. They were baptized "In the name of the Father, and of the Son, and of the Holy Spirit." The bishop laid hands on them and anointed them with oil, confirming, strengthening, and perfecting the Holy Spirit's presence in them. Their initiation was completed when they received the Eucharist for the first time.

Initiation Today

When a baby is born into a family, it is a special occasion. In the same way, when someone becomes a member of God's family, the Church welcomes him or her through the Sacraments of Initiation: Baptism, Confirmation, and the Eucharist.

In the Eastern Church, Confirmation is celebrated immediately after an infant is baptized and is followed by participation in the Eucharist. Over the course of time, Confirmation and Eucharist became separated from Baptism in the Western Church. Recently the Western Church has emphasized the unity of the Sacraments of Initiation by bringing back the **Rite of Christian Initiation of Adults (RCIA)**. In this rite, adults learn what it means to be a baptized disciple of Jesus—to follow his teachings and to live them every day. Adults are initiated into the Church by celebrating all three sacraments at the Easter Vigil.

MY TURN   Committed to Christ

1. **How have you noticed your commitment to God growing as you get older?**

_____

_____

_____

2. **What is one thing you can do this week to honor and strengthen your commitment to God?**

_____

_____

Aunque las celebraciones de tu Bautismo, Confirmación y Eucaristía probablemente hayan ocurrido con años de separación, están estrechamente relacionadas. En primer lugar, son **sacramentos**, muestras eficaces de gracia que Cristo da a la Iglesia. Recibimos vida divina, o gracia, a través de ellos. Los sacramentos son los signos más importantes de la presencia de Dios en tu vida; te ayudan a darte cuenta de que la vida es mucho más que simplemente satisfacer tus propios deseos y hacen presente la gracia que necesitas para utilizar tu tiempo, tu talento y tu energía para el bien de Dios y de los demás.

El Bautismo

Estamos aprendiendo que los sacramentos de la Iniciación nos dan la bienvenida a la Iglesia. En el Bautismo, el primer sacramento que celebramos, somos liberados del **pecado original** y nacemos a una nueva vida en Jesús.

El Bautismo es un signo de la alianza de Dios con nosotros. Es un acuerdo en el que Dios promete estar siempre con nosotros y ayudarnos a construir nuestras relaciones con él y con los demás. Cuando aceptamos esta alianza le prometemos a Dios que nos esforzaremos por ser como Jesús, su modelo de lo que significa ser una persona para los demás.

Además de formar una alianza entre Dios y nosotros, el Bautismo nos convierte en hija o hijo adoptivo de Dios y en miembro de la Iglesia, el Cuerpo de Cristo. El Bautismo nos marca permanentemente como cristianos y nos hace partícipes del sacerdocio de Jesús, el sacerdocio común al que pertenecen todos los creyentes. Unidos con él en su sacerdocio, exhibimos la gracia del Bautismo en todos los aspectos de nuestra vida: personal, familiar, social y como miembros de la Iglesia y vivimos la llamada a la santidad que se hace a todos los bautizados.

La nueva vida que recibimos en el Bautismo se llama **gracia santificante**. Esta gracia quita el pecado original, nos ayuda a amar a Dios, a creer en él y a poner nuestra esperanza en él. También nos ayuda a seguir al Espíritu Santo, que nos orienta para vivir la vida que Dios nos llama a vivir.

MI TURNO — Ser un discípulo

¿Qué significa para ti ser un discípulo bautizado de Jesús?

_____

_____

_____

_____

_____

_____

_____

Holy Baptism

Although your celebrations of Baptism, Confirmation, and Eucharist are probably years apart, they are closely related. First of all, they are **sacraments,** powerful signs of grace given to the Church by Christ. Divine life, or grace, is given to us through them. The sacraments are the most important signs of God's presence in your life. They help you realize that there is more to life than simply satisfying your own desires. They make present the grace you need to use your time, talent, and energy for the benefit of God and others.

Baptism

We are learning that the Sacraments of Initiation welcome us into the Church. In Baptism, the first sacrament we celebrate, we are freed from **Original Sin** and born into new life in Jesus.

Baptism is a sign of God's covenant with us. It's an agreement in which God promises to be with us always and to help us build our relationships with him and others. When we accept this covenant, we promise God that we will try to be like Jesus, his model of what it means to be a person for others.

In addition to forming a covenant between God and us, Baptism makes us an adopted son or daughter of God and a member of the Church, the Body of Christ. Baptism marks us permanently as Christians and allows us to share in the priesthood of Jesus, the common priesthood to which all believers belong. United with him in his priesthood, we exhibit the grace of Baptism in all areas of our life—personal, family, social, and as members of the Church—and live out the call to holiness, which is addressed to all the baptized.

The new life we receive in Baptism is called **sanctifying grace.** This grace takes away Original Sin; it helps us love God, believe in him, and hope in him. It also helps us follow the Holy Spirit, who guides us to live the life God calls us to live.

MY TURN | Being a Disciple

What does it mean to you to be a baptized disciple of Jesus?

_____

_____

_____

_____

_____

_____

_____

_____

_____

_____

La Confirmación

Te estás preparando para celebrar la Confirmación, el segundo sacramento de la Iniciación. Este tiempo de preparación te da la oportunidad de examinar con atención la dirección que lleva tu vida. Debes tomar decisiones cada día, y este flujo continuo de decisiones difíciles puede confundirte y te puede llevar a cuestionar de qué manera Dios está involucrado en tu vida o siquiera si está involucrado.

Como vimos en el pasaje de las Escrituras que abrió este capítulo, Dios quiere renovarnos, perdonar nuestros pecados y llenar nuestros corazones de su Espíritu. No estamos solos mientras nos preparamos para tomar las decisiones difíciles de la vida.

En la Confirmación afirmas tus promesas bautismales. El sacramento de la Confirmación sella tu Bautismo y refuerza los dones vivificantes que recibiste en el Bautismo. La Confirmación te acerca a Cristo, fortalece los dones del Espíritu Santo, te une más estrechamente a la Iglesia y te ayuda a seguir el ejemplo de Jesús con tus palabras y tus acciones.

En la Confirmación, como en el Bautismo, eres marcado con un carácter, o sello, permanente. Debido a este sello sólo puedes ser bautizado y confirmado una vez. Así como nunca puedes dejar de ser el hermano, la hermana, el primo o la prima de alguien, tampoco puedes dejar de ser un hijo de Dios una vez que eres bautizado.

La Eucaristía

La Eucaristía es el corazón mismo de la vida católica y la mejor oración que le podemos ofrecer a Dios. Este don de Jesús nutre y fortalece a la comunidad de creyentes por la palabra y el sacramento. En la Eucaristía somos Iglesia más íntegramente. Somos el pueblo de Dios, celebrando la bondad de Dios, siendo redimidos y compartiendo el amor de Dios. La participación en la Eucaristía culmina la iniciación cristiana. Al recibirla, continuamente renovamos nuestra participación en la pasión, muerte, Resurrección y Ascensión salvadoras de Cristo.

rito

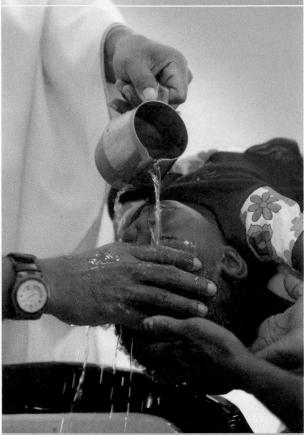

Rito

Durante la celebración del sacramento de la Confirmación renovarás tus promesas bautismales y profesarás tu fe.

Significado

La Confirmación aumenta y profundiza la gracia que recibiste en el Bautismo.

Vida cotidiana

Cada vez que reflejamos la vida de Cristo con nuestras palabras y hechos estamos viviendo nuestras promesas bautismales.

Vida de fe

Nos volvemos a comprometer con la vida de Cristo y nos fortalecemos por la gracia del Espíritu Santo.

Confirmation

You are preparing to celebrate Confirmation, the second Sacrament of Initiation. This time of preparation gives you the opportunity to look carefully at the direction of your life. You need to make decisions every day, and the steady stream of difficult choices can be confusing. This confusion can lead you to question how God is involved in your life or whether he's involved at all.

As we saw in the Scripture passage that began this chapter, God wants to renew us, forgive our sins, and give us hearts full of his Spirit. We will not be alone as we prepare for the difficult decisions of life.

In Confirmation you affirm your baptismal promises. The Sacrament of Confirmation seals your Baptism and reinforces the life-giving gifts you received in Baptism. Confirmation brings you closer to Christ, strengthens the Gifts of the Holy Spirit, unites you more closely to the Church, and helps you follow Jesus' example in your words and actions.

In Confirmation, as in Baptism, you are marked with a permanent character, or seal. Because of this seal, you can only be baptized and confirmed once. Just as you can never stop being someone's brother, sister, or cousin, you can never stop being a child of God once you are baptized.

Eucharist

The Eucharist is the very heart of Catholic life and the greatest prayer we can offer God. This gift from Jesus nourishes and strengthens the community of believers by word and sacrament. At the Eucharist we are most completely the Church. We are God's people, celebrating God's goodness, being redeemed, and sharing God's love. Participation in the Eucharist completes Christian initiation. By receiving it, we continually renew our participation in Christ's saving Passion, Death, Resurrection, and Ascension.

rite

Rite

During the celebration of the Sacrament of Confirmation, you renew your baptismal promises and profess your faith.

Meaning

Confirmation increases and deepens the grace you received at Baptism.

Daily Life

Every time we mirror the life of Christ in our words and deeds, we are living our baptismal promises.

Life of Faith

We recommit to the life of Christ and are strengthened by the grace of the Holy Spirit.

Mirando a la Confirmación más de cerca

Todos usamos palabras y acciones para comunicarnos con los demás. De manera similar, las palabras y las acciones son signos de lo que está pasando en los sacramentos. Los signos de la Confirmación son la imposición de manos, la unción de la frente con aceite por el obispo y las palabras: "Recibe por esta señal el Don del Espíritu Santo".

Ungidos con aceite

Así como en el Bautismo y las ordenaciones, también se usa aceite para ungir a los recién confirmados. El aceite perfumado bendecido por el obispo en la Semana Santa se llama **crisma**.

Ungir con aceite es un ritual antiguo para señalar a alguien que va a recibir una misión especial. En Israel los sacerdotes, los profetas y los reyes eran ungidos. Como aprendimos en el capítulo 1, los vocablos *Cristo* y *Mesías* vienen de palabras que significan "el ungido".

MI TURNO | La imposición de manos

En el Antiguo Testamento la imposición de manos era una señal poderosa de bendición. En el Nuevo Testamento las manos sanan e invocan al Espíritu Santo. Lee el siguiente pasaje de las Escrituras y escribe sobre lo que ocurre como resultado de la imposición de manos.

1. Números 27:18–23

_____

_____

2. Lucas 4:40

_____

_____

3. Hechos de los Apóstoles 19:4–6

_____

_____

_____

4. 1 Samuel 16:11–13

_____

_____

_____

_____

A Closer Look at Confirmation

We all use words and actions to communicate with others. In a similar way, words and actions are signs of what is happening in the sacraments. The signs of Confirmation are the laying on of hands, anointing of the forehead with oil by the bishop, and the words "Be sealed with the Gift of the Holy Spirit."

Anointed with Oil

Just as in Baptism and ordination, oil is used to anoint the newly confirmed. It is called **Chrism**—perfumed oil blessed by the bishop during Holy Week.

Anointing with oil is an ancient ritual that sets someone apart for a special mission. In Israel, priests, prophets, and kings were anointed. As we learned in Chapter 1, both *Christ* and *Messiah* come from words that mean "anointed one."

MY TURN   The Laying on of Hands

In the Old Testament, the laying on of hands was a powerful sign of blessing. In the New Testament, hands healed and called down the Spirit. Read the following Scripture passages and write what happens as a result of the laying on of hands.

1. Numbers 27:18–23

_____

2. Luke 4:40

_____

3. Acts of the Apostles 19:4–6

_____

4. 1 Samuel 16:11–13

_____

Centrar la vida en Jesús

¿Estás listo para vivir tu vida como discípulo de Jesús? De ser así, estas son algunas maneras en las que lo puedes hacer:

- **Reza y celebra los sacramentos.** La Eucaristía y el sacramento de la Reconciliación aumentan tu amor por Jesús.

- **Vive el Evangelio.** Formar hábitos de vida cristiana y servir a miembros de tu comunidad te ayuda a poner tu fe en acción.

- **Estudia la fe.** Crecerás como un cristiano fiel por medio del estudio, la reflexión y al compartir tu fe con los demás.

- **Recurre a otros católicos para recibir apoyo y orientación.** Tus padres, tus padrinos, el párroco, tus catequistas, los miembros de tu parroquia y los amigos que se están preparando contigo para la Confirmación te ayudarán a prepararte para seguir a Cristo juntos.

Tu padrino o madrina

Tu **padrino** o **madrina** va a ser una parte importante de tu preparación para la Confirmación. Para tu Bautismo tus padres escogieron a tus padrinos. La Confirmación sella tu Bautismo, por eso puedes escoger a uno de tus padrinos de Bautismo como tu padrino o madrina de Confirmación, o puedes escoger a otra persona. Tu párroco o catequista te explicará lo que se necesita de tu padrino o madrina.

Escoger un padrino o madrina

He aquí lo que podría decir un anuncio solicitando un padrino o madrina de Confirmación.

SE SOLICITA PADRINO O MADRINA DE CONFIRMACIÓN

Se solicita padrino o madrina para ayudar a un candidato de Confirmación a vivir sus promesas bautismales. Debe estar dispuesto a compartir una vida de fe con el candidato, a ser un ejemplo de vida cristiana, a representar a la Iglesia al apoyar al candidato, a rezar con el candidato, a retarlo a vivir una vida cristiana y a presentarlo ante el ministro de Confirmación. Debe ser un católico practicante, de al menos 16 años de edad y plenamente iniciado por el Bautismo, la Confirmación y la Eucaristía. Salario: inmensurable.

Este puede parecer un trabajo que pocas personas podrían hacer, pero terminarás por encontrar un padrino o madrina digno por medio de la oración, una consideración cuidadosa y conversaciones con tus padres u otros adultos importantes en tu vida.

Tu padrino o madrina será alguien que caminará contigo y te orientará mientras te preparas para la Confirmación. En el día de tu Confirmación estará literalmente a tu lado y con confianza te presentará ante el obispo como una persona lista para recibir el sello del don del Espíritu Santo.

Lee el anuncio con tus padres y habla con ellos sobre quién podría ser un buen padrino o madrina. Reza al Espíritu Santo pidiéndole que te guíe y después habla con la persona que has elegido sobre sus responsabilidades.

Centering on Jesus

Are you ready to live your life as a disciple of Jesus? If so, here are some ways you can do it:

- **Pray and celebrate the sacraments.** The Eucharist and the Sacrament of Penance and Reconciliation increase your love for Jesus.

- **Live the Gospel.** Forming habits of Christian living and serving members of your community help you put your faith into action.

- **Study the faith.** You will grow as a faithful Christian through study, reflection, and by sharing your faith with others.

- **Turn to Catholics for support and guidance.** Your parents, sponsors, pastor, catechist, members of your parish, and friends preparing for Confirmation with you will help you prepare to follow Christ together.

Your Sponsor

A **sponsor** will be an important part of your preparation for Confirmation. At your Baptism your parents chose two sponsors for you. Confirmation seals your Baptism. Therefore, you may choose one of your baptismal sponsors as your Confirmation sponsor, or you may choose another person. Your pastor or catechist will explain to you what is required of your sponsor.

Choosing a Sponsor

Here's how a classified ad requesting a Confirmation sponsor might read.

CONFIRMATION SPONSOR WANTED

Sponsor wanted to help Confirmation candidate live his or her baptismal promises. Must be willing to share faith life with candidate, be an example of Christian living, represent the Church by supporting candidate, pray with candidate, challenge him or her to live a Christian life, and present candidate to minister of Confirmation. Must be a practicing Catholic, at least 16 years old, and fully initiated by Baptism, Confirmation, and the Eucharist. Pay: immeasurable.

This may sound like a job few people could fulfill. But you will eventually find a worthy sponsor through prayer, careful thought, and conversations with your parents or other significant adults in your life.

Your sponsor will be someone who will walk with you and offer you guidance as you prepare for Confirmation. On your day of Confirmation, he or she will literally stand behind you and confidently present you to the bishop as a person ready to be sealed with the Gift of the Holy Spirit.

Read the ad with your parents and talk with them who would be a good sponsor for you. Pray to the Holy Spirit for guidance and then discuss the responsibilities with the person you have selected.

1   SER TESTIGO

Obispo y hombre común: San Juan Neumann

Juan Neumann (1811–1860), cuarto obispo de Filadelfia, fue el primer obispo americano en ser declarado santo. Nacido en lo que es actualmente la República Checa, llegó a los Estados Unidos en 1835 y fue ordenado sacerdote en 1836. En 1852 Neumann fue nombrado obispo de Filadelfia en un momento muy difícil: un partido político anticatólico estaba prendiendo fuego a las escuelas católicas y a los conventos. Neumann no se intimidó por estas amenazas. Para 1860 había establecido más de doscientas escuelas católicas. También estableció nuevas parroquias al ritmo de casi una por mes. Como sabía hablar alemán, italiano e inglés, Neumann era muy popular entre los inmigrantes, cuya dignidad como hijos de Dios siempre respetó. A la gente le encantaba escuchar el Evangelio en su propia lengua. John Neumann fue declarado santo en 1977; su fiesta patronal es el 5 de enero.

2   ACTUAR

La dignidad de la vida humana

Como hijos de Dios, todos tenemos dignidad y siempre nos deberíamos tratar con dignidad los unos a los otros. Dios ha imprimido su propia imagen y semejanza en cada uno de nosotros como seres humanos y nos ha dado el don de la dignidad incomparable. En la Encarnación, Dios Hijo ha tomado nuestra humanidad uniendo la naturaleza divina con la naturaleza humana en una Persona. Como consecuencia de la Encarnación, el principio fundamental de la doctrina social de la Iglesia es la dignidad de la persona humana. Los obispos de los EE.UU. han insistido en que toda decisión económica y todas las instituciones deben ser juzgadas en función de si protegen o destruyen la dignidad de la persona humana.

3   REZAR

Llamado a la oración

Los sacramentos de la Iniciación sientan las bases para nuestra vida como católicos. Por medio de estos sacramentos nos convertimos en miembros plenos de la Iglesia. Pide a Dios que esté contigo y que te guíe en tu jormada hacia la Confirmación.

1 WITNESS

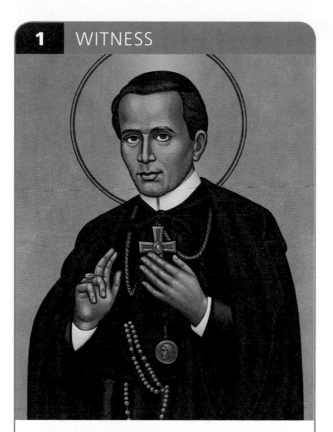

Bishop and Everyman: Saint John Neumann

John Neumann (1811–1860), fourth bishop of Philadelphia, was the first American bishop to be declared a saint. Born in the present-day Czech Republic, he came to the United States in 1835 and was ordained in 1836. In 1852 Neumann was appointed bishop of Philadelphia at a very difficult time. An anti-Catholic political party was setting fire to Catholic schools and convents. Neumann was not deterred by these threats. By 1860 he had established over two hundred Catholic schools. He also established new parishes at the rate of almost one every month. Speaking German, Italian, and English, Neumann was very popular with immigrants, whose dignity as children of God he always respected. People loved hearing the Gospel in their own language. John Neumann was declared a saint in 1977; his feast day is January 5.

2 ACT

Dignity of Human Life

As children of God, we all possess dignity, and we should always treat one another with dignity. God has imprinted his own image and likeness on each of us as human beings and has given us the gift of an incomparable dignity. In the Incarnation, God the Son has taken on our humanity by uniting divine nature with human nature in one Person. Because of the Incarnation, the guiding principle of Catholic Social Teaching is the dignity of the human person. The U.S. bishops have insisted that every economic decision and institution must be judged in light of whether it protects or destroys the dignity of the human person.

3 PRAY

Call to Prayer

The Sacraments of Initiation lay the foundation for our lives as Catholics. Through these sacraments we become full members of the Church. Ask God to be with you and guide you on your journey toward Confirmation.

rezar

Una oración llena de gracia

Todos: En el nombre del Padre y del Hijo y del Espíritu Santo.
Amén.

Líder: Hemos aprendido sobre los tres sacramentos de la Iniciación: el Bautismo, la Confirmación y la Eucaristía. Ahora, reunidos como comunidad de creyentes, escuchemos a Dios, hablándonos por medio de su Palabra hoy y siempre.

"Los recogeré por las naciones, los reuniré de todos los países y los llevaré a su tierra. Los rociaré con un agua pura que los purificará: de todas sus inmundicias e idolatrías los he de purificar. Les daré un corazón nuevo y les infundiré un espíritu nuevo; arrancaré de su cuerpo el corazón de piedra y les daré un corazón de carne. Les infundiré mi espíritu y haré que caminen según mis preceptos y que cumplan mis mandatos poniéndolos por obra. Habitarán en la tierra que di a sus padres; ustedes serán mi pueblo y yo seré su Dios".

Ezequiel 36:24–28

Todos: Gloria a ti, Señor Jesús.

Líder: Ahora ofrezcamos nuestra oración a Dios, quien nos ofrece vida nueva. Que todos nosotros, que hemos recibido una nueva vida en el Bautismo, podamos siempre dar gracias a Dios por su vida en nosotros.

Todos: Señor, escucha nuestra oración.

Líder: Que mientras nos preparamos para celebrar nuestra Confirmación, podamos crecer en entendimiento y vivencia de nuestra fe.

Todos: Señor, escucha nuestra oración.

Líder: Que nuestra participación en la Eucaristía pueda nutrir la nueva vida que recibimos en el Bautismo.

Todos: Señor, escucha nuestra oración.

Líder: Como católicos creemos que nacer de nuevo es la gracia transformadora que recibimos en el Bautismo. Esta gracia nos acompaña a lo largo de nuestras vidas, ayudándonos a apartarnos del pecado y a acercarnos a Dios. Por esto demos gracias a Dios.

Todos: Dios de amor, a través de los sacramentos de la Iniciación se nos da una vida nueva en tu gracia. Gracias por darnos la gracia para profundizar en nuestra relación contigo.
Amén.

pray

Grace-Filled Prayer

All: In the name of the Father, and of the Son, and of the Holy Spirit. Amen.

Leader: We have learned about the three Sacraments of Initiation: Baptism, Confirmation, and Eucharist. Now, gathered as a community of believers, let us listen to God, speaking to us in his Word today and always.

"I will take you away from among the nations, gather you from all the lands, and bring you back to your own soil. I will sprinkle clean water over you to make you clean; from all your impurities and from all your idols I will cleanse you. I will give you a new heart, and a new spirit I will put within you. I will remove the heart of stone from your flesh and give you a heart of flesh. I will put my spirit within you so that you walk in my statutes, observe my ordinances, and keep them. You will live in the land I gave to your ancestors; you will be my people, and I will be your God."

Ezekiel 36:24–28

All: Praise to you, Lord Jesus Christ.

Leader: Now let us offer our prayers to God, who offers us new life. That all of us who have been brought to new life in Baptism may always give thanks to God for his life in us.

All: Lord, hear our prayer.

Leader: That as we prepare to celebrate our Confirmation, we may grow in understanding and living our faith.

All: Lord, hear our prayer.

Leader: That our participation in the Eucharist may nourish the new life we received in Baptism.

All: Lord, hear our prayer.

Leader: As Catholics we believe that being born again is the transforming grace we received in Baptism. This grace is with us throughout our lives, helping us turn away from sin and toward God. For this let us give thanks to God.

All: Loving God, through the Sacraments of Initiation, we are given new life in your grace. Thank you for giving us the grace to deepen our relationship with you. Amen.

resumen

RESUMEN DEL TEMA

Por medio de los sacramentos de la Iniciación, nos convertimos en miembros de la Iglesia que continúan la misión de la Iglesia.

RECUERDA

¿Cuáles son los sacramentos de la Iniciación?

Los sacramentos de la Iniciación son el Bautismo, la Confirmación y la Eucaristía. Nacemos en el Bautismo, nos fortalecemos en la Confirmación y la Eucaristía nos sustenta.

¿Cuáles son los efectos del Bautismo?

El Bautismo es necesario para la Salvación. Es nuestro nacer a una vida nueva en Cristo. Nos libera del pecado original y nos da vida nueva en Jesús. Forma una alianza entre Dios y nosotros, en la que Dios promete estar siempre con nosotros y ayudarnos a crecer en la fe. El Bautismo nos da la gracia santificante: vida nueva que nos ayuda a amar a Dios y a poner nuestra esperanza en él.

¿Qué hace la Confirmación por nosotros?

La Confirmación sella nuestro Bautismo y profundiza la gracia bautismal. Nos une más firmemente a Cristo, fortalece los dones del Espíritu Santo, nos acerca más a la Iglesia y nos anima a ser testigos de Cristo en toda circunstancia, palabra y obra.

¿Cuáles son cuatro características de la comunidad de fe formada por el Espíritu Santo?

Cuatro características de la comunidad de fe son: comunidad, mensaje, adoración y servicio.

DIARIO DE MI CONFIRMACIÓN

Usa tu diario para adentrarte más profundamente en este capítulo. Dedica un tiempo a reflexionar en silencio y a escribir en las páginas 11–20 del diario.

Palabras a saber

crisma	sacramento
discípulo	gracia santificante
pecado original	padrino/madrina
Ritual de la	
Iniciación	
Cristiana de	
Adultos (RICA)	

ACTÚA

1. Las palabras de la unción usan la imagen de una señal o marca como signo de identificación. En el pasado, documentos y cartas se sellaban con cera caliente, que se señalaba con el sello o marca de la persona. En la Confirmación Dios te marca como hijo suyo. Estás llamado a recibir la marca de Dios y autorizado para actuar como su discípulo. Dibuja algo que pudiera representar el sello de Dios. Luego escribe una descripción del dibujo.

2. Investiga sobre tu comunidad parroquial y escribe sobre ella. Explica cómo fue fundada y cómo recibió su nombre. Describe cómo es de grande, la diversidad de personas que pertenecen a ella y sus actividades principales.

CON MI PADRINO

Planifica pasar un tiempo con tu padrino o madrina para compartir reflexiones, preguntas e ideas sobre este capítulo y ver cómo se relacionan con sus conversaciones de la revista *De fe a fe*.

Dios de amor, gracias por darme la gracia para seguirte y la fuerza para alejarme del pecado. Amén.

summary

FAITH SUMMARY

Through the Sacraments of Initiation, we become members of the Church who continue the mission of the Church.

REMEMBER

What are the Sacraments of Initiation?

The Sacraments of Initiation are Baptism, Confirmation, and the Eucharist. We are born in Baptism, strengthened in Confirmation, and nourished by the Eucharist.

What are the effects of Baptism?

Baptism is necessary for Salvation. It is our birth into new life in Christ. It frees us from Original Sin and gives us new life in Jesus. It forms a covenant between God and us, in which God promises to be with us always and to help us grow in faith. Baptism gives us sanctifying grace—new life that helps us love God and hope in him.

What does Confirmation do for us?

Confirmation seals our Baptism and deepens baptismal grace. It unites us more firmly to Christ, strengthens the Gifts of the Holy Spirit, brings us closer to the Church, and encourages us to witness to Christ in all circumstances in word and action.

Words to Know

Chrism	sacrament
disciple	sanctifying grace
Original Sin	sponsor
Rite of Christian Initiation of Adults (RCIA)	

What are four characteristics of the faith community formed by the Holy Spirit?

Four characteristics of the faith community are community, message, worship, and service.

MY CONFIRMATION JOURNAL

Use your journal to enter more deeply into this chapter. Quietly spend time reflecting and recording on journal pages 11–20.

REACH OUT

1. The words of the anointing are based on the practice of stamping something for identification. In the past, letters and documents were sealed with hot wax. A person's seal was pressed into the wax, leaving an imprint. In Confirmation, God marks you as his own. You are called to receive God's mark and authorized to act as his disciple. Draw what God's seal might look like. Then write a description of it.

2. Research your parish community and write about it. Explain how it was founded and how it got its name. Describe how large the parish is, the variety of people who belong to it, and its major activities.

WITH MY SPONSOR

Arrange with your sponsor to share your insights, questions, and ideas from this chapter and how they relate to your conversations from the *Faith to Faith* magazine.

Loving God, thank you for the grace to follow you and the strength to turn away from sin. Amen.

repaso

TESTIGOS, PASADOS Y PRESENTES

Lee el siguiente pasaje de los Hechos de los Apóstoles y escribe la letra o letras que se corresponden con la característica de la Iglesia que vivieron estos primeros cristianos.

a. mensaje   **c.** adoración
b. comunidad   **d.** servicio

_____ **1.** Hechos 2:44–45

_____ **2.** Hechos 4:34–35

_____ **3.** Hechos 8:5–8

_____ **4.** Hechos 13:14–18

_____ **5.** Hechos 2:42

UN ACONTECIMIENTO EXCEPCIONAL

Completa las oraciones. Si las terminas correctamente, las letras en las casillas deletrearán un acontecimiento importante que involucra al Espíritu Santo.

1. Los sacramentos son signos de la

▢ _ _ _ _ _ _ _ _ _ del Espíritu Santo en nuestras vidas.

2. En la Última _ _ ▢ _ _ Jesús formó una nueva alianza con su sangre.

3. Con su muerte,

_ _ _ _ _ _ _ _ _ _ _ _ _ ▢ y Ascensión, Jesús formó un grupo de personas que siguieron sus enseñanzas y guardaron su mandamiento de amarnos.

4. El _ _ _ ▢ _ _ _ _ nos marca como cristianos.

5. La imposición de las manos es una

_ ▢ _ _ _ de bendición.

6. La _ _ _ ▢ _ _ santificante nos ayuda a seguir las direcciones del Espíritu Santo.

7. El sacramento de la

_ ▢ _ _ _ _ _ _ _ _ _ _ _ fortalece los dones que recibiste en el Bautismo.

8. _ _ _ ▢ _ _ _ es el aceite que se usa en el Bautismo y la Confirmación.

9. _ _ ▢ _ _ _ _ _ _ la fe te ayudará a acercarte a Dios.

10. Nosotros prometemos esforzarnos por ser

como _ ▢ _ _ _ cuando aceptamos la alianza de Dios.

11. La Confirmación es el ▢ _ _ _ _ _ _ sacramento de la Iniciación.

¿Cuál es el acontecimiento? _____

CRUCIGRAMA DE EZEQUIEL

Completa este crucigrama sobre el pasaje de las Escrituras que leíste del Libro de Ezequiel.

Horizontales
1. Son similares a las leyes o reglas
2. Se recibe con un corazón nuevo

Verticales
1. Sinónimo de *nación*
3. Bombea vida al cuerpo
4. Limpiar algo
5. Un líquido que limpia

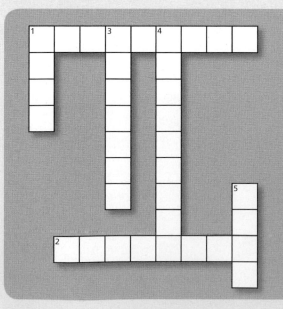

review

WITNESS, PAST AND PRESENT

Read the passages below from the Acts of the Apostles, and write the letter of the characteristic of the Church lived by these early Christians. There may be more than one.

a. message   **c.** worship
b. community   **d.** service

_____ **1.** Acts 2:44–45   _____ **4.** Acts 13:14–18

_____ **2.** Acts 4:34–35   _____ **5.** Acts 2:42

_____ **3.** Acts 8:5–8

AN EXCEPTIONAL EVENT

Complete the sentences. If you finish them correctly, the boxed letters will spell an important event involving the Holy Spirit.

1. At the Last __ __ ▢ __ __ __ Jesus formed a new covenant with his blood.

2. By his Death,

__ ▢ __ __ __ __ __ __ __ __ __ __ __ , and Ascension, Jesus formed a group of people who followed his teaching and kept his commandment of love.

3. The __ __ __ __ __ __ __ ▢ __ __ are signs of the Holy Spirit's presence in our lives.

4. __ __ __ ▢ __ __ __ marks us as Christians.

5. Sanctifying __ __ __ __ ▢ helps us follow the directions of the Holy Spirit.

6. We promise to try to be like Jesus when we accept God's ▢ __ __ __ __ __ __ .

7. The Sacrament of

__ __ __ __ __ __ __ __ __ __ ▢ __ strengthens the gifts we receive in Baptism.

8. __ __ __ __ ▢ __ is the oil used in Baptism and Confirmation.

9. __ ▢ __ __ __ __ __ __ __ the faith will help you grow closer to God.

What is the event? _____

EZEKIEL PUZZLER

Complete the crossword puzzle about the Scripture passage you read from the Book of Ezekiel.

Across
5. similar to laws or rules
6. pumps life to the body

Down
1. a cleansing liquid
2. another word for *lands*
3. to make clean
4. received with a new heart

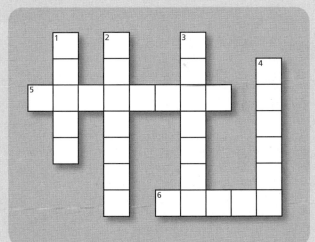

CAPÍTULO 3

Confirmados en la

fe

Piensa en los diferentes grupos a los que perteneces. Estos pueden incluir asociaciones, equipos deportivos o tu grupo de amigos. ¿Qué te ayuda a sentirte parte del grupo? ¿Qué tienen en común estos grupos?

"Esta es nuestra fe. Esta es la fe de la Iglesia, que nos gloriamos de profesar, en Jesucristo, nuestro Señor". —*Ritual para la Confirmación*

CHAPTER 3

Confirmed in
faith

Think about different groups to which you belong. They may be clubs, sports teams, or your group of friends. What helps you feel like a part of the group? What do these groups have in common?

"This is our faith. This is the faith of the Church. We are proud to profess it in Christ Jesus our Lord." *–Rite of Confirmation*

Palabras para llevar en el corazón

"Estos son los preceptos, los mandatos y decretos que el Señor, su Dios, les mandó aprender y cumplir en la tierra donde van a entrar para tomar posesión de ella. . . Por eso, escucha, Israel, y esfuérzate en cumplirlos para que te vaya bien y crezcas mucho. Ya te dijo el Señor, Dios de tus padres: Es una tierra que mana leche y miel.

Escucha, Israel, el Señor, nuestro Dios, es solamente uno. Amarás al Señor, tu Dios, con todo el corazón, con toda el alma, con todas las fuerzas. Las palabras que hoy te digo quedarán en tu memoria, se las inculcarás a tus hijos y hablarás de ellas estando en casa y yendo de camino, acostado y levantado".

Deuteronomio 6:1,3–7

En el Capítulo 5 del Deuteronomio Moisés reitera los Diez Mandamientos y recuerda a los israelitas todas las demás leyes que han aceptado seguir.

En el pasaje de las Escrituras que mostramos en el recuadro, Moisés explica que la verdadera forma de seguir las instrucciones de Dios es amar a Dios con todo tu corazón, con toda tu alma y con todas tus fuerzas. Moisés recalca que los israelitas no solo deberían saber las palabras de este precepto sino que también deberían llevarlo en el corazón, enseñarlo a sus hijos y usarlo para guiar todas sus obras.

Entender las Escrituras

Los cinco primeros libros del Antiguo Testamento (Génesis, Éxodo, Levítico, Números y Deuteronomio) forman el Pentateuco. En hebreo se les llama **Torá**, que significa "instrucción" o "ley". En el Deuteronomio Moisés se dirige varias veces a los israelitas para recordarles que ellos pertenecen a Dios.

Las Escrituras y tú

Durante este tiempo de preparación para la Confirmación repasarás aspectos importantes de lo que has aprendido. La lectura del Deuteronomio te recuerda que debes llevar este conocimiento en el corazón.

REFLEXIONAR SOBRE LA PALABRA DE DIOS

Relájate y prepárate para pasar unos momentos en silencio con Dios. Imagina que estás con los israelitas, escuchando las palabras de Moisés. Dios te está pidiendo que lo ames con todo tu corazón, tu alma y tus fuerzas. Asimila las palabras. Pide a Dios que te ayude a hacer de esta preparación para la Confirmación un tiempo para aprender de manera más completa lo que significa amarlo sobre todas las cosas.

Words to Take to Heart

"This then is the commandment, the statutes and the ordinances, which the LORD, your God, has commanded that you be taught to observe in the land you are about to cross into to possess . . . Hear then, Israel, and be careful to observe them, that it may go well with you and that you may increase greatly; for the LORD, the God of your ancestors, promised you a land flowing with milk and honey.

Hear, O Israel! The LORD is our God, the LORD alone! Therefore, you shall love the LORD, your God, with your whole heart, and with your whole being, and with your whole strength. Take to heart these words which I command you today. Keep repeating them to your children. Recite them when you are at home and when you are away, when you lie down and when you get up."

Deuteronomy 6:1,3–7

Understanding Scripture

The first five books of the Old Testament—Genesis, Exodus, Leviticus, Numbers, and Deuteronomy—form the Pentateuch. In Hebrew they are referred to as the **Torah,** meaning "instruction" or "law." In the Book of Deuteronomy, Moses gives a number of speeches to remind the Israelites that they belong to God.

In Chapter 5 of Deuteronomy, Moses restates the Ten Commandments and reminds the Israelites of all the other laws they have agreed to follow.

In the Scripture passage above, Moses explains that the true way to follow God's instruction is to love God with all your heart, all your soul, and all your strength. Moses stresses that the Israelites should not only know the words of this instruction but that they should also take the instruction to heart, teach it to their children, and use it to guide all their actions.

Scripture and You

During this time of preparation for Confirmation, you will review important aspects of the instruction you have received. The reading from Deuteronomy reminds you to take this instruction to heart.

REFLECTING ON GOD'S WORD

Relax and prepare to spend some quiet time with God. Imagine that you are with the Israelites, listening to Moses's words. God is asking you to love him with all your heart, soul, and strength. Let his words sink in. Ask God to help you make this Confirmation preparation a time to learn more fully what it means to love him above all things.

believe

VENTANA AL ARTE

Elizabeth Wang, *La pureza y santidad de Adán y Eva antes de la caída,* 2000.

Elizabeth Wang, *The purity and holiness of Adam and Eve before the Fall,* 2000.

Creemos

Así como la ropa que usamos y la música que escuchamos dice mucho de nosotros, también dice mucho de nosotros el que recemos y vivamos el Credo. Estamos rompiendo barreras, diciendo a todos que somos católicos e identificándonos como creyentes.

Nuestra fe es nuestro compromiso personal con Dios. Implica supeditar nuestra mente y nuestra voluntad a Dios, quien se nos ha revelado con palabras y hechos a lo largo de la historia. Todos necesitamos el apoyo de nuestra comunidad para ayudarnos a crecer en nuestra fe, una fe que hemos heredado. Durante nuestros años de formación hemos contado con otras personas para que nos ayuden a entender lo que el Credo significa para nosotros. De hecho, las palabras

que decimos en el **Credo Niceno** se remontan hasta los siglos IV y V. La palabra *credo* viene del latín y quiere decir "Yo creo".

La Santísima Trinidad

La **Santísima Trinidad** está en el centro de lo que creemos. Creemos en un solo Dios que es Padre, Hijo y Espíritu Santo. Seguimos a Jesús, Dios Hijo, porque Dios Padre nos llama y Dios Espíritu Santo nos mueve.

Un Padre amoroso

Así como las Personas de la Trinidad son una en lo que son, también son una en lo que hacen. A Dios Padre se le reconoce de una forma especial por la obra de la creación. Nosotros creemos que él es el creador de todo lo que existe. Las personas a menudo se preguntan: "¿de dónde venimos?" y "¿a dónde vamos?" Existe una respuesta: Dios Padre.

Dios Padre nos creó por amor y para ser partícipes de su bondad. En su propia sabiduría, él creó todo el universo. Pero Dios no es una fuerza impersonal; está presente y activo en nuestra vida, y es Jesús quien nos enseña a llamar a Dios "Abba", Padre.

Dios camina con nosotros para ayudarnos a alcanzar los objetivos que él pretende para nosotros: felicidad eterna con él compartiendo su verdad, su bondad y su belleza.

Nuestro camino comienza con el Bautismo, que nos libera del pecado original. El acto de desobediencia de Adán y Eva hacia Dios dio como resultado el pecado original. Este pecado dañó su relación con Dios y ocasionó que todos los seres humanos naciéramos con el pecado original.

Dios nuestro Padre desea llevarnos del estado del pecado original al estado de gracia. Él quiere que nosotros, como sus hijos adoptivos, experimentemos la intimidad de la vida de la Trinidad y que una vez más seamos partícipes de su santidad. Así que Dios envió a su Hijo, Jesús, para ser nuestro Salvador.

creer

We Believe

Just as we make a statement with the clothes we wear and the music we listen to, we make a statement by praying and living the Creed. We are stepping out into the world, telling everyone that we are Catholic and identifying ourselves as believers.

Our faith is our personal commitment to God. It involves the assent of our mind and will to God, who has revealed himself in words and action throughout history. We all need the support of our community to help us grow in our faith, a faith that has been handed down to us. During our years of instruction, we've relied on others to help us understand what the Creed means to us. In fact, the words we say in the **Nicene Creed** go all the way back to the fourth and fifth centuries. The word *creed* comes from the Latin word *credo*, which means "I believe."

The Holy Trinity

The **Holy Trinity** is at the center of what we believe. We believe in one God who is Father, Son, and Holy Spirit. We follow Jesus, God the Son, because God the Father calls us and God the Holy Spirit moves us.

A Loving Father

Just as the Persons of the Trinity are one in what they are, they are one in what they do. God the Father is credited in a special way with the work of creation. We believe that he is the Creator of everything that exists. People often wonder "Where do we come from?" and "Where are we going?" There is one answer: God the Father.

God the Father created us out of love and to share in his goodness. He created the entire universe by his own wisdom. But he is not an impersonal force; he is present and active in our lives. It is Jesus who teaches us to call God "Abba"—Father.

God walks with us to help us achieve the goals he intended for us: eternal happiness with him, sharing his truth, goodness, and beauty.

Elizabeth Wang, *Jesus our High Priest, through the Holy Spirit, draws us into the Father's love*, 2010.

Elizabeth Wang, *Jesús nuestro Sumo Sacerdote, por medio del Espíritu Santo, nos conduce hacia el amor del Padre*, 2010.

Our journey begins with Baptism, which frees us from Original Sin. Adam and Eve's act of disobeying God resulted in Original Sin. This sin damaged their relationship with God and caused all humans to be born with Original Sin.

God our Father wishes to bring us from the state of Original Sin to the state of grace. He wants us, as his adopted children, to experience the intimacy of the life of the Trinity and once again share in his holiness. So God sent his Son, Jesus, to be our Savior.

Dios Hijo: más cerca de nosotros

Hablar con alguien por teléfono o escribir un correo electrónico está bien, pero visitarlos en persona es aún mejor. Para estar más cerca de nosotros Dios envió a su Hijo, Jesús, para vivir entre nosotros. Cuando rezamos el Credo afirmamos nuestra creencia en que el Padre envió a su único Hijo, Jesús, para expiar nuestros pecados. Jesús es la Palabra de Dios, que se hizo hombre para salvarnos.

Jesús nos salvó al revelarnos el amor de Dios, siendo ejemplo de la santidad que deberíamos intentar alcanzar, sanando nuestra dañada relación con Dios y permitiéndonos ser partícipes de su naturaleza divina.

María y Jesús, Laura James, 1991.

Mary and Jesus, Laura James, 1991.

Enteramente Dios, enteramente humano

Jesús es enteramente Dios y enteramente humano. Se hizo humano permaneciendo verdaderamente Dios. María fue elegida para ser la Madre de Dios; por ello su concepción fue sin pecado. Nosotros celebramos esta verdad en la Solemnidad de la **Inmaculada Concepción**. Jesús fue concebido milagrosamente por el poder del Espíritu Santo y nació de la Virgen María. Todos conocemos la hermosa historia del nacimiento de Jesús en Belén.

Jesús vivió en Nazaret con María, su madre, y José, su padre adoptivo, hasta que tenía unos 30 años. Entonces comenzó su vida de ministerio.

Jesús predicó sobre Dios su Padre y el reino que todos estamos llamados a compartir. Durante tres años Jesús enseñó a la gente cómo vivir de la manera que Dios quiere que vivamos. Él hizo milagros para mostrar el poder del **reino de Dios**. Jesús invitó a los pecadores a este reino.

Los líderes religiosos que envidiaban a Jesús lo entregaron a los oficiales romanos, afirmando que había incitado a las multitudes en contra de Roma. Los romanos crucificaron a Jesús. Jesús murió y fue sepultado. El Credo afirma: "Y por nuestra causa fue crucificado. . . ". Y por nuestra causa, Dios lo resucitó a una vida nueva al tercer día.

MI TURNO   Encuentro con la Trinidad

¿Cuáles son tres ejemplos de cómo encuentras a cada persona de la Trinidad en tu vida?

1. Yo encuentro a Dios Padre cuando

_____.

2. Yo encuentro a Jesucristo, su Hijo, cuando

_____.

3. Yo encuentro al Espíritu Santo cuando

_____.

God the Son: Closer to Us

Talking to someone by phone or e-mail is nice, but visiting them in person is even better. To be closer to us, God sent his Son, Jesus, to live among us. When we pray the Creed, we state our belief that the Father sent his only Son, Jesus, to atone for our sins. Jesus is the Word of God, who became human to save us.

Jesus saved us by revealing God's love to us, exemplifying the holiness we should try to achieve, healing our damaged relationship with God, and allowing us to share in his divine nature.

Fully God, Fully Human

Jesus is fully God and fully human. He became human while remaining truly God. Mary was chosen to be the Mother of God; therefore, her conception was without sin. We celebrate this truth on the Feast of the **Immaculate Conception.** Jesus was miraculously conceived by the power of the Holy Spirit and born of the Virgin Mary. We are all familiar with the beautiful story of Jesus' birth in Bethlehem.

Jesus lived in Nazareth with Mary, his mother, and Joseph, his foster father, until he was about 30 years old. He then began his life of ministry. Jesus preached about God his Father and the kingdom we are all called to share. For three years Jesus taught people how to live the way God wants us to live. He worked miracles to show the power of the **Kingdom of God.** Jesus invited sinners into this kingdom.

Envious religious leaders handed Jesus over to Roman officials, claiming that he incited the crowds against Rome. The Romans crucified Jesus. He died and was buried. The Creed states, "For our sake he was crucified . . ." And for our sake, God raised him to new life on the third day.

MY TURN Encountering the Trinity

What are three examples of how you encounter each Person of the Trinity in your life?

1. I encounter God the Father when

_____

_____

_____ .

2. I encounter Jesus Christ, his Son when

_____

_____

_____ .

3. I encounter the Holy Spirit when

_____

_____

_____ .

Jesús, Señor. Holland, siglo XVIII.

Jesus Lord, Holland, 18th century.

Jesús se apareció entonces a sus discípulos y más tarde ascendió al cielo para estar con Dios Padre. Nuestra fe nos asegura que Jesús volverá al final de los tiempos para juzgar a todos los que han muerto y a los que aún viven. Él establecerá el reino de Dios, un reino de paz y de justicia para siempre.

La noche antes de morir Jesús compartió una comida con sus amigos. Tomó pan y vino y los convirtió en su Cuerpo y su Sangre. Nosotros llamamos a esta comida la Eucaristía. En la Eucaristía Jesús no sólo está presente con nosotros, sino que los acontecimientos salvíficos de su vida, muerte, Resurrección y Ascensión también están presentes.

Un Espíritu santificador

A veces nos podemos sentir frustrados o solos. Jesús se aseguró de que nunca quedáramos en soledad. Sabemos que Jesús está con nosotros en la Eucaristía. También envió al Espíritu Santo para que estuviera con nosotros, nos ayudara y nos defendiera. Dios Espíritu Santo nos permite experimentar la presencia salvífica de Jesús. En el Bautismo, por medio del Espíritu Santo, recibimos la vida que Dios Padre nos da en Jesús, su Hijo. Dios Padre, Dios Hijo y Dios Espíritu Santo son la Trinidad.

La Iglesia católica

Otra manera en la que Jesús se aseguró de que no quedásemos solos fue al establecer su Iglesia. La vida de la Trinidad se vive en la Iglesia. La Iglesia es la comunidad de un pueblo peregrino que camina hacia el Padre. Este es el pueblo que Dios reúne en todo el mundo. Este pueblo confecciona su vida de la Palabra y del Cuerpo de Cristo, convirtiéndose así en el Cuerpo de Cristo, la Iglesia.

La Iglesia es una sociedad visible, administrada por el papa y todos los obispos, que son los sucesores de los apóstoles. A ellos se les llama el **Magisterio**, o la autoridad doctrinal de la Iglesia. Guiados por Dios Espíritu Santo tienen la autoridad de proclamar el evangelio y guiar a la Iglesia. Los obispos tienen la responsabilidad de proclamar el mensaje de Dios al pueblo.

MI TURNO   Unidos en el Señor

Haz una lista de creencias cristianas. Úsala como un recordatorio de lo que todos los cristianos tenemos en común mientras rezas por la unidad de todos los que creen en Cristo.

_____

_____

_____

Jesus then appeared to his disciples and later ascended to Heaven to be with God the Father. Our faith assures us that Jesus will come again at the end of time to judge all who have died and those still alive. He will establish God's kingdom of peace and justice forever.

On the night before he died, Jesus shared a meal with his friends. He took bread and wine and transformed them into his Body and Blood. We call this meal the Eucharist. In the Eucharist, Jesus is not only present with us, but the saving events of his life, Death, Resurrection, and Ascension are present as well.

A Sanctifying Spirit

Sometimes we can feel frustrated or lonely. Jesus made sure that we will never be alone. We know that Jesus is with us in the Eucharist. He also sent the Holy Spirit to be with us, help us, and defend us. God the Holy Spirit allows us to experience Jesus' saving presence. In Baptism, we receive through the Holy Spirit the life that God the Father gives us in Jesus, his Son. God the Father, God the Son, and God the Holy Spirit are the Trinity.

The Catholic Church

Another way Jesus made sure we would not be alone was by establishing his Church. The life of the Trinity is lived out in the Church. The Church is a community of pilgrim people on the way to the Father. They are the people whom God gathers in the entire world. They draw their lives from the Word and the Body of Christ and so become Christ's Body, the Church.

The Church is a visible society, governed by the pope and all the bishops, who are the successors of the Apostles. They are called the **Magisterium,** or teaching authority, of the Church. Guided by God the Holy Spirit, they have the authority to preach the gospel and lead the Church. The bishops have the responsibility to proclaim God's message to the people.

MY TURN   United in the Lord

Make a list of Christian beliefs. Use it as a reminder of what all Christians have in common as you pray for unity among all believers in Christ.

_____

_____

_____

_____

_____

_____

_____

Cuando el papa, en unión con los obispos, enseña con solemnidad sobre un tema de fe y de moral, la enseñanza se denomina una enseñanza **infalible**. Esto quiere decir que la enseñanza está exenta de errores.

La Iglesia tiene cuatro atributos distintivos. La Iglesia es una, santa, católica y apostólica.

Una

La Iglesia es **una** porque ha sido constituida como un cuerpo en Jesús. La unidad es la esencia de la Iglesia. Todos los que han sido bautizados son miembros de la Iglesia de Cristo, cuya plenitud se encuentra en la Iglesia católica romana. Con el tiempo se le han infligido heridas a la unidad de la Iglesia. Los seguidores bautizados de Jesús ya no están unidos en una sola Iglesia. Como católicos estamos unidos con Jesús en el deseo de ver restaurada la unidad de la Iglesia y deberíamos orar y trabajar con ese fin. Este trabajo en busca de la unidad de todos los cristianos se llama **ecumenismo**.

Santa

La Iglesia es **santa** porque Jesús, el fundador de la Iglesia, es santo. Todas las actividades de la Iglesia se realizan con el fin de hacer de todo el mundo un lugar mejor y más santo. La Iglesia siempre tiene necesidad de purificación porque todos sus miembros son pecadores. Todavía no somos el pueblo santo que Dios nos llama a ser; todavía estamos en camino a la santidad.

Católica

La Iglesia es **católica**, o abierta a todos, porque ha sido enviada por Cristo a toda la humanidad. Incluso aquellos que no creen que Jesús es el Hijo de Dios están relacionados con la Iglesia. El pueblo judío ya había respondido favorablemente al llamado de Dios en el Antiguo Testamento.

rito

Rito

Después de la proclamación del Evangelio, tú y los demás candidatos son llamados cada uno por su nombre para ser presentados al obispo.

Significado

Pararse ante el obispo, y ante la comunidad de fe, es una señal de que estás preparado para recibir el sacramento de la Confirmación.

Vida cotidiana

Las personas que forman parte de tu comunidad te apoyan en la vida. Dios habla y actúa a través de ellas.

Vida de fe

Cuando la Iglesia se reúne en nombre de Jesús, allí está él presente. Nuestra comunidad de fe es la Iglesia. El obispo guía, enseña y es el pastor de la Iglesia local. Es sucesor de los apóstoles.

When the pope, in union with the bishops, solemnly teaches on a matter of faith and morals, the teaching is called an **infallible** teaching. This means the teaching is free of error.

The Church has four distinguishing marks; the Church is one, holy, catholic, and apostolic.

One

The Church is **one** because it has been made one body in Jesus. Unity is the essence of the Church. All who have been baptized are members of the Church of Christ, whose fullness is found in the Roman Catholic Church. Over time there have been wounds to the Church's unity. The baptized followers of Jesus are no longer united in one Church. As Catholics we are united with Jesus in the desire to see the unity of the Church restored, and we should pray for and work toward that end. This work toward the unity of all Christians is called **ecumenism.**

Holy

The Church is **holy** because Jesus, the Church's founder, is holy. All of the Church's activities are done with the goal of making the entire world a better, holier place. The Church is always in need of purification because all its members are sinners. We are not yet the holy people God calls us to be; we are still on our way to becoming holy.

Catholic

The Church is **catholic,** or open to all, because it has been sent by Christ to the entire human race. Even those who don't believe that Jesus is the Son of God are related to the Church. The Jewish people have already given a positive response to God's call in the Old Testament.

rite

Rite

After the Gospel, you and the other confirmands are called by name to stand before the bishop, to whom you are presented.

Meaning

To stand before the bishop and the community of faith is a sign of your readiness to receive the Sacrament of Confirmation.

Daily Life

You are supported in life by the people in your community. God speaks and acts through them.

Life of Faith

When the Church gathers in Jesus' name, he is present. Our community of faith is the Church. The bishop guides, teaches, and shepherds the local Church. He is the successor of the Apostles.

marks

Los musulmanes están incluidos en el plan de salvación de Dios porque, con nosotros, ellos adoran al único y misericordioso Dios. Puesto que es católica, la Iglesia tiene un vínculo con todas las personas por medio de Dios, que está presente en todos los corazones humanos.

Apostólica

La Iglesia es **apostólica** porque los apóstoles llevaron a cabo el plan de Jesús de establecer la Iglesia. La labor de enseñanza de los apóstoles es hoy continuada por sus sucesores, los obispos, en unión con el papa.

La misión de la Iglesia y de cada uno de sus miembros es la misión de Cristo: llamar a toda la creación hacia el reino de Dios. Para alcanzar este objetivo la Iglesia enseña el mensaje cristiano a través de la palabra, el ejemplo y el servicio a los demás.

| MI TURNO | Dicho de otra forma |

1. Escoge uno de los cuatro atributos de la Iglesia y describe en qué forma es importante para la Iglesia.

_____

_____

_____

_____

_____

_____

_____

2. ¿Cuáles son algunas otras palabras que describen a la Iglesia? Explica.

_____

_____

_____

_____

_____

_____

_____

JUEGOS
FUN

atributos

Muslims are included in God's plan of salvation because with us they adore the one, merciful God. Because it is catholic, the Church has a bond with all people through God, who is present in every human heart.

Apostolic

The Church is **apostolic** because the Apostles carried out Jesus' plan of establishing the Church. Today the Apostles' teaching is carried out by their successors, the bishops, in union with the pope.

The mission of the Church and each of its members is Christ's mission—to call all creation into the Kingdom of God. To achieve this goal, the Church teaches the Christian message by word, example, and service to others.

Mosaic of Apostles, Lourdes, France.

Mosaico de los Apóstoles, Lourdes, Francia.

MY TURN   In Other Words

1. Choose one of the four Marks of the Church, and describe how it is important to the Church.

_____

_____

_____

_____

_____

2. What are some other words that describe the Church? Explain.

_____

_____

_____

_____

Vida eterna

En el capítulo 1 hablamos acerca de cómo una alianza es una promesa entre Dios y nosotros. Podemos elegir cumplir o romper esta promesa. En otras palabras, podemos aceptar o rechazar la gracia de Dios mientras estamos vivos. Cuando morimos nuestro tiempo para elegir se termina. Entonces seremos juzgados por Dios en base al bien que hemos hecho o dejado de hacer. A esto se le llama el **juicio particular**.

Las personas que mueren en la gracia y la amistad de Dios, y son purificadas perfectamente, vivirán para siempre con Cristo en el cielo. En nuestras familias nunca olvidamos a los seres queridos que han muerto. De la misma forma la Iglesia incluye a todos los que han muerto creyendo en Cristo y que han vivido de acuerdo a su ejemplo y su bondad.

La Comunión de los Santos es la Iglesia en la tierra unida con todos los que han muerto y están en el cielo o en el **purgatorio**. El miembro más estimado de la Comunión de los Santos es María, la Madre de Dios y la Madre de la Iglesia. Al final de su vida, el cuerpo y el alma de María fueron llevados al cielo en la **Asunción**. María es nuestro ejemplo de cómo la Iglesia será perfeccionada en el cielo. Los que mueren en amistad con Dios pero que aún necesitan ser purificados de su apego al pecado, experimentan el purgatorio. Las personas que eligen separarse por completo de Dios escogen un estado de exclusión llamado infierno.

El **juicio final** llegará cuando Cristo vuelva glorioso y proclame el final del tiempo que conocemos. Cuando Cristo vuelva sabremos el significado del plan de Dios y veremos cómo su bondad triunfa sobre el mal. Al final el amor de Dios es más fuerte que la muerte.

1   SER TESTIGO

Vida en comunidad: san Benito y santa Escolástica

Hay muchas maneras de servir a la Iglesia y hacer del mundo un lugar mejor. Los santos (y hermanos) Benito y Escolástica nacieron en el siglo V en Nursia, Italia. Fundaron monasterios y conventos donde las personas de fe pudieran dedicar su vida en comunidad a servir a Dios y a los demás. Su lema era *ora et labora,* que en latín quiere decir "ora y trabaja". San Benito escribió la *Regla,* un conjunto de normas para ayudar a su comunidad a vivir como testigos del Evangelio. Uno de sus principios es ser hospitalarios y acoger a los demás como hermanos y hermanas, sin importar quienes sean.

Todavía existen muchas comunidades benedictinas activas en todo el mundo. Estas continúan sirviendo a los demás, orando y trabajando en comunidad y siendo testigos de su fe. La fiesta patronal de san Benito es el 11 de julio y la fiesta patronal de santa Escolástica es el 10 de febrero.

Life Everlasting

In Chapter 1 we discussed how a covenant is a promise between God and us. We can choose either to keep or break this promise. In other words, we either accept or reject the grace of God while we're alive. When we die, our time for choosing is over. We will then be judged by God on the good we have done or have failed to do. This is called the **particular judgment.**

People who die in God's grace and friendship and are perfectly purified will live forever with Christ in Heaven. In our families we never forget loved ones who have died. In the same way, the Church includes everyone who has died while believing in Christ and who lived by his example of goodness.

The Communion of Saints is the Church on earth united with all those who have died and are in Heaven or in **Purgatory.** The most esteemed member of the Communion of Saints is Mary, the Mother of God and the Mother of the Church. At the end of her life, Mary's body and soul were taken to Heaven in the **Assumption.** Mary is our example of how the Church will be perfected in Heaven. Those who die in friendship with God, but who still need to be purified of their attachment to sin, experience Purgatory. People who choose to separate themselves completely from God choose a state of exclusion called Hell.

The **Last Judgment** will come when Christ returns in glory and proclaims the end of time as we know it. When Christ comes again, we will know the meaning of God's plan and see how his goodness triumphs over evil. In the end God's love is stronger than death.

1 WITNESS

Life in Community: Saint Benedict and Saint Scholastica

There are many ways to serve the Church and make the world a better place. Saints (and siblings) Benedict and Scholastica were born in the 5th century in Norcia, Italy. They founded monasteries and convents where people of faith could dedicate their lives in community to serve God and others. Their motto was *Ora et Labora,* which is Latin for "pray and work." Saint Benedict wrote the *Rule,* a set of guidelines to help his community live as a witness of the Gospel. One of its principles is to be hospitable and welcome others as brothers and sisters, no matter who they are.

There are still many active Benedictine communities throughout the world. They continue to serve others, praying and working in community and giving witness to their faith. Saint Benedict's feast day is July 11, and Saint Scholastica's feast day is February 10.

2 ACTUAR

Llamado a la familia, la comunidad y la participación

La participación en la comunidad, ya sea en nuestra familia, parroquia, ciudad o país, es fundamental para nuestra fe y para una sociedad saludable. Se debe brindar apoyo a las familias para que las personas puedan participar en la sociedad, fomentar un espíritu de comunidad y promover el bienestar de todos, especialmente el de los pobres. La forma en que organizamos nuestra sociedad (la economía y la política, leyes y normas) afecta directamente a la dignidad humana y la capacidad de los individuos de crecer en comunidad. Las personas tienen el derecho y la responsabilidad de participar en la sociedad, buscando juntos el bien común y el bienestar de todos. Nuestra fe compartida nos guía y nos da principios, valores y orientación sobre cómo promover la familia y nuestra participación en la comunidad. El Espíritu Santo nos acompaña y nos fortalece para que podamos vivir en la comunidad el Evangelio y la fe que profesamos en el Credo.

Emplazamiento del Concilio de Nicea, donde se desarrolló el Credo Niceno en el año 325 d. C.

Site of the Council of Nicaea, where the Nicene Creed was developed in A.D. 325.

3 REZAR

Nuestro Credo

El Credo Niceno está basado en el credo que se desarrolló en el Concilio de Nicea en el año 325 d. C. En este concilio los obispos de la Iglesia definieron cómo Jesucristo, Dios Hijo, es de la misma sustancia que Dios Padre y también es verdaderamente hombre. Al Credo se le dio su forma final 56 años después, en el año 381 d. C. en el Concilio de Constantinopla. En este concilio los obispos ampliaron el lenguaje acerca del Espíritu Santo. Este es el credo de la mayoría de los cristianos. El credo proclama la unidad perfecta que existe entre las tres Personas divinas de la Santísima Trinidad. En respuesta a la invitación de Dios a participar en su vida, deseamos ser reflejo de la unidad de la Trinidad tratando de estar en unión con los demás.

Llamado a la oración

Reza el Credo con reverencia. Sé consciente de cómo tu comunidad local de fe y todos los cristianos comparten las creencias que profesas, haciendo de todos nosotros hermanos y hermanas en Cristo, hijos de Dios, guiados por el Espíritu.

2 ACT

Call to Family, Community, and Participation

Participation in community—whether in our family, parish, city, or country—is central to our faith and to a healthy society. Families must be supported so that people can participate in society, build a community spirit, and promote the well-being of all, especially those who are poor. How we organize our society—in economics and politics, in law and policy—directly affects human dignity and the capacity of individuals to grow in community. People have a right and a duty to participate in society, seeking together the common good and well-being of all. Our shared faith guides us and gives us principles, values, and counsel on how to promote the family and our participation in the community. The Holy Spirit accompanies and strengthens us so that we might live in the community, the Gospel, and the faith we profess in the Creed.

3 PRAY

Our Creed

The Nicene Creed is based on the creed developed at the Council of Nicaea in A.D. 325. At this council the Church bishops defined how Jesus Christ, God the Son, is of the same substance as God the Father and is also fully man. The Creed was given its final form 56 years later in A.D. 381 by the bishops at the Council of Constantinople. At that council the bishops expanded the language about the Holy Spirit. This is the creed held by most Christians. The creed proclaims the perfect unity that exists between the three divine Persons of the Holy Trinity. In response to God's invitation to share in his life, we desire to reflect the unity of the Trinity by striving to be united with one another.

Call to Prayer

Pray the Creed reverently. Be conscious of how your local faith community and all Christians share the beliefs you profess, making us all brothers and sisters in Christ, children of God, who are guided by the Spirit.

FOOD DRIVE

Rezando el Credo

Todos: En el nombre del Padre y del Hijo y del Espíritu Santo. Amén.

Líder: Reunidos como comunidad de creyentes, escuchemos la Palabra de Dios.

"Escucha, Israel, el Señor, nuestro Dios, es solamente uno. Amarás al Señor, tu Dios, con todo el corazón, con toda el alma, con todas las fuerzas. Las palabras que hoy te digo quedarán en tu memoria, se las inculcarás a tus hijos y hablarás de ellas estando en casa y yendo de camino, acostado y levantado".

Deuteronomio 6:4–7

Líder: Amamos a Dios que es Padre, Hijo y Espíritu Santo. Recemos nuestro credo, nuestra profesión de fe.

Todos: Creo en un solo Dios, Padre Todopoderoso, Creador del cielo y de la tierra, de todo lo visible y lo invisible.

Lector 1: Dios Padre nuestro, eres Creador todopoderoso y también mi Padre amoroso.

Todos: Creo en un solo Señor, Jesucristo, Hijo único de Dios, nacido del Padre antes de todos los siglos: Dios de Dios, Luz de Luz, Dios verdadero de Dios verdadero. . .

Lector 2: Que grandioso eres, Señor Jesús. Eres Dios, y también eres hombre. Tú eres la luz y aún sabes lo que es ser yo. Tú me salvaste de mis pecados.

Todos: Creo en el Espíritu Santo, Señor y dador de vida, que procede del Padre y del Hijo. . .

Lector 3: Espíritu Santo, tú estás siempre a mi lado. Tú traes vida nueva por medio de los sacramentos de la Iniciación y me revelas a Cristo.

Todos: Creo en la Iglesia, que es una, santa, católica y apostólica.

Lector 4: Que todos los miembros de la Iglesia estén unidos en Jesús. Concede que todo lo que haga pueda crear unidad entre las personas.

Todos: Espero la resurrección de los muertos y la vida del mundo futuro.

Lector 5: Que un día pueda yo vivir para siempre contigo y con los que han fallecido.

Todos: Amén.

Líder: Esta es nuestra fe. Nos enorgullecemos de profesarla en Cristo Jesús nuestro Señor. Pidamos a Dios su ayuda y su cuidado continuos mientras nos preparamos para el sacramento de la Confirmación.

Todos: Dios de amor, guárdanos bajo tu tierno cuidado mientras nos preparamos para la Confirmación. Haznos dignos de recibir la gracia de la Confirmación. Ayúdanos a estar bien preparados para este sacramento, el cual nos llama a amar, vivir y fomentar la fe. Te lo pedimos por Cristo nuestro Señor. Amén.

pray

Praying the Creed

All: In the name of the Father, and of the Son, and of the Holy Spirit. Amen.

Leader: Gathered as a community of believers, let us listen to God's Word.

"Hear, O Israel! The LORD is our God, the LORD alone! Therefore, you shall love the LORD, your God, with your whole heart, and with your whole being, and with your whole strength. Take to heart these words which I command you today. Keep repeating them to your children. Recite them when you are at home and when you are away, when you lie down and when you get up."

Deuteronomy 6:4–7

Leader: We love God who is Father, Son, and Holy Spirit. Let us pray our Creed, our profession of faith.

All: I believe in one God, the Father almighty, maker of heaven and earth, of all things visible and invisible.

Reader 1: God our Father, you are all-powerful and also my loving Father.

All: I believe in one Lord Jesus Christ, the Only Begotten Son of God, born of the Father before all ages. God from God, Light from Light, true God from true God . . .

Reader 2: How great you are, Lord Jesus. You are God, and you are also man. You are light, and you still know what it is like to be me. You saved me from my sins.

All: I believe in the Holy Spirit, the Lord, the giver of life, who proceeds from the Father and the Son . . .

Reader 3: Holy Spirit, you are always with me. You bring new life through the Sacraments of Initiation, and you reveal Christ to me.

All: I believe in one, holy, catholic and apostolic Church.

Reader 4: May all members of the Church be united in Jesus. Grant that all I do will bring people together.

All: I look forward to the resurrection of the dead and the life of the world to come.

Reader 5: May I one day live forever with you and with those who have died.

All: Amen.

Leader: This is our faith. We are proud to profess it in Christ Jesus our Lord. Let us ask God for his continued assistance and care as we prepare for the Sacrament of Confirmation.

All: Loving God, take us under your tender care, as we prepare for Confirmation. Make us worthy to receive the grace of Confirmation. Help us prepare well for this sacrament which calls us to love, live, and spread the faith. We ask this through Christ our Lord. Amen.

resumen

RESUMEN DEL TEMA

Dios Espíritu Santo nos ayuda a creer el Credo, las verdades fundamentales de nuestra fe, enseñadas por Jesús y su Iglesia.

RECUERDA

¿Cuál es la declaración de nuestra fe?
Profesamos el Credo Niceno durante la misa. Este contiene las verdades fundamentales de la fe católica.

¿Qué es lo que está en el centro de nuestra fe?
La Trinidad está en el centro de nuestra fe. Creemos en un solo Dios, que es Padre, Hijo y Espíritu Santo.

¿Cómo nos movió Dios del estado de pecado al estado de gracia?
Dios envió a su Hijo, Jesús, para ser nuestro Salvador, para salvarnos de nuestros pecados. Jesús repara nuestra relación dañada con Dios, nos revela el amor de Dios y nos permite ser partícipes de su naturaleza divina.

¿Cuáles son los cuatro atributos distintivos de la Iglesia?
La Iglesia es una, santa, católica y apostólica.

¿Qué es la Comunión de los Santos?
La Comunión de los Santos es la Iglesia en la tierra unida con todos los que han muerto y que están en el cielo o el purgatorio. María, la Madre de Dios y de la Iglesia, es el miembro más estimado de la Comunión de los Santos.

¿Cuándo comprenderemos plenamente el plan de Dios?
Comprenderemos el plan de Dios en el juicio final, cuando Cristo vuelva glorioso y declare el final del tiempo que conocemos.

Palabras a saber

apostólica	reino de Dios
Asunción	juicio final
católica	Magisterio
ecumenismo	Credo Niceno
santa	una
Santísima Trinidad	juicio particular
Inmaculada	purgatorio
Concepción	Torá
infalible	

DIARIO DE MI CONFIRMACIÓN

Usa tu diario para adentrarte más profundamente en este capítulo. Dedica un tiempo a reflexionar en silencio y a escribir en las páginas 21–30 del diario.

ACTÚA

1. Diseña una calcomanía para el automóvil donde muestres un nombre para Dios, como Abba, Padre, Creador, Buen Pastor u otro nombre.

2. Escribe, protagoniza y representa un comercial de 30 segundos que enseñe una verdad de la fe o que persuada a otros a seguir a Cristo. Trabaja por tu cuenta o en un grupo pequeño. Usa ropas y accesorios para ayudar a presentar tu argumento. Haz un vídeo del producto final.

CON MI PADRINO

Planifica pasar un tiempo con tu padrino o madrina para compartir reflexiones, preguntas e ideas sobre este capítulo y ver cómo se relacionan con sus conversaciones de la revista *De fe a fe*.

Dios de amor, ayúdame a prepararme bien para el sacramento de la Confirmación, que me llama a amar, vivir y fomentar la fe en mi comunidad y en el mundo. Amén.

summary

Words to Know

apostolic	Kingdom of God
Assumption	Last Judgment
catholic	Magisterium
ecumenism	Nicene Creed
holy	one
Holy Trinity	particular
Immaculate	judgment
Conception	Purgatory
infallible	Torah

FAITH SUMMARY

God the Holy Spirit helps us believe the Creed, the fundamental truths of our faith, taught by Jesus and his Church.

REMEMBER

What is the statement of our faith?
We profess the Nicene Creed at Mass. It contains the main truths of the Catholic faith.

What is at the center of our faith?
The Trinity is at the center of our faith. We believe in one God, who is Father, Son, and Holy Spirit.

How did God move us from the state of sin to the state of grace?
God sent his Son, Jesus, to be our Savior, to save us from our sins. Jesus repairs our damaged relationship with God, reveals God's love to us, and allows us to share in his divine nature.

What are the four distinguishing Marks of the Church?
The Church is one, holy, catholic, and apostolic.

What is the Communion of Saints?
The Communion of Saints is the Church on earth united with all those who have died and are in Heaven or Purgatory. Mary, the Mother of God and the Church, is the most esteemed member of the Communion of Saints.

When will we fully understand God's plan?
We will understand God's plan at the Last Judgment, when Christ returns in glory and pronounces the end of time as we know it.

MY CONFIRMATION JOURNAL

Use your journal to enter more deeply into this chapter. Quietly spend time reflecting and recording on journal pages 21–30.

REACH OUT

1. Design a bumper sticker depicting a name for God, such as Abba, Father, Creator, Good Shepherd, or another name.

2. Write, produce, and star in a 30-second commercial that teaches a truth of the faith or persuades others to follow Christ. Work on your own or in a small group. Use costumes and props to help get your point across. Videotape your final product.

WITH MY SPONSOR

Arrange with your sponsor to share your insights, questions, and ideas from this chapter and how they relate to your conversations from the *Faith to Faith* magazine.

Loving God, help me prepare well for the Sacrament of Confirmation, which calls me to love, live, and spread the faith in my community and the world. Amen.

repaso

HAZLA VERDADERA

Tacha la(s) palabra(s) o letra(s) que hace(n) que cada oración sea falsa. Luego haz que cada oración sea verdadera escribiendo la(s) palabra(s) correcta(s).

1. Los católicos creemos en tres Dioses.

2. *Credo* se deriva de la palabra latina *credo,* que significa "Yo estoy con ustedes".

3. Jesús hizo milagros para mostrar el poder de la creación de Dios.

4. La Iglesia católica es una comunidad de personas de todo Estados Unidos.

5. El objetivo de unidad para todos los cristianos se llama eclesiasticismo.

6. La Iglesia es santa porque Pedro, el fundador de la Iglesia, es santo.

7. La Iglesia enseña el mensaje cristiano a través de la palabra solamente.

8. La Iglesia es católica, o abierta sólo a aquellos que nacen dentro de la fe.

9. María es igual a todos los otros miembros de la Comunión de los Santos.

10. Las personas que mueren en la gracia y la amistad de Dios vivirán para siempre con Cristo en el purgatorio.

TRÍOS DE LA VERDAD

Completa cada lista de tres.

1. Tres Personas de la Trinidad

_____

_____

_____

2. Tres estados de ser que los seres humanos pueden alcanzar después de morir

_____

_____

_____

3. Tres atributos distintivos de la Iglesia

_____

_____

_____

¿CATÓLICAS O NO?

*Escribe una **C** al lado de las creencias que tienen los católicos.*

_____ **1.** Jesús es verdadero Dios y similar a un verdadero hombre.

_____ **2.** A Dios Padre se le reconoce de una forma especial por la obra de la creación.

_____ **3.** La ofensa de Adán y Eva dio lugar al pecado original.

_____ **4.** María fue concebida sin pecado.

_____ **5.** Jesús predicó la Palabra de Dios, pero no realizó buenas obras.

_____ **6.** Jesús nunca se le apareció a sus discípulos después de su Resurrección.

_____ **7.** Durante unos tres años Jesús predicó acerca de Dios su Padre y del reino que estamos llamados a compartir.

_____ **8.** A la Iglesia se le llama el Cuerpo de Cristo.

review

MAKE IT TRUE

Cross out the word(s) or letter(s) that makes each sentence false. Then make each sentence true by writing the correct word(s).

1. Catholics believe in three Gods.

2. *Creed* comes from the Latin word *credo,* which means "I am with you."

3. Jesus worked miracles to show the power of God's creation.

4. The Catholic Church is a community of people from all over the United States.

5. The goal of unity for all Christians is called ecclesiasticism.

6. The Church is holy because Peter, the Church's founder, is holy.

7. The Church teaches the Christian message by word only.

8. The Church is catholic, or open only to those who are born into the faith.

9. Mary is equal to all the other members of the Communion of Saints.

10. People who die in God's grace and friendship will live forever with Christ in Purgatory.

TRIOS OF TRUTH

Complete each list of three.

1. Three Persons of the Trinity

_____

_____

_____

2. Three states of being that humans can reach after dying

_____

_____

_____

3. Three distinguishing Marks of the Church

_____

_____

_____

CATHOLIC OR NOT?

*Write a **C** before the beliefs that are held by Catholics.*

_____ 1. Jesus is true God and similar to true human.

_____ 2. God the Father is credited in a special way with the work of creation.

_____ 3. Adam and Eve's offense resulted in Original Sin.

_____ 4. Mary was conceived without sin.

_____ 5. Jesus preached God's Word, but he did not do good works.

_____ 6. After his Resurrection, Jesus never appeared to his disciples.

_____ 7. For about three years, Jesus preached about God his Father and the kingdom we are called to share.

_____ 8. The Church is called the Body of Christ.

CAPÍTULO 4

Confirmados en el

amor

¿Cuántas decisiones
tomas al día?
¿Con qué frecuencia
tienes que tomar una
decisión realmente
importante?
¿Adónde acudes
en busca de
ayuda cuando
tienes que tomar
esas decisiones
importantes?

"Derrama los dones del Espíritu Santo por toda la extensión de la tierra, y aquellas
maravillas que obraste en los comienzos de la predicación evangélica continúa
realizándolas ahora en los corazones de tus fieles". —*Laudes, misa de Pentecostés*

CHAPTER 4

Confirmed in

love

How many choices do you make each day? How often do you make a really important choice? Where do you turn for help in making those important choices?

"[P]our out, we pray, the gifts of the Holy Spirit across the face of the earth and, with the divine grace that was at work when the Gospel was first proclaimed, fill now once more the hearts of believers." —*Morning Prayer, Pentecost Mass*

Las Bienaventuranzas

Felices los pobres de espíritu,
　porque el reino de los cielos
　　les pertenece.

Felices los afligidos,
　porque serán consolados.

Felices los desposeídos,
　porque heredarán la tierra.

Felices los que tienen hambre y
　　sed de justicia,
　porque serán saciados.

Felices los misericordiosos,
　porque serán tratados con
　　misericordia.

Felices los limpios de corazón,
　porque verán a Dios.

Felices los que trabajan por la paz,
　porque se llamarán hijos de Dios.

Felices los perseguidos por
　　causa del bien,
　porque el reino de los cielos
　　les pertenece.

Mateo 5:3–10

Entender las Escrituras

Jesús nos dice que cuando nos enfrentamos a una situación difícil podemos encontrar ayuda en las **Bienaventuranzas** y los **Diez Mandamientos**. Las Bienaventuranzas dan comienzo al Sermón de la montaña, la primera de las cinco secciones de enseñanzas del Evangelio de Mateo. En este sermón Jesús da su nueva interpretación de muchas de las leyes de los cinco libros del Torá, que fueron dadas al pueblo por Moisés. Jesús llama a sus seguidores a una nueva forma de vida que va más allá de los Diez Mandamientos.

Con las Bienaventuranzas Jesús nos ofrece una nueva forma de vida. Si vivimos de acuerdo a las Bienaventuranzas comenzaremos a experimentar el reino de Dios.

Las Escrituras y tú

Tomar decisiones desde la moralidad nunca es fácil. Los Diez Mandamientos nos dan instrucciones: "santificar el día del Señor", "no matar", "no robar", entre otras. Las Bienaventuranzas son un poco diferentes. No son tanto una descripción de lo que deberíamos hacer; más bien son ejemplos de cómo deberíamos ser, no sólo como individuos sino también como miembros de una comunidad para la cual el reino de Dios es tanto una promesa como una realidad presente.

Dios quiere que seamos felices, y seguir las Bienaventuranzas nos ayudará a encontrar la felicidad. Dios nos creó con un deseo de felicidad en nosotros para que fuéramos atraídos hacia él, puesto que es el único que nos puede hacer plenamente felices.

Cada bienaventuranza comienza con la palabra griega *makarios,* que se puede traducir como "feliz". Sin embargo, puesto que las Bienaventuranzas tratan de la felicidad que viene de acercarse más al reino de Dios, "bienaventurado" es otra traducción válida. La felicidad a la que estamos llamados no se puede encontrar en la riqueza, la fama o cualquier otro logro humano; solo puede venir de la confianza en Dios.

Los Diez Mandamientos y el Sermón de la montaña describen el camino que lleva a la felicidad verdadera. Sostenidos por el Espíritu Santo recorreremos ese camino, paso a paso, en las cosas que hacemos cada día.

REFLEXIONAR SOBRE LA PALABRA DE DIOS

Relaja tu cuerpo y calma tu mente. Piensa en las veces que se te ha hecho difícil hacer lo que sabes que deberías hacer. Piensa en las palabras de bendición de Jesús en las Bienaventuranzas. Pídele ayuda en tus momentos difíciles.

Understanding Scripture

Jesus tells us that when we are faced with a difficult choice, we can find help in the **Beatitudes** and the **Ten Commandments.** The Beatitudes begin the Sermon on the Mount, the first of five teaching sections in Matthew's Gospel. In this sermon, Jesus gives his new interpretation of many of the laws in the five books of the Torah, which were given to the people by Moses. Jesus calls his followers to a new way of living that moves beyond the Ten Commandments, the core of the law.

With the Beatitudes, Jesus is offering us a new way of life. If we live according to the Beatitudes, we will begin to experience the Kingdom of God.

Scripture and You

Making moral decisions is never easy. The Ten Commandments give us directions—"Keep the Lord's day holy," "Do not kill," "Do not steal," and others. The Beatitudes are a bit different. They are not so much a description of what we should do; rather, they are examples of whom we should be, not just as individuals, but as members of a community for whom the Kingdom of God is both a promise and a present reality.

God wants us to be happy, and following the Beatitudes will help us find happiness. God made us with the desire for happiness so that we would be drawn to him, the one who can make us completely happy.

Each beatitude begins with the Greek word *makarios,* which can be translated as "happy." However, because the Beatitudes are about the happiness that comes from drawing nearer to the Kingdom of God, "blessed" is the best translation. The happiness we are called to cannot be found in riches, fame, or any human achievement; it can only come from trusting God.

The Ten Commandments and the Sermon on the Mount describe the path that leads to true happiness. Sustained by the Holy Spirit, we walk that path, step by step, in our everyday actions.

The Beatitudes

Blessed are the poor in spirit,
   for theirs is the kingdom
   of heaven.

Blessed are they who mourn,
   for they will be comforted.

Blessed are the meek,
   for they will inherit the land.

Blessed are they who hunger and
   thirst for righteousness,
   for they will be satisfied.

Blessed are the merciful,
   for they will be shown mercy.

Blessed are the clean of heart,
   for they will see God.

Blessed are the peacemakers,
   for they will be called
   children of God.

Blessed are they who are
   persecuted for the sake of
   righteousness,
   for theirs is the kingdom
   of heaven.

Matthew 5:3–10

REFLECTING ON GOD'S WORD

Relax your body and calm your mind. Think about times you have found it difficult to do what you know you should do. Think about Jesus' words of blessing in the Beatitudes. Ask him for help in your difficult times.

amor

Negación,
Stevie Taylor, 1999.

Denial,
Stevie Taylor, 1999.

Llamados a ser libres

Dios nos creó para ser libres, y sólo podemos ser realmente felices si somos libres. En nosotros está el poder de elegir hacer o dejar de hacer lo que es bueno. Nuestra libertad significa que somos responsables de nuestras acciones. Cuanto más optamos por hacer el bien, más libres somos. Pero elegir ser felices, elegir ser libres, no siempre es fácil. Además, la elección correcta no siempre resulta evidente.

Hay tres requisitos para que cualquier elección sea buena. Primero, lo que quieres hacer debe ser bueno. Ayudar a un amigo, limpiar el patio, visitar a un vecino enfermo, todas estas son buenas acciones. Segundo, tu intención también debe ser buena. Ayudar a un vecino con una tarea para evitar cuidar a tu hermanita no es un ejemplo de una buena decisión. Cuando la razón por la que quieres hacer algo no es buena, incluso un acto de bondad no es la decisión correcta.

Por último, se deben considerar las circunstancias de la elección. Por ejemplo, les prometiste a tus padres que irías directamente a casa después de la escuela, pero en el camino a casa tu amigo se torció el tobillo. Le acompañaste para asegurarte de que llegara bien a su casa y como resultado llegaste tarde. Las circunstancias hicieron que tu decisión fuera más difícil. Tuviste que tomar una decisión mucho más madura, tomando en cuenta las necesidades de tu prójimo. No siempre es fácil elegir hacer lo que está bien, pero eso es lo que implica crecer como cristiano.

La conciencia: donde escuchamos la voz de Dios

¿Cómo sabemos qué es lo que debemos hacer? ¿Cómo sabemos que nuestras intenciones son buenas? En lo profundo de nuestro ser hay una voz que nos ayuda a diferenciar lo bueno de lo malo y a entonces actuar en función de ese conocimiento.

decisiones

Called to Be Free

God created us to be free, and we can only be truly happy if we are free. It is within our power to choose to do or not do what is good. Our freedom means that we take responsibility for our actions. The more we choose to do what is good, the freer we become. But choosing to be happy, choosing to be free, is not always easy. Furthermore, the right choice is not always clear.

There are three requirements for any choice to be a good one. First, what you want to do must be good. Helping a friend, cleaning up around the yard, visiting a sick neighbor—these are all good actions. Second, your intention must be good as well. Doing a chore for a neighbor to avoid babysitting your sister is not an example of choosing good. When the reason why you want to do something is not good, even a kind act is not the right decision.

Finally, the circumstances of the choice must be considered. For example, you promised your parents that you would come straight home after school, but on the way home, your friend twisted his ankle. You walked with him to make sure he got home safely, and you were late arriving home as a result. The circumstances made your decision more difficult. You were called to make a much more mature decision, taking into account the needs of your neighbor. It is not always easy to choose according to your conscience, but that is what growing as a Christian is about.

Conscience: Where We Hear God Speak

How do we know what is a good choice? How do we know our intentions are good? Deep within us is a voice that helps us know right from wrong and then act on that knowledge.

Margaret, Irish Girl, Antonio Ciccone, 1967.

Joven irlandesa, Antonio Ciccone, 1967.

decisions

Cuando nos damos tiempo para dejar de lado las distracciones y mirar en nuestro interior, encontramos nuestra **conciencia**. Puesto que estamos hechos a imagen de Dios y somos conducidos hacia él, nuestra conciencia naturalmente nos orienta para elegir el bien y evitar el mal.

Podemos ser tentados para elegir hacer cosas en contra de nuestra conciencia debido al pecado original. La formación de nuestra conciencia es una tarea que dura toda la vida. Comienza en nuestra familia y continúa a través del seguimiento de las enseñanzas de la Iglesia, las amistades que desarrollamos y las decisiones que tomamos. Es nuestra responsabilidad continuar formando nuestra conciencia a medida que crecemos. Como verás en el próximo capítulo, las virtudes y los dones del Espíritu Santo nos ayudarán a lograrlo.

Los hechos dicen más que las palabras

¿La manera en que te comportas les muestra a otras personas que eres católico? Lee las siguientes situaciones y piensa si algunas veces actúas de estas maneras.

- Dejas que otra persona sea el centro de atención.

- Haces todo lo posible por hacer que una persona nueva se sienta cómoda y bienvenida.

- Prestas servicio voluntario incluso cuando ninguno de tus amigos lo hace.

- Evitas divulgar rumores.

- Sacrificas tu tiempo libre para visitar a alguien que está enfermo.

- Cuando has hecho algo que no está bien lo admites y pides disculpas.

Tú sabes la influencia que un músico famoso, una estrella de cine o un héroe del deporte puede tener en tu vida. Puede que adoptes su estilo de vestir, sus gustos y aversiones, y tal vez incluso que copies su modo de caminar, sus gestos o expresiones. Jesucristo es nuestro mejor modelo y guía para nuestras vidas. Él nos pidió que siguiéramos los Diez Mandamientos. Cuando le preguntaron cuál era el mandamiento mayor, él respondió: "Amarás al Señor, tu Dios con todo tu corazón, con toda tu alma, con toda tu mente, con todas tus fuerzas. El segundo es: amarás al prójimo como a ti mismo" (Marcos 12:30–31). En otra ocasión dijo: "Les doy un mandamiento nuevo, que se amen unos a otros como yo los he amado: ámense así unos a otros" (Juan 13:34).

MI TURNO　　Lo que está bien y lo que está mal

Para cada situación, escribe una buena decisión que se podría haber tomado en su lugar.

1. Érica deja a su abuela en la tienda cuando se da cuenta de que se le ha hecho tarde para el entrenamiento de fútbol.

_____

_____

2. Nick olvida hacer su tarea, así que le dice al maestro que su hermanito la ha roto.

_____

_____

- Volunteer even when none of your friends do.

- Avoid spreading rumors.

- Sacrifice your free time to visit someone who is sick.

- Admit when you have done something wrong and apologize.

You know what influence a famous musician, a movie star, or a sports hero can have on your life. You might adopt their style of clothing, their likes and dislikes, and maybe even copy their walk, gestures, or expressions. Jesus Christ is our greatest role model and guide for our lives. He instructed us to keep the Ten Commandments. When asked what was the greatest commandment, he responded: "You shall love the Lord your God with all your heart, with all your soul, with all your mind, and with all your strength. The second is this: You shall love your neighbor as yourself." (Mark 12:30–31) At another time he said: "I give you a new commandment: love one another. As I have loved you, so you also should love one another." (John 13:34)

When we take time to put aside distractions and look inside ourselves, we find our **conscience**. Because we are made in the image of God and are drawn to him, our conscience naturally directs us toward choosing good and avoiding evil.

We can be tempted to choose against our conscience because of Original Sin. The formation of our conscience is a lifelong task. It begins in our family and continues through following the teachings of the Church, the friendships we build, and the choices we make. It is our responsibility to continue to form our conscience as we grow. As you will see in the next chapter, the virtues and Gifts of the Holy Spirit will help us do this.

Actions Speak Louder Than Words

Does the way you behave let people know you are a Catholic? Read the situations and consider whether you ever act in these ways.

- Let someone else be the center of attention.

- Go out of your way to make a new person feel comfortable and welcomed.

MY TURN | Right and Wrong

For each bad decision, write a good decision that could be made instead.

1. Erica is shopping with her grandmother when she realizes she is running late for soccer practice. Without telling her grandmother, Erica leaves the store.

_____

_____

_____

2. Nick forgets to do his homework, so he tells the teacher that his little brother tore it up.

_____

_____

_____

Amor cristiano

Amar como Jesús significa hacer espacio en nuestros corazones para todas las personas: nuestras familias, nuestros amigos, nuestra comunidad parroquial, nuestros hermanos y hermanas en otros países, incluso personas con quienes no nos llevamos particularmente bien.

Esto lo podemos lograr al mostrar la cordialidad, el amor y la aceptación de Cristo a los pobres, los enfermos, los desconocidos, incluso a aquellos que nos han lastimado. Jesús valoró la respuesta de amor que recibía de las personas. Elogiaba las actitudes positivas, la generosidad y el servicio.

MI TURNO   Respuestas de amor

Los Evangelios nos hablan del amor de Jesús. Jesús sabía que los hechos dicen más que las palabras, así que practicó lo que predicaba. Su amor era tan poderoso que inspiraba a los demás a mostrar amor. Lee cada uno de los siguientes versículos del Evangelio. Luego subraya la respuesta de amor correcta.

1. María, la hermana de Marta (Lucas 10:38–42)

    bondad   escuchar   servicio

2. Marta (Lucas 10:38–42)

    servicio   sanación   escucha

3. El centurión (Lucas 7:1–10)

    enseñar   fe   paciencia

4. Zaqueo, el recaudador de impuestos (Lucas 19:1–10)

    escuchar   arrepentimiento   misericordia

5. El buen samaritano (Lucas 10:29–37)

    misericordia   fe   humildad

6. Los diez leprosos (Lucas 17:11–19)

    generosidad   predicar   dar gracias

7. Andrés (Juan 1:40–42)

    alegría   canto   guiar a un amigo hasta Jesús

8. José de Arimatea (Mateo 27:57–60)

    predicar   paciencia   compartir las posesiones

9. Las mujeres que siguieron a Jesús (Lucas 8:1–3)

    hospitalidad   paciencia   confianza

10. El hombre que estaba ciego y que pedía limosna al lado del camino (Lucas 18:35–43)

    generosidad   enseñar   fe

Christian Love

Loving like Jesus means making room in our hearts for all people—our families, our friends, our parish community, our brothers and sisters in other countries, even people we don't especially like. We can do this by showing the warmth, love, and acceptance of Jesus Christ to those who are poor, sick, strangers, even those who have hurt us. Jesus appreciated the response of love he found in people. He praised positive attitudes, generosity, and service.

MY TURN   Responses of Love

The Gospels tell of Jesus' love. Jesus knew that actions speak louder than words, so he practiced what he preached. His love was so powerful that it inspired others to show love. Read each Gospel verse below. Then underline the correct response of love.

1. Mary, the sister of Martha (Luke 10:38–42)

   kindness   listening   service

2. Martha (Luke 10:38–42)

   serving   healing   listening

3. The centurion (Luke 7:1–10)

   teaching   faith   patience

4. Zacchaeus, the tax collector (Luke 19:1–10)

   listening   repentance   mercy

5. The Good Samaritan (Luke 10:29–37)

   mercy   faith   humility

6. The ten lepers (Luke 17:11–19)

   generosity   preaching   expressing thanks

7. Andrew (John 1:40–42)

   joy   singing   leading a friend to Jesus

8. Joseph of Arimathea (Matthew 27:57–60)

   preaching   patience   sharing possessions

9. The women who followed Jesus (Luke 8:1–3)

   hospitality   patience   trust

10. The man who was blind and begging by the roadside (Luke 18:35–43)

    generosity   teaching   faith

Christ in the House of Martha and Mary,
Jan Vermeer, 1654–1656.

Cristo en la casa de Marta y María,
Jan Vermeer, 1654–1656.

En el Evangelio aprendemos que Jesús quiere que amemos y cuidemos de los demás. Pero también es igual de importante que cuidemos de nosotros mismos. Comer bien, hacer ejercicio y dormir lo suficiente es esencial. También debemos tener cuidado de no menospreciarnos a nosotros mismos o estancarnos en pensamientos negativos. La vida es un regalo de Dios y cuando nos tratamos a nosotros mismos y a los demás con respeto mostramos nuestro amor a Dios.

Servicio cristiano

En el Bautismo recibimos la gracia que nos permite ser capaces de amar y servir a los demás sin tener en cuenta el coste, a ver a Cristo en los demás y a evitar lastimarlos. La gracia nos da el deseo de preocuparnos por los demás y de ayudarles. Nos conduce a usar nuestros dones y talentos para responder a las necesidades de los demás. La Confirmación fortalece el amor dentro de nosotros.

Mostramos que nuestros corazones están llenos de amor cuando realizamos obras de misericordia. Como miembros de la comunidad cristiana tenemos una preocupación activa por los que no tienen suficiente ropa, comida o un buen hogar. Respondemos a sus necesidades físicas por medio de las **obras corporales de misericordia**. Estas obras incluyen dar de comer al hambriento, dar de beber al sediento, vestir al desnudo, dar posada al peregrino, visitar a los enfermos y prisioneros y enterrar a los muertos. Entre todas estas, dar limosna a los pobres es testigo primordial de caridad fraternal. Es también una obra de justicia del agrado de Dios.

ABRIGOS PARA DONAR

rito

Rito

El obispo extiende ambas manos sobre los candidatos a la Confirmación. La imposición de manos refleja lo que hicieron los primeros apóstoles para bautizar a otros en el Espíritu Santo.

Significado

El obispo, con las manos extendidas sobre los que serán confirmados, pide a Dios que les transmita los dones del Espíritu Santo.

Vida cotidiana

El Espíritu Santo obra por medio de nosotros y nos orienta para hacer lo correcto. Cuando utilizamos el don de nuestras manos para ayudar y cuidar de los demás honramos al Espíritu dentro de nosotros.

Vida de fe

El darnos la mano como señal de paz nos hace recordar que juntos somos miembros del único Cuerpo de Cristo, la Iglesia. Las obras de misericordia nos indican cómo podemos servir a la Iglesia ayudando a los demás.

Through the Gospels, we learn that Jesus wants us to love and care for others. It is also just as important that we take care of ourselves. Eating right, exercising, and getting enough sleep are essential. We must also remember not to put ourselves down or get caught up in negative thoughts. Life is a gift from God, and when we treat ourselves and one another with respect, we show our love for God.

Christian Service

At Baptism we received the grace that enables us to love and serve others without counting the cost, to see Christ in others, and to avoid hurting others. Grace makes us eager to reach out to others with concern. It leads us to use our gifts and talents to meet others' needs. Confirmation strengthens the love within us.

We show we have loving hearts when we perform works of mercy. As members of the Christian community, we are actively concerned about those who do not have enough clothing, food, or a good home. We meet their physical needs through the **Corporal Works of Mercy.** These works include feeding the hungry, giving drink to the thirsty, clothing the naked, sheltering the homeless, visiting the sick and imprisoned, and burying the dead. Among all these, giving alms to those who are poor is one of the chief witnesses to fraternal charity. It is also a work of justice, pleasing to God.

love

Rite

The bishop extends his two hands over all the confirmands. The laying on of hands reflects what the first Apostles did to baptize others in the Holy Spirit.

Meaning

The bishop, with his hands extended, asks God to impart on the confirmands the Gifts of the Holy Spirit.

Daily Life

The Holy Spirit works through us and guides us to do the right thing. When we use the gift of our hands to help and care for others, we are honoring the Spirit within us.

Life of Faith

When we extend our hand in a sign of peace, we remember that together we are members of the one Body of Christ, the Church. The Works of Mercy are a guide to how we can serve the Church by helping others.

merciful

Alimento, Jean-Francois Millet, 1858.

Nourishment, Jean-Francois Millet, 1858.

También queremos ayudar a los que se sienten lastimados, desanimados, enfermos o confundidos. Respondemos a las necesidades emocionales y espirituales de las personas por medio de las **obras espirituales de misericordia.** Estas obras son enseñar, aconsejar, consolar, corregir, perdonar, sufrir con paciencia y rogar a Dios por los vivos y los muertos. El Espíritu nos ayuda a saber qué hacer para acudir en ayuda de nuestro prójimo.

Una manera de amar y servir a los demás por medio de las obras de misericordia es protegiendo los derechos básicos de las personas. Todos tenemos derecho a alimento, ropa, vivienda y a una remuneración justa. Todos tenemos derecho a la vida y la libertad. A veces trabajamos por la justicia dando a las personas lo que necesitan. A veces justicia significa hablar en nombre de otras personas, enseñarlas y defenderlas. La justicia es una cuestión de amor.

Tu actitud hacia el servicio puede enseñar a las personas a pensar en los demás. ¿Tienes una actitud positiva hacia el servicio a los otros? ¿Buscas maneras de servir a los demás? ¿Consideras que es un privilegio el poder servir? Los seguidores de Jesús que creen que él los ama mostrarán el mismo amor por los demás.

Cuando tendemos la mano para servir a los demás con la alegría y la fuerza del Espíritu Santo, nos damos cuenta de que en realidad los que recibimos somos nosotros. Recibimos a Cristo, que vive en las personas a quienes servimos.

MI TURNO   Obras de misericordia

Piensa en un ejemplo de Jesús realizando una obra de misericordia corporal o espiritual. Escríbelo y cuenta qué obra de misericordia ejemplifica. Luego escribe cómo puedes tú tender la mano para servir a los demás.

_____

_____

_____

_____

_____

_____

_____

_____

miserico

We also want to help those who are feeling hurt, discouraged, sick, or confused. We meet the emotional and spiritual needs of people through the **Spiritual Works of Mercy.** These works are instructing, admonishing, counseling, comforting, forgiving, bearing wrongs patiently, and praying for others. The Spirit helps us know what to do in order to come to the aid of our neighbor.

One way to love and serve others through the Works of Mercy is to protect people's basic rights. Everyone has the right to food, clothing, shelter, and fair wages. Everyone has the right to life and freedom. Sometimes we work for justice by giving people what they need. Sometimes justice means speaking up for people, teaching them, and standing up for them. Justice is a matter of love.

Your attitude toward service can teach people how to have a heart for others. Is your attitude toward service positive? Do you look for ways to serve others? Do you consider it a privilege to serve? Followers of Jesus who believe that he loves them will show the same love to others.

When we reach out to others in service with the joy and strength of the Holy Spirit, we find we are the ones who really receive. We receive Christ, who lives in the people we serve.

MY TURN   Work of Mercy

Think of an example of Jesus performing a Corporal or Spiritual Work of Mercy. Write it and tell which Work of Mercy it exemplifies. Then write how you can reach out to others in service.

_____

_____

_____

_____

_____

_____

Practicar el servicio cristiano

Como cristianos estamos llamados a servir a los demás. Piensa en maneras de brindar tu tiempo y talento como voluntario para el bien de la comunidad. Mantén un registro del servicio que realizas durante tu tiempo de preparación para la Confirmación. Escribe periódicamente sobre estas experiencias en tu diario. Cuando hayas ayudado a otras personas con tu servicio cristiano, reflexiona sobre tu experiencia. Recuerda que es posible que se te pida que compartas lo que has escrito en tu diario, pero este no será entregado, y nadie lo leerá. Puedes hacerlo completando las siguientes frases en tu diario:

- Mostré amor y servicio cristiano al. . .

- Elegí hacer esto porque. . .

- Al realizar este servicio aprendí que el servicio cristiano significa. . .

- Realizar este servicio me ayudó. . .

- Dos acontecimientos importantes que me sucedieron mientras realizaba este proyecto fueron. . .

- Esta experiencia me ayudará más adelante en la vida porque me enseñó. . .

- Puedo continuar esta experiencia al. . .

1 SER TESTIGO

Servidora incansable: Beata Teresa de Calcuta

La beata Teresa de Calcuta expresó su amor a Dios trabajando para servir y ayudar a los menos afortunados. Se convirtió en monja a los 18 años y fue entonces enviada a Calcuta, India. A los 36 años sintió un "llamado dentro del llamado". Quiso ayudar a los pobres y enfermos y vivir entre ellos. La hermana Teresa decidió dedicar su vida a servir a los pobres y los enfermos, así que se mudó a los barrios pobres de Calcuta. Para el año 1948 ya había fundado su propia congregación, la Sociedad de las Misioneras de la Caridad. La Madre Teresa estableció un hospicio en Calcuta para los indigentes y los moribundos. En 1957 las Misioneras de la Caridad comenzaron su labor con los leprosos y los pobres en muchas zonas de desastre en todo el mundo. La Madre Teresa recibió numerosos premios, incluyendo el Premio Nobel de la Paz. Siguió trabajando en Calcuta hasta su muerte en 1997. Madre Teresa fue beatificada en el 2003, su fiesta patronal es el 5 de septiembre.

Practicing Christian Service

As Christians, we are called to serve others. Think about how you can volunteer your time and talent for the good of the community. Keep a record of the service you do during your time of preparation for Confirmation. Write about it in your journal regularly. After you have reached out to others in Christian service, reflect on your experience. Remember, you may be asked to share what you have written in your journal, but it will not be turned in, and no one else will read it. You might complete the following statements in your journal:

- I showed Christian love and service by . . .

- I chose to do this because . . .

- By doing this service, I learned that Christian service means . . .

- Doing this service helped me . . .

- Two important events that happened to me while doing this project were . . .

- This experience will help me later in life because it taught me . . .

- I can follow up on this experience by . . .

Tending the thirsty, anonymous, 14th century.

Atendiendo a los sedientos, anónimo, siglo XIV.

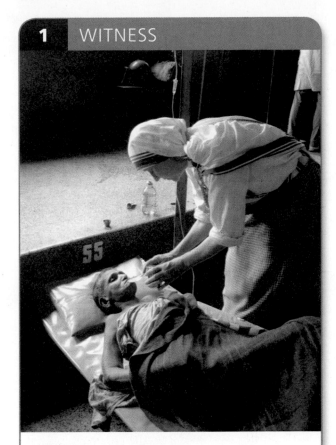

1 WITNESS

Tireless Servant: Blessed Teresa of Calcutta

Blessed Teresa of Calcutta expressed her love for God by working to serve and help those who were less fortunate. She became a nun at age 18 and was then sent to Calcutta, India. When she was 36 years old, she felt a "call within a call." She wanted to help those who were poor and sick and live among them. Sister Teresa decided to dedicate her life to serving the poor and sick, so she moved into the slums of Calcutta. By 1948 she had founded her own order, the Society of the Missionaries of Charity. Mother Teresa established a hospice in Calcutta for those who were destitute and dying. In 1957 the Missionaries of Charity started their work with lepers and the poor in many disaster areas of the world. Mother Teresa received several awards, including the Nobel Peace Prize. She continued to work in Calcutta until her death in 1997. Mother Teresa was beatified in 2003. Her feast day is September 5.

2   ACTUAR

Opción por los pobres y vulnerables

Así como el Espíritu Santo llamó a la beata Teresa de Calcuta, el Espíritu del Señor nos ha sido enviado y nos llama a preocuparnos especialmente por los pobres. El reino de Dios se alcanza cuando trabajamos para garantizar la justicia para los pobres, la liberación de los oprimidos, la consolación de los afligidos y un nuevo orden social en el que se den pasos importantes para que las necesidades de los pobres sean atendidas. Al recibir el Cuerpo y la Sangre de Cristo en verdad, podremos ver a Cristo en el prójimo que más sufre. Estamos llamados a ver que la preocupación de Jesús por los necesitados se refleje continuamente en nuestras celebraciones litúrgicas.

3   REZAR

Las Bienaventuranzas

Las Bienaventuranzas nos desafían a ser personas de **virtud**. La virtud es una actitud firme, una mentalidad, una disposición firme para hacer el bien. Para la persona virtuosa hacer el bien es un hábito. ¿A quién conoces que sea virtuoso? ¿Cómo puedes modelar su comportamiento en tu propia vida?

Llamado a la oración

El Espíritu Santo ya está obrando en ti, conduciéndote a Dios e inspirando tu deseo de vivir las Bienaventuranzas como una persona virtuosa.

2 ACT

Option for the Poor and Vulnerable

Just as the Holy Spirit called Blessed Teresa of Calcutta, the Spirit of the Lord has been sent to us and calls us to have a special concern for those who are poor. The Kingdom of God is served when we work to assure justice for the poor, release of the oppressed, consolation for the sorrowful, and a new social order in which significant steps are taken so that the needs of people who are poor are addressed. When we receive the Body and Blood of Christ in truth, we will be able to see Christ in our neighbors who suffer most. We are called to see that Jesus' concern for those in need is consistently reflected in our liturgical celebrations.

3 PRAY

The Beatitudes

The Beatitudes challenge us to be people of **virtue.** Virtue is a firm attitude, mindset, or disposition to do good. For the virtuous person, doing good is a habit. Whom do you know who is virtuous? How can you model his or her behavior in your own life?

Call to Prayer

The Holy Spirit is already at work within you, drawing you toward God and inspiring your desire to live the Beatitudes as a person of virtue.

rezar

Mostrando amor

Todos: En el nombre del Padre y del Hijo y del Espíritu Santo.
Amén.

Líder: Reunidos como comunidad de creyentes, escuchemos a Dios hablándonos por medio de su Palabra hoy y siempre.

Líder: Felices los pobres de corazón,

Todos: porque el reino de los cielos les pertenece.

Líder: Felices los afligidos,

Todos: porque serán consolados.

Líder: Felices los humildes,

Todos: porque heredarán la tierra.

Líder: Felices los que tienen hambre y sed de justicia,

Todos: porque serán saciados.

Líder: Felices los misericordiosos,

Todos: porque serán tratados con misericordia.

Líder: Felices los limpios de corazón,

Todos: porque verán a Dios.

Líder: Felices los que trabajan por la paz,

Todos: porque se llamarán hijos de Dios.

Líder: Felices los perseguidos por causa del bien,

Todos: porque el reino de los cielos les pertenece.

Mateo 5:3–10

Líder: En nuestra preparación para el sacramento de la Confirmación aprendemos cómo nuestras obras demuestran nuestro amor a Dios. A veces nos alejamos del amor de Dios y cometemos pecados. Cuando reconocemos nuestras faltas, pedimos perdón. Las Bienaventuranzas nos guían en las maneras en que deberíamos vivir.

Todos: Oh Dios mío, te amo sobre todas las cosas, con todo mi corazón y con toda mi alma, porque eres todo bondad y digno de todo mi amor. Amo a mi prójimo como a mí mismo por amor a ti. Perdono a todos los que me han hecho daño y pido perdón a aquellos a quienes he lastimado. Amén.

Líder: Elegir hacer lo correcto es elegir amar. Al prepararte para la Confirmación estás tratando de encontrar maneras de expresar tu amor a Dios y al prójimo, tu disposición para perdonar a los demás y tu deseo de ser perdonado. Demos gracias a Dios por ayudarnos a mostrar estos actos de amor.

Todos: Dios de amor, mientras nos preparamos para la Confirmación confiamos en las Bienaventuranzas para ayudarnos y guiarnos en nuestra vida. Expresamos nuestro amor por ti y por tu Hijo, Jesucristo, actuando de una forma llena de fe. Te damos gracias por tu perdón cuando nos alejamos de ti y te pedimos la fortaleza para perdonar a los demás. Amén.

pray

Showing Love

All: In the name of the Father, and of the Son, and of the Holy Spirit. Amen.

Leader: Gathered as a community of believers, let us listen to God, speaking to us in his Word today and always.

Leader: Blessed are the poor in spirit,

All: for theirs is the kingdom of heaven.

Leader: Blessed are they who mourn,

All: for they will be comforted.

Leader: Blessed are the meek,

All: for they will inherit the land.

Leader: Blessed are they who hunger and thirst for righteousness,

All: for they will be satisfied.

Leader: Blessed are the merciful,

All: for they will be shown mercy.

Leader: Blessed are the clean of heart,

All: for they will see God.

Leader: Blessed are the peacemakers,

All: for they will be called children of God.

Leader: Blessed are they who are persecuted for the sake of righteousness,

All: for theirs is the kingdom of heaven.

Matthew 5:3–10

Leader: In our preparation for the Sacrament of Confirmation, we learn how our actions demonstrate our love for God. Sometimes we stray from God's love and commit sins. When we recognize our wrongs, we ask for forgiveness. The Beatitudes guide us in the ways we should live.

All: O my God, I love you above all things, with my whole heart and soul, because you are all good and worthy of all my love. I love my neighbor as myself for the love of you. I forgive all who have injured me, and I ask pardon of those whom I have injured. Amen.

Leader: Choosing to do the right thing is choosing to love. In preparation for Confirmation, you are considering ways you express your love of God and your neighbor, your willingness to forgive others, and your desire to be forgiven. Let us thank God for helping us show these acts of love.

All: Loving God, as we prepare for Confirmation, we look to the Beatitudes to support and guide us in our everyday lives. We express our love for you and your Son, Jesus Christ, by acting in faith-filled ways. We thank you for your forgiveness when we stray and ask for the strength to forgive others. Amen.

resumen

RESUMEN DEL TEMA

Los cristianos, llamados a amar como Jesús amó, tenemos como guía las Bienaventuranzas y las obras de misericordia.

RECUERDA

¿Qué son las Bienaventuranzas?

Las Bienaventuranzas son la guía que Jesús nos ofrece para vivir una vida cristiana. Las Bienaventuranzas incluyen un código de conducta y la promesa de la felicidad en el reino de Dios.

¿Qué es tu conciencia?

La conciencia es la parte más profunda de ti que te orienta para elegir el bien y evitar el mal.

¿Cuál es el mandamiento nuevo de Jesús?

"Les doy un mandamiento nuevo, que se amen unos a otros como yo los he amado: ámense así unos a otros" (Juan 13:34).

DIARIO DE MI CONFIRMACIÓN

Usa tu diario para adentrarte más profundamente en este capítulo. Dedica un tiempo a reflexionar en silencio y a escribir en las páginas 31–40 del diario.

ACTÚA

1. Piensa acerca de lo que has visto en la televisión o leído en el periódico últimamente. ¿Quién necesita justicia hoy en día? Escribe sobre alguien que necesite ayuda. Luego escribe lo que puedes hacer para ayudar.

2. Escoge una de las Bienaventuranzas e ilústrala. Luego escribe una descripción de tu ilustración.

Palabras a saber

Bienaventuranzas
conciencia
obras corporales de misericordia

obras espirituales de misericordia
Diez Mandamientos
virtud

3. Las Bienaventuranzas nos ofrecen maneras de ayudar a los demás. Piensa en cómo puedes ayudar en la casa. Podrías hablar con tus padres sobre esto, o tal vez desees ser un "ayudante secreto". Escoge al menos una nueva manera de ayudar. Escribe sobre ello y mantén un registro de tus obras y sus resultados.

4. Evalúa lo a menudo que ayudas por amor. Para cada respuesta de amor asígnate una calificación de **1** (no muy a menudo), **2** (a veces), o **3** (a menudo). Piensa en cómo puedes mejorar el área donde tienes más dificultad.

_____ Escuchas   _____ Compartes

_____ Ayudas   _____ Rezas

_____ Perdonas   _____ Acoges

_____ Das gracias

CON MI PADRINO

Planifica pasar un tiempo con tu padrino o madrina para compartir reflexiones, preguntas e ideas sobre este capítulo y ver cómo se relacionan con sus conversaciones de la revista *De fe a fe*.

Dios de amor, guíame en mi vida cotidiana para tomar buenas decisiones y actuar de una manera llena de fe. Gracias por perdonarme cuando me alejo de ti. Dame la fortaleza para hacer lo mismo por los demás. Amén.

summary

Words to Know

Beatitudes
conscience
Corporal Works
  of Mercy

Spiritual Works
  of Mercy
Ten Commandments
virtue

FAITH SUMMARY

Christians, called to love as Jesus loved, have the Beatitudes and Works of Mercy as guidelines.

REMEMBER

What are the Beatitudes?
The Beatitudes are Jesus' guidelines for Christian living. The Beatitudes include a code of conduct and the promise of happiness in God's kingdom.

What is your conscience?
Conscience is that deepest part of yourself that directs you toward choosing good and avoiding evil.

What is Jesus' new commandment?
"I give you a new commandment: love one another. As I have loved you, so you also should love one another." (John 13:34)

MY CONFIRMATION JOURNAL

Use your journal to enter more deeply into this chapter. Quietly spend time reflecting and recording on journal pages 31–40.

REACH OUT

1. Think about what you have seen on TV or read about in the newspaper lately. Who is in need of justice today? Write about someone in need. Then write what you can do to help.

2. Choose one of the Beatitudes and illustrate it. Then write a description of your illustration.

3. The Beatitudes give us ways to help others. Think about how you can help out at home. You might talk to your parents about it, or you may wish to be a "secret helper." Choose at least one new way you can help. Write about it and keep track of your actions and their outcomes.

4. Evaluate how often you reach out in love. For each response of love, rate yourself **1** (not very often), **2** (sometimes), or **3** (often). Think about how you can improve the area where you are most challenged.

   _____ Listen   _____ Share

   _____ Serve   _____ Pray

   _____ Forgive   _____ Welcome

   _____ Express thanks

WITH MY SPONSOR

Arrange with your sponsor to share your insights, questions, and ideas from this chapter and how they relate to your conversations from the *Faith to Faith* magazine.

Loving God, guide me in my everyday life to make good decisions and act in faith-filled ways. Thank you for forgiving me when I stray. Give me the strength to do the same for others. Amen.

repaso

SOPA DE LETRAS

Encuentra las siguientes palabras en la sopa de letras.

Bienaventuranzas   **conciencia**

corporales   **espirituales**

reino   **servicio**

```
C H I R E I N O U G K J R B A O
W O O C V F C E U Y H S N E I N
S E L A R O P R O C O H A C V F
S E L A U T I R I P S E I Y O R
N U Y E L D Y O L N Q V A O B R
B I E N A V E N T U R A N Z A S
K N X F P P G R Y E L F L Y V H
V D H X K M K F S L P P G U P V
D T A U U M A J Q L V F U E J R
C O N C I E N C I A I G L W V R
```

HAZLA VERDADERA

Escribe una **V** para verdadero o una **F** para falso. Convierte cada afirmación falsa en verdadera.

_____ **1.** Las Bienaventuranzas dan comienzo al Sermón de la montaña.

_____

_____ **2.** El núcleo de la ley, los Diez Mandamientos, fue dado por Dios a Moisés.

_____

_____ **3.** Las Bienaventuranzas reemplazan a los Diez Mandamientos.

_____

_____ **4.** Para tomar una buena decisión, tu intención debe ser buena.

_____

CRUCIGRAMA DE CONFIRMACIÓN

Horizontales

2. Nos orienta hacia Dios.

3. Por lo que trabajan los hijos de Dios.

4. Nuestra conciencia nos ayuda a tomarlas buenas.

6. Se nos llama a darlo.

Verticales

1. Moisés nos los transmitió.

5. Jesús valoraba esto en las personas.

review

SERVICE WORD SEARCH

Circle the following words in the word search.

Beatitudes   **conscience**   **corporal**

kingdom   **service**   **spiritual**

F	R	W	X	S	L	C	E	M	E
O	W	C	G	E	C	O	C	R	E
L	C	M	O	D	G	N	I	K	U
B	O	N	S	U	I	S	V	R	Y
E	R	P	N	T	U	C	R	A	J
V	P	O	Y	I	P	I	E	O	M
I	O	Y	S	T	B	E	S	L	Q
P	R	C	V	A	O	N	L	U	X
K	A	J	B	E	W	C	W	C	M
X	L	F	W	B	A	E	C	L	B
I	S	P	I	R	I	T	U	A	L

MAKE IT TRUE

Write **T** for true and **F** for false. Make each false statement true.

_____ **1.** The Beatitudes begin the Sermon on the Mount.

_____

_____ **2.** The core of the law, the Ten Commandments, was given by God to Moses.

_____

_____ **3.** The Beatitudes replace the Ten Commandments.

_____

_____ **4.** Your intention must be good in order to make a good choice.

_____

CONFIRMATION CROSSWORD

Across

1. directs us toward good

3. called children of God

4. Our conscience helps us make good ones.

6. We are called to provide it.

Down

2. Moses gave us these.

5. Jesus appreciated this in people.

CAPÍTULO 5

Confirmados en la santidad

¿Cuáles son algunos de tus talentos? ¿Qué cosas haces para mejorarlos? Menciona algunas de las maneras en las que haces buen uso de tus talentos.

"Envía sobre ellos al Espíritu Santo Consolador: espíritu de sabiduría y de inteligencia, espíritu de consejo y de fortaleza, espíritu de ciencia, de piedad y de tu santo temor". – *Ritual para la Confirmación*

CHAPTER 5

Confirmed in
holiness

What are some of your talents? What are some things you do to improve them? Name some of the ways you are putting your talents to good use.

"Send your Holy Spirit upon them to be their Helper and Guide. Give them the spirit of wisdom and understanding, the spirit of right judgment and courage, the spirit of knowledge and reverence. Fill them with the spirit of wonder and awe in your presence." *—Rite of Confirmation*

Guiados por el Espíritu

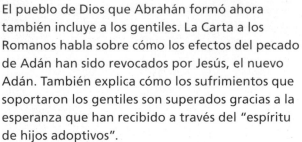

Todos los que se dejan llevar por el Espíritu de Dios son hijos de Dios. Y ustedes no han recibido un espíritu de esclavos, para recaer en el temor, sino un espíritu de hijos adoptivos que nos permite llamar a Dios Abba, Padre.

El Espíritu atestigua a nuestro espíritu que somos hijos de Dios. De ese modo el Espíritu nos viene a socorrer en nuestra debilidad. Aunque no sabemos pedir como es debido, el Espíritu mismo intercede por nosotros con gemidos que no se pueden expresar. Y el que sondea los corazones sabe lo que pretende el Espíritu cuando suplica por los consagrados de acuerdo con la voluntad de Dios.

Sabemos que Dios dispone todas las cosas para el bien de los que le aman, de los llamados según su designio.

Romanos 8:14–16,26–28

El pueblo de Dios que Abrahán formó ahora también incluye a los gentiles. La Carta a los Romanos habla sobre cómo los efectos del pecado de Adán han sido revocados por Jesús, el nuevo Adán. También explica cómo los sufrimientos que soportaron los gentiles son superados gracias a la esperanza que han recibido a través del "espíritu de hijos adoptivos".

Entender las Escrituras

A veces tienes que trabajar duro para poder hacer un buen uso de tus talentos, pero las palabras de Pablo a los cristianos de Roma nos animan. Pablo les recuerda que a través de la muerte, Resurrección y Ascensión de Jesús, recibieron al Espíritu Santo y se han convertido en hijos de Dios. Todos los pueblos, tanto gentiles como judíos, ahora pueden llamar a Dios *Abba,* o Padre.

Las Escrituras y tú

Cada uno de nosotros destacamos en determinadas áreas y tenemos problemas en otras. Puesto que somos hijos adoptivos de Dios podemos usar nuestros talentos a pesar de nuestras debilidades naturales. Cuando la oración se nos hace difícil el Espíritu intercede, ayudándonos a ser buenos y llamándonos a ser santos. En este capítulo estudiaremos más detenidamente los dones que el Espíritu Santo nos da para ayudarnos.

REFLEXIONAR SOBRE LA PALABRA DE DIOS

Mientras te calmas y preparas para reflexionar plenamente en la Palabra de Dios sé consciente de tu respiración, inhalando y exhalando lentamente. Invita al Espíritu Santo a que te ayude con cualquier cosa en tu vida con la que estés teniendo dificultades. Concluye dando gracias por la guía del Espíritu.

Led by the Spirit

For those who are led by the Spirit of God are children of God. For you did not receive a spirit of slavery to fall back into fear, but you received a spirit of adoption, through which we cry, "Abba, Father!" The Spirit itself bears witness with our spirit that we are children of God. . . .

In the same way, the Spirit too comes to the aid of our weakness; for we do not know how to pray as we ought, but the Spirit itself intercedes with inexpressible groanings. And the one who searches hearts knows what is the intention of the Spirit, because it intercedes for the holy ones according to God's will.

We know that all things work for good for those who love God, who are called according to his purpose.

Romans 8:14–16,26–28

Understanding Scripture

Sometimes, trying to put your talents to use is hard work. But Paul's words to the Christians in Rome encourage us. Paul is reminding them that through Jesus' Death, Resurrection, and Ascension, they received the Holy Spirit and have become God's children. All people, Gentiles as well as Jews, can now call God *Abba,* or Father. The people God formed through Abraham now include the Gentiles as well. The Letter to the Romans discusses how the effects of Adam's sin have been reversed in Jesus, the new Adam. It also explains how the sufferings the Gentiles endure are overcome by the hope that they have been given through the "Spirit of adoption."

Scripture and You

All of us excel in certain areas and struggle in others. Because we are adopted children of God, we are able to use our talents in spite of our natural weaknesses. When prayer is difficult for us, the Spirit intercedes, helping us be good, and calling us to be holy. In this chapter we will look more closely at the gifts the Holy Spirit gives to help us.

REFLECTING ON GOD'S WORD

As you quiet yourself to reflect fully on God's Word, be aware of your breath as you slowly breathe in and out. Invite the Holy Spirit to help you with anything in your life with which you may be struggling. Conclude by giving thanks for the Spirit's guidance.

virtues

Las semillas de la esperanza, Peter Szumowski, siglo XX.

The Seeds of Hope, Peter Szumowski, 20th century.

Las virtudes teologales

Cristóbal comenzó a tomar clases de piano cuando tenía seis años. Sus padres vieron que tenía un gran don para la música, así que le dieron la oportunidad de desarrollar su talento. Dedicarle tiempo cada día no era fácil y tenía muchas discusiones con sus padres sobre si practicaba o no lo suficiente. Pero había algo que realmente le hacía disfrutar al tocar música, así que continuó con las clases. Ahora que tiene 14 años se alegra de haber continuado tocando el piano. Aún hay veces en las que haría cualquier cosa menos practicar, pero ahora se da cuenta de que ya no tiene que pensar tanto acerca de la parte física de tocar. Puede dejar que las habilidades que ha desarrollado lo guíen y usar su corazón para tocar música hermosa.

Como hijos de Dios recibimos el don de las **virtudes teologales** de la fe, la esperanza y la caridad a través del Espíritu Santo. Este es un don que también debe ser cultivado y desarrollado. Estas virtudes tienen su fuente en Dios, él las infunde en nosotros y a medida que crecemos en su uso nos conducen más profundamente al misterio de Dios, por eso se llaman "teologales".

Así como practicar el piano ayudó a Cristóbal a desarrollar su talento para la música, practicar estas virtudes con el tiempo nos fortalece y nos ayuda a tomar buenas decisiones y a dar lo mejor de nosotros.

Fe

La **fe**, el don que Dios te da, es la capacidad de creer en Dios y de darle tu vida. Te hace capaz de confiar plenamente en Dios y de aceptar todo lo que él ha revelado y que enseña por medio de la Iglesia católica.

Esperanza

La **esperanza** está estrechamente relacionada con la fe. Es el deseo de todo lo bueno que Dios ha planificado para ti. La esperanza te da la confianza de que Dios estará siempre contigo y que vivirás con él eternamente en el cielo.

Caridad

La **caridad** te lleva a amar a Dios sobre todas las cosas y a amar a tu prójimo como a ti mismo. Este amor implica algo más que simples sentimientos; es la manera en la que piensas y actúas hacia Dios y hacia los demás. La caridad reúne a todas las virtudes en perfecta armonía. San Pablo escribe: "Ahora nos quedan tres cosas: la fe, la esperanza, el amor. Pero la más grande de todas es el amor" (1 Corintios 13:13).

Mientras practicas las virtudes de la fe, la esperanza y la caridad y creces en tu relación con Dios, tu capacidad para practicar las virtudes cardinales también crece.

virtud

The Theological Virtues

Christopher began taking piano lessons when he was six. His parents saw that he had a real talent for music, so they gave him the chance to develop his gift. Taking time every day was not easy, and he had many disagreements with his parents about whether he practiced enough. But there was something he really enjoyed about making music, so he stuck with it. Now at 14, he's glad he continued playing the piano. There are still times he would rather do anything but practice, but he realizes now that he doesn't have to think too much about the physical part of playing. He can let the skills he has developed lead him and use his heart to make beautiful music.

As children of God, we receive the gift of the **Theological Virtues** of faith, hope, and charity through the Holy Spirit. This gift must also be nurtured and developed. These virtues have their source in God, are infused in us by him, and as we grow in using them, we are drawn more deeply into the mystery of God. That is why they are called "Theological."

Just as practicing the piano helped Christopher develop his gift for music, practicing these virtues strengthens us over time and helps us make good decisions and give the best of ourselves.

Faith

Faith, God's gift to you, is the ability to believe in God and give your life to him. It makes you able to trust God completely and to accept all that he has revealed and teaches through the Catholic Church.

Hope

Hope is closely related to faith. It is the desire for all the good things God has planned for you. Hope gives you confidence that God will always be with you and that you will live with him forever in Heaven.

ART LINK

Lamentation pour Haiti, Tamara Natalie Madden, United States, 21st century.

Lamentación por Haiti, Tamara Natalie Madden, Estados Unidos, siglo XXI.

Charity

Charity leads you to love God above all things and to love your neighbor as yourself. This love involves more than just feelings; it is the way you think and act toward God and others. Charity brings all the virtues together in perfect harmony. Saint Paul writes, "So faith, hope, love remain, these three; but the greatest of these is love." (1 Corinthians 13:13)

As you practice the virtues of faith, hope, and charity and grow in your relationship with God, your ability to practice the Cardinal Virtues also grows.

Luneta de la Fortaleza y la Templanza (detalle de la Fortaleza), Pietro Perugino, 1496–1500.

Lunette of Fortune and Temperance (detail of Fortitude), Pietro Perugino, 1496–1500.

Las virtudes cardinales

Las virtudes que obtienes con el esfuerzo humano se llaman **virtudes cardinales**. La palabra *cardinal* viene del latín *cardo,* que significa "algo de lo que dependen otras cosas". Toda tu fortaleza moral depende de estas virtudes. Las virtudes cardinales son la prudencia, la justicia, la fortaleza y la templanza. Estas virtudes humanas se basan en las virtudes teologales que Dios te da para ayudarte a actuar como hijo suyo.

Prudencia

La **prudencia** te ayuda a decidir lo que es bueno y a luego elegir hacerlo. Te lleva a detenerte y pensar antes de actuar.

Justicia

La **justicia** te lleva a respetar los derechos de los demás y a darles lo que por derecho les pertenece. La persona justa considera las necesidades de los demás y siempre intenta ser imparcial.

Fortaleza

La **fortaleza** te da el valor para hacer lo correcto aunque sea muy difícil. Te proporciona la fuerza para resistir las tentaciones a las que te enfrentas y, aunque sea difícil, hacer lo que sabes que es correcto.

Templanza

La **templanza** te ayuda a equilibrar lo que deseas con lo que necesitas. Te ayuda a moderar tu deseo de buscar solo el disfrutar y a desarrollar el autocontrol.

Así como tocar el piano, ser un buen amigo, practicar deportes o cualquier otra cosa que vale la pena, estas virtudes requieren tiempo y esfuerzo para desarrollarse. Pero con la práctica se pueden convertir en una parte natural de tu vida. Con la ayuda de Dios las virtudes cardinales desarrollan el carácter y facilitan el proceso de hacer lo correcto. Estas virtudes te ayudarán a alcanzar tus metas y a ser quien Dios quiere que seas.

MI TURNO Cómo nos ayudan las virtudes

Describe una situación en la que hayas demostrado una de las virtudes. ¿Qué virtud demostraste y cómo te ayudó?

_____

_____

_____

_____

_____

The Cardinal Virtues

The virtues you acquire by human effort are called **Cardinal Virtues.** *Cardinal* comes from the Latin *cardo,* which means "hinge." All your moral strengths depend on these virtues. They are prudence, justice, fortitude, and temperance. These human virtues are rooted in the Theological Virtues that are given to you by God to help you act as his child.

Prudence

Prudence helps you decide what is good and then choose to do it. It leads you to stop and think before you act.

Justice

Justice leads you to respect the rights of others and to give them what is rightfully theirs. The just person considers the needs of others and always tries to be fair.

Fortitude

Fortitude gives you the courage to do what is right even when it is very difficult. It provides you the strength to resist the temptations you face and, even when it is challenging, to do what you know is right.

Temperance

Temperance helps you balance what you want with what you need. It helps you moderate your desire for enjoyment and builds self-control.

Like playing the piano, being a good friend, playing sports, or anything else worthwhile, these virtues take time and effort to develop. But through practice they can become a natural part of your life. With God's help, the Cardinal Virtues build character and make it easier to do what is right. These virtues will help you achieve your goals and be who God wants you to be.

MY TURN | How Virtues Help Us

Describe a situation in which you displayed one of the virtues. Which virtue did you display, and how did it help you?

_____

_____

_____

_____

_____

_____

_____

_____

_____

Descubriendo los dones del Espíritu

Las virtudes cardinales y teologales son la fuerza que puede mejorar tu vida si las practicas. Los siete **dones del Espíritu Santo** que recibiste en el Bautismo te ayudan a vivir una vida virtuosa. Estos dones se fortalecen en la Confirmación y te ayudan a mantener una amistad sólida con Dios. Te guían en las situaciones críticas, cuando te resulta difícil hacer frente a los problemas, en momentos difíciles de la vida o a tomar decisiones. En definitiva, te ayudan a responder a Dios plena y amorosamente.

Cuatro de los dones te ayudan a conocer la voluntad de Dios. Los otros tres te ayudan a hacer su voluntad. Lee acerca de cada don del Espíritu y reflexiona sobre cómo está ya obrando en tu vida.

Conocer la voluntad de Dios

- sabiduría
- entendimiento
- consejo
- ciencia

Hacer la voluntad de Dios

- fortaleza
- piedad
- temor de Dios

Sabiduría

Así como la música de un pianista crece en complejidad cuanto más tiempo toca, la vida se hace más compleja conforme avanzas en edad. Para dondequiera que mires las personas te dicen cómo actuar, qué clase de ropa usar, en qué creer, quiénes deberían ser tus amigos y qué música escuchar. ¿Cómo sabes lo que es mejor para ti?

La **sabiduría** te da la capacidad de ver la vida desde el punto de vista de Dios y de reconocer el valor real de las personas, los acontecimientos y las cosas. La sabiduría evita que juzgues ingenuamente basándote sólo en las apariencias. Te ayuda a madurar en tu manera de pensar y de actuar. La sabiduría te lleva a ver el valor de ser confirmado no porque tus padres así lo quieren, o porque todos los jóvenes de tu edad lo están haciendo, sino porque tú ves el valor que tiene para ti y lo deseas.

MI TURNO Signos del Espíritu

1. Tito era un obispo joven y amigo de San Pablo. Lee Tito 3:1–2. ¿Qué signos del espíritu se pidió a Tito que mostrara?

2. Describe cómo estos signos te pueden ayudar a mostrar amor al servir a otros.

Unwrapping the Gifts of the Spirit

The Cardinal and Theological Virtues are strengths that can improve your life if you practice them. The seven **Gifts of the Holy Spirit,** which you received at Baptism, help you live a life of virtue. These gifts are strengthened in Confirmation. They help you keep your friendship with God strong and guide you in critical situations when you find it hard to cope with problems, difficult situations in life, or making decisions. They help you respond to God fully and lovingly.

Four gifts help you know God's will. The other three help you do his will. Read about each gift of the Spirit and reflect on how he is already at work in your life.

Know God's Will	Do God's Will
• wisdom	• fortitude
• understanding	• piety
• counsel	• fear of the Lord
• knowledge	

Wisdom

Just as piano players' music becomes more complicated the longer they play, life becomes more complex the older you get. Everywhere you turn, people are telling you how to act, what to wear, what to believe, who your friends should be, and what music to listen to. How do you know what is best for you?

Wisdom enables you to see life from God's point of view and to recognize the real value of people, events, and things. Wisdom keeps you from foolishly judging only by appearances. It helps you mature in the way you think and act. Wisdom leads you to see the value of being confirmed not because your parents expect it, or because everyone your age is doing it, but because you see its value for you and desire it.

MY TURN   Signs of the Spirit

1. Titus was a young bishop and a friend of Saint Paul's. Read Titus 3:1–2. What signs of the Spirit is Titus urged to show?

_____

_____

_____

2. Write how these signs can help you show loving service.

_____

_____

_____

Saint Paul.

San Pablo.

53

Entendimiento

Cuando eras más pequeño aprendiste que había cosas que debías y cosas que no debías hacer. Aprendiste reglas y las seguiste porque confiabas en las personas que las crearon, como tus padres. Pero puede que no siempre entendieras *por qué* existían estas reglas. Lo mismo puede pasar con tu fe. Por eso, ¿cómo vas a poder comprender realmente tu fe y lo que significa ser católico?

El **entendimiento** crece a través de la oración y la lectura de las Escrituras. Esta te da conocimientos sobre las verdades de la fe y sobre ser un seguidor de Jesús, y te ayuda a tomar las decisiones correctas en tus relaciones con Dios y con los demás.

Consejo

¿Alguna vez te has angustiado cuando tenías que tomar una decisión difícil? ¿Te sentiste confundido, lastimado y solo? ¿Cómo supiste qué era lo que tenías que hacer?

El don del **consejo**, o buen juicio, te ayuda a pedir consejo y a ser receptivo a los consejos de los demás. Al usar este don buscas orientación en el sacramento de la Penitencia y la Reconciliación y pides consejo a tus padres y amigos. El buen juicio también te ayuda a dar consejos. Si tienes buen juicio puedes ayudar a otras personas con sus problemas. Les das tu opinión y los animas a hacer lo correcto.

Hoy, por el don de consejo, determinas lo que estar confirmado significa en tu vida. Acudes a tus padres, tu padrino o madrina, tu párroco, tus catequistas y a otras personas en busca de ayuda para dar el siguiente paso en tu andadura espiritual.

rito

Rito

El obispo ungirá tu frente con el santo crisma, o santo óleo, al confirmarte.

Significado

El óleo simboliza fortalecimiento, sanación, limpieza, alegría y consagración. Al ser ungido en la Confirmación el Espíritu Santo marca tu alma con el sello espiritual permanente. Este sello nos une más firmemente a Cristo.

Vida cotidiana

Dios nos habla por medio de los dones y talentos que nos ha dado. Cuando usamos estos dones lo mejor posible, lo hacemos por nuestro propio bien y el de los demás.

Vida de fe

El recibir los dones del Espíritu Santo nos transforma y nos señala como cristianos. Pasamos a ser parte tanto de la comunidad parroquial como de la Iglesia universal.

decisiones

Understanding

When you were younger, you learned that there were things you should and should not do. You learned rules and followed them because you trusted the people who made them, such as your parents. However, you may not have always understood *why* these rules were made. The same might be true with your faith. So how will you be able to really understand your faith and what it means to be Catholic?

Understanding grows through prayer and the reading of Scripture. It gives you insight into the truths of the faith and being a follower of Jesus', and it helps you make right choices in your relationships with God and others.

Counsel

Have you ever agonized over a difficult decision? Did it make you feel confused, hurt, and alone? How did you know what was the right thing to do?

The gift of **counsel,** or right judgment, helps you seek advice and be open to the advice of others. Using this gift, you seek direction in the Sacrament of Reconciliation, and you ask advice from parents or friends. Counsel also helps you give advice. With counsel, you are able to help others with their problems. You speak up and encourage them to do the right thing.

Today, through the gift of counsel, you are determining what being confirmed means in your life. You turn to your parents, sponsor, parish priest, catechists, and others for help in taking this next step in your spiritual journey.

rite

Rite

The bishop anoints your forehead with holy Chrism, or holy oil, as you are confirmed.

Meaning

Oil symbolizes strengthening, healing, cleansing, joy, and consecration. When you are anointed at Confirmation, the Holy Spirit marks your soul with the permanent spiritual seal. This seal unites us more firmly to Christ.

Daily Life

God speaks to us through the gifts and talents he has given us. When we use our gifts to the best of our ability, it is for the betterment of ourselves and others.

Life of Faith

By receiving the Gifts of the Holy Spirit, we have been transformed. We have been marked as Christians. We belong to our parish community as well as to the universal church.

choices

Ciencia

Tener conciencia del plan de Dios te ayudará a vivir una vida llena de significado. Conocer las enseñanzas de Jesús y seguirlas te ayudará a ser un buen cristiano. ¿Cómo puedes ser receptivo a lo que Dios tiene que enseñarte acerca de la vida?

El don de la **ciencia** te ayuda a saber lo que Dios te pide y cómo deberías responder. Llegas a conocer a Dios. Llegas a conocerte a ti mismo y al verdadero valor de las cosas. Este don también te ayuda a reconocer las tentaciones por lo que son y a recurrir a Dios en busca de ayuda.

El don de la ciencia obra en ti mientras decides cómo vivir una vida cristiana. Lo que sabes de Jesús, de su ejemplo y de la Iglesia (el culto, las creencias, sus enseñanzas y la llamada a servir a los necesitados) te ayudarán a comprometerte con Cristo y con la Iglesia como cristiano confirmado.

Fortaleza

Existe una diferencia entre saber qué es lo correcto y realmente hacerlo. Te tratan de presionar para que consumas drogas y alcohol. El cine y la música te dicen que el sexo solo se trata de hacerte sentir bien y que la violencia es aceptable. La cultura popular, y muchos de los anuncios con los que somos bombardeados constantemente, nos hacen creer que el consumismo y el egoísmo son actitudes ampliamente aceptadas y fomentadas. No siempre es fácil denunciar las injusticias que ves a tu alrededor. ¿Cómo puedes encontrar la fortaleza para vivir conforme a los principios y valores de Jesús?

El don de la **fortaleza**, o valor, te permite defender tus creencias y vivir como seguidor de Jesús. Con este don tienes la fuerza interior para hacer lo correcto frente a las dificultades y para soportar el sufrimiento con fe. La fortaleza te ayuda a emprender tareas difíciles en el servicio de tu fe. Pero también se necesita fortaleza para ser fiel en nuestro día a día; se necesita fortaleza para vivir una vida cristiana digna aun cuando nadie te elogia o se da cuenta de tus esfuerzos.

MI TURNO Oración al Espíritu Santo

1. ¿Qué don del Espíritu Santo necesitas más? ¿Por qué?

_____

_____

2. Escribe una oración al Espíritu Santo para pedirle que te oriente con el don que escojas.

_____

_____

_____

Knowledge

Having an awareness of God's plan will help you live a meaningful life. Knowing Jesus' teachings and taking them to heart will help you be a good Christian. How can you be open to what God has to teach you about life?

The gift of **knowledge** helps you know what God asks of you and how you should respond. You come to know God. You come to know who you are and the real value of things through your experiences. This gift also helps you recognize temptations for what they are and turn to God for help.

The gift of knowledge is at work in you as you contemplate living a Christian life. What you know of Jesus and his example and what you know of the Church—its worship, its beliefs, its teachings, and its call to serve those in need—will help you commit yourself to Christ and the Church as a confirmed Christian.

Fortitude

There is a difference between knowing the right thing to do and actually doing it. You face pressure about using drugs and alcohol. Movies and songs tell you that sex is just about feeling good and that violence is acceptable. Popular culture, and many of the ads with which we are constantly bombarded, would have us believe that consumerism and selfishness are widely

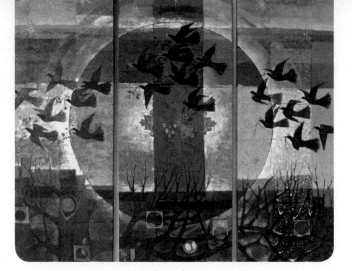

Seven Gifts of the Holy Spirit, Eyob Mergia, 2009.

Siete dones del Espíritu Santo, Eyob Mergia, 2009.

accepted and encouraged. It's not always cool to speak out about injustices you see around you. How can you find the strength to live by the principles and values of Jesus?

The gift of **fortitude,** or courage, enables you to stand up for your beliefs and to live as a follower of Jesus. With this gift, you have the inner strength to do what is right in the face of difficulties and to endure suffering with faith. Fortitude helps you undertake challenging tasks in the service of your faith. But it also takes fortitude to be faithful to ordinary duties. It takes strength to live a good Christian life even when no one praises you or notices your efforts.

MY TURN   Prayer to the Holy Spirit

1. **Which Gift of the Holy Spirit are you in need of the most? Why?**

_____

_____

2. **Write a prayer to the Holy Spirit, asking for guidance with the gift you chose.**

_____

_____

_____

Piedad

No es raro ver a personas faltándole al respeto a los demás, al medio ambiente, incluso a sí mismas. Destruyen cosas que Dios nos ha dado para disfrutar. Esto no pasaría si las personas fueran conscientes de la presencia de Dios en los demás y en el mundo. ¿Cómo puedes ser más consciente de la presencia de Dios en tu vida y en los demás?

El don de la **piedad**, o reverencia, es un don que te ayuda a amar y rendir culto a Dios. Te llama a ser fiel en tu relación con Dios y con los demás. La piedad también te ayuda a ser respetuoso y generoso con los demás.

En el sacramento de la Confirmación la piedad te ayuda a fortalecer tu relación con Dios y a aumentar tu amor por los demás y por el mundo, por todo lo que Dios ha creado.

Temor de Dios

Moisés se quitó las sandalias como muestra de respeto cuando Dios le habló desde la zarza ardiente (Éxodo 3:1–15). Hoy en día muchos judíos no pronuncian el nombre de Dios por respeto. Nosotros podemos aprender de su ejemplo honrando a Dios, que es maravilloso y nos ama.

El don del **temor de Dios**, a veces denominado de admiración, te ayuda a reconocer la grandeza de Dios y tu dependencia de él. Te lleva a maravillarte del increíble amor que Dios te tiene.

El don del temor de Dios aumenta tu deseo de acercarte a Dios al confirmar el gran don que recibiste en el Bautismo. La admiración te inspirará a celebrar la Eucaristía. Experimentarás admiración al celebrar el sacramento de la Reconciliación al reconocer el gran amor de Dios, que te perdona los pecados que has cometido.

En este momento estás tomando la decisión de reflexionar seriamente sobre tu fe. Es difícil intentar cambiar tus hábitos y seguir a Jesús más plenamente. Es un desafío orar más, participar en la Eucaristía de manera más intencionada, servir a los demás; pero los dones del Espíritu Santo, las virtudes teologales, las virtudes cardinales y la comunidad de creyentes que te rodea te ayudarán y te orientarán.

Doctora de la Iglesia: Santa Catalina de Siena

El Espíritu Santo nos ayuda a ser buenos y nos llama a la santidad. Catalina de Siena escuchó su llamado a una edad temprana y decidió dedicar su vida a Dios. Catalina ingresó en la Tercera Orden de Santo Domingo a los 16 años. A menudo se encerraba en su cuarto a orar, saliendo de él solo para asistir a la misa. Después de tres años Jesús le habló, diciendo: "La única manera en la que me puedes servir, Catalina, es en el servicio a tu prójimo". Catalina comprendió que había recibido dones con los que servir a los demás. Comenzó a visitar a los prisioneros, animándolos a arrepentirse. Cuando llegó una plaga cuidó de los afectados, les llevó ropa y comida, y enterró a los muertos. Sus dones de profecía y orientación espiritual fueron ampliamente reconocidos y dictó más de 400 cartas y dos libros. En ese tiempo el papa, que era francés, vivía en Aviñón y recibía órdenes del rey de Francia. Esto confundía a los cristianos. Catalina fue a Aviñón y convenció al papa para volver a Roma. En 1970 la Iglesia le dio el título especial de Doctora de la Iglesia. La fiesta patronal de santa Catalina de Siena es el 29 de abril.

santidad

Piety

It is not uncommon to see people showing little respect for others, for the environment, even for themselves. They destroy things that God has given us to enjoy. This wouldn't happen if people had a sense of God's presence in others and in the world. How can you be more aware of God's presence in your life and in others?

Piety, or reverence, is a gift that helps you love and worship God. It calls you to be faithful in your relationships with God and others. Piety also helps you be respectful and generous.

In the Sacrament of Confirmation, piety helps you strengthen your relationship with God and increase your love for others and the world—for all that God has created.

Fear of the Lord

Out of respect, Moses removed his sandals when God spoke to him from the burning bush. (Exodus 3:1–15) Many Jews today do not pronounce the name of God out of respect. We can learn from their example by honoring God, who is awesome and who loves us.

Fear of the Lord, sometimes called wonder and awe, helps you recognize the greatness of God and your dependence on him. It leads you to marvel at God's incredible love for you.

The gift of fear of the Lord increases your desire to draw closer to God by confirming the great gift you received in Baptism. Awe will inspire you to celebrate the Eucharist. You will experience awe in celebrating the Sacrament of Reconciliation as you recognize God's great love in forgiving you of the sins you've committed.

Right now you are deciding to reflect on your faith seriously. It is difficult to try to change your habits and follow Jesus more completely. It's a challenge to pray more, to participate in the Eucharist more intentionally, to serve others. However, the Gifts of the Holy Spirit, the Theological Virtues, the Cardinal Virtues, and the community of believers who surround you will help and guide you.

1 WITNESS

Doctor of the Church: Saint Catherine of Siena

The Holy Spirit helps us be good and calls us to holiness. Catherine of Siena heard that call at an early age and decided to devote her life to God. Catherine joined the Third Order of Saint Dominic at age 16. She often locked herself in her room to pray, leaving only to attend Mass. After three years, Jesus spoke to her, saying, "The only way you can serve me, Catherine, is in service of your neighbor." Catherine realized that she had been given gifts with which to serve others. She began to visit prisoners, encouraging them to repent. When a plague came, she took care of the plague-ridden, brought food and clothing, and buried the dead. Her gifts of prophesy and spiritual guidance became widely recognized, and she dictated more than 400 letters and two books. At this time the pope, a Frenchman, lived in Avignon and took orders from the French king. This confused Christians. Catherine went to Avignon and persuaded the pope to return to Rome. In 1970 the Church gave her the special title of Doctor of the Church. Saint Catherine of Siena's feast day is April 29.

2 ACTUAR

Derechos y deberes

Santa Catalina de Siena fue llamada a servir a la Iglesia. Ella sintió que era su deber y responsabilidad usar sus dones y ofrecer su vida para el bien de la Iglesia. Nosotros, como seres humanos, tenemos tanto derechos como deberes. Tenemos inteligencia y libre voluntad. Tenemos un derecho fundamental a la vida y el derecho a las cosas que necesitamos para vivir como alimentos, casa, empleo, atención médica y educación. Además de estos derechos tenemos la responsabilidad de respetar los derechos de todas las personas. Nuestros derechos y deberes son universales e inviolables. Esto quiere decir que no se nos pueden quitar y no podemos renunciar a ellos. No podemos exigir nuestros derechos si nos olvidamos de nuestro deber de proteger esos mismos derechos de los demás. La Iglesia enseña que la autoridad gubernamental conlleva serias responsabilidades. La principal preocupación de las autoridades civiles debe ser garantizar que se reconozcan, respeten, defiendan y promuevan los derechos de los ciudadanos.

3 REZAR

Dones del Espíritu

Los dones del Espíritu Santo guiaron a santa Catalina de Siena en su devoción a la Iglesia. A través de Jesús, los dones del Espíritu Santo que recibimos en el Bautismo se fortalecen en el sacramento de la Confirmación. Estos dones son: sabiduría, entendimiento, consejo, ciencia, fortaleza, piedad y temor de Dios. ¿Con qué don te identificas más?

Llamado a la oración

Nuestra relación con Dios se fortalece a través del sacramento de la Confirmación. De esta manera estamos equipados para convertirnos en mejores testigos de Cristo en el mundo.

2 ACT

Rights and Responsibilities

Saint Catherine of Siena was called to serve the Church. She felt it was her duty and responsibility to use her gifts and offer her life for the good of the Church. We as human beings have both rights and responsibilities. We have intelligence and free will. We have a fundamental right to life and the right to things we need to live such as food, shelter, employment, health care, and education. Along with these rights, we have corresponding responsibilities to respect the rights of all people. Our rights and responsibilities are universal and inviolable. This means that they cannot be taken from us and we cannot give them away. We cannot claim our rights while neglecting our duty to protect these rights for others. The Church teaches that government authority carries serious responsibilities. The chief concern of civil authorities must be to ensure that the rights of individual citizens are acknowledged, respected, defended, and promoted.

3 PRAY

Gifts of the Spirit

The Gifts of the Holy Spirit guided Saint Catherine of Siena in her devotion to the Church. Through Jesus, the Gifts of the Holy Spirit that we receive in Baptism are strengthened in the Sacrament of Confirmation. They are wisdom, understanding, counsel, fortitude, knowledge, piety, and fear of the Lord. Which gift do you identify with most?

Call to Prayer

Through the Sacrament of Confirmation, our relationship with God is made stronger. In this way we are equipped to become better witnesses to Christ in the world.

Wood sculpture of Saint Catherine of Siena, Blessed Sacrament Church, Seattle, Washington.

Santa Catalina de Siena, talla en madera, Iglesia del Santísimo Sacramento, Seattle, Washington.

57

rezar

Mi Señor y guardián

Todos: En el nombre del Padre y del Hijo y del Espíritu Santo. Amén.

Líder: Reunidos como comunidad de creyentes escuchemos a Dios, hablándonos por medio de su Palabra hoy y siempre.

Todos los que se dejan llevar por el Espíritu de Dios son hijos de Dios. Y ustedes no han recibido un espíritu de esclavos, para recaer en el temor, sino un espíritu de hijos adoptivos que nos permite llamar a Dios Abba, Padre. El Espíritu atestigua a nuestro espíritu que somos hijos de Dios.

De ese modo el Espíritu nos viene a socorrer en nuestra debilidad. Aunque no sabemos pedir como es debido, el Espíritu mismo intercede por nosotros con gemidos que no se pueden expresar. Y el que sondea los corazones sabe lo que pretende el Espíritu cuando suplica por los consagrados de acuerdo con la voluntad de Dios.

Sabemos que Dios dispone todas las cosas para el bien de los que le aman, de los llamados según su designio.

Romanos 8:14–16,26–28

Líder: El Espíritu de Dios viene a socorrernos, nos orienta y nos bendice con muchos dones. Recemos juntos y pensemos en los maravillosos dones del Señor, que siempre nos ayuda y nos protege.

Grupo A: Levanto los ojos a las montañas: ¿de dónde me vendrá el auxilio?

Grupo B: El auxilio me viene del Señor, que hizo el cielo y la tierra.

Grupo A: No dejará que tropiece tu pie, no duerme tu guardián.

Grupo B: No duerme, ni dormita el guardián de Israel.

Grupo A: El Señor es tu guardián, el Señor es tu sombra, el Altísimo está a tu derecha.

Grupo B: De día el sol no te hará daño ni la luna de noche.

Grupo A: El Señor te protege de todo mal, él guarda tu vida.

Grupo B: El Señor guarda tus entradas y salidas ahora y por siempre.

adaptado del Salmo 121

Líder: La Confirmación es una oportunidad para hacer una pausa y reconocer los dones que hemos recibido y los que vamos a recibir del Espíritu Santo, para dar gracias a Dios por ellos y para pedir ayuda para usarlos para servir a Dios y a los demás. Recemos juntos ahora el Gloria al Padre.

Todos: Gloria al Padre y al Hijo y al Espíritu Santo. Como era en el principio, ahora y siempre, por los siglos de los siglos. Amén.

pray

My Lord and Guardian

All: In the name of the Father, and of the Son, and of the Holy Spirit. Amen.

Leader: Gathered as a community of believers, let us listen to God, speaking to us in his Word today and always.

For those who are led by the Spirit of God are children of God. For you did not receive a spirit of slavery to fall back into fear, but you received a spirit of adoption, through which we cry, "Abba, Father!" The Spirit itself bears witness with our spirit that we are children of God. . . .

In the same way, the Spirit too comes to the aid of our weakness; for we do not know how to pray as we ought, but the Spirit itself intercedes with inexpressible groanings. And the one who searches hearts knows what is the intention of the Spirit, because it intercedes for the holy ones according to God's will.

We know that all things work for good for those who love God, who are called according to his purpose.

Romans 8:14–16,26–28

Leader: The Spirit of God comes to our aid, guides us, and blesses us with many gifts. Let us pray together and think about the wonderful gifts from the Lord, who helps and protects us always.

Group A: I raise my eyes toward the mountains. From where will my help come?

Group B: My help comes from the Lord, the maker of heaven and earth.

Group A: God will not allow your foot to slip; your guardian does not sleep.

Group B: Truly, the guardian of Israel never slumbers nor sleeps.

Group A: The Lord is your guardian; the Lord is your shade at your right hand.

Group B: By day the sun cannot harm you, nor the moon by night.

Group A: The Lord will guard you from all evil, will always guard your life.

Group B: The Lord will guard your coming and going both now and forever.

adapted from Psalm 121

Leader: Confirmation is an opportunity to pause and recognize the gifts we have already received and the gifts we will receive from the Holy Spirit, to thank God for them, and to ask for help in using them to serve God and others. Let us join now in praying the Glory Be to the Father.

All: Glory be to the Father, and to the Son, and to the Holy Spirit. As it was in the beginning, is now, and ever shall be, world without end. Amen.

resumen

RESUMEN DEL TEMA

Los dones del Espíritu Santo nos ayudan a ser las personas que Dios nos llama a ser.

RECUERDA

¿Qué son los dones del Espíritu Santo?

Los dones del Espíritu Santo son poderes que recibimos en el Bautismo y que se fortalecen en la Confirmación. Nos ayudan a vivir vidas virtuosas, a perseverar en nuestra amistad con Dios y nos orientan en nuestras decisiones y conducta de modo que podamos ser más como Jesús. Los dones son sabiduría, entendimiento, consejo, ciencia, fortaleza, piedad y temor de Dios.

¿Qué son las virtudes teologales?

Las virtudes teologales de la fe, la esperanza y la caridad son gracias que recibimos de Dios. Tienen su fuente en Dios, él las infunde en nosotros, y a medida que crecemos en su uso nos conducen más profundamente al misterio de Dios.

¿Qué son las virtudes cardinales?

Las virtudes cardinales son cualidades que se obtienen con el esfuerzo humano. Son la prudencia, la justicia, la fortaleza y la templanza. Toda tu fortaleza moral depende de estas virtudes, que se apoyan en las virtudes teologales que Dios te da para ayudarte a actuar como hijo suyo.

Palabras a saber

virtudes cardinales	justicia
caridad	ciencia
consejo	piedad
fe	prudencia
temor de Dios	templanza
fortaleza	virtudes teologales
dones del Espíritu Santo	entendimiento
	sabiduría
esperanza	

DIARIO DE MI CONFIRMACIÓN

Usa tu diario para adentrarte más profundamente en este capítulo. Dedica un tiempo a reflexionar en silencio y a escribir en las páginas 41–50 del diario.

ACTÚA

Repasa las virtudes teologales. Luego, usando fotos de revistas o tus propios dibujos, diseña un collage que represente cada una de las tres virtudes. Cuando hayas terminado escribe tu propio acto de fe, esperanza y amor.

CON MI PADRINO

Planifica pasar un tiempo con tu padrino o madrina para compartir reflexiones, preguntas e ideas sobre este capítulo y ver cómo se relacionan con sus conversaciones de la revista *De fe a fe*.

Padre, Hijo y Espíritu Santo, acompáñame, protégeme y guíame. Ayúdame a conocer tu voluntad y a tener la fortaleza y el valor de hacer tu voluntad. Amén.

summary

FAITH SUMMARY

The Gifts of the Holy Spirit help us be the people God calls us to be.

REMEMBER

What are the Gifts of the Holy Spirit?
The Gifts of the Holy Spirit are powers given to us at Baptism and strengthened at Confirmation. They help us live virtuous lives, persevere in our friendship with God, and guide us in our decisions and conduct so we become more like Jesus. The Gifts are wisdom, understanding, counsel, knowledge, fortitude, piety, and fear of the Lord.

What are the Theological Virtues?
The Theological Virtues of faith, hope, and charity are graces received by God. They have their source in God, are infused in us by him, and as we grow in using them, we are drawn more deeply into the mystery of God.

What are the Cardinal Virtues?
The Cardinal Virtues are qualities acquired by human effort. They are prudence, justice, fortitude, and temperance. All of your moral strengths depend on these virtues. They are rooted in the Theological Virtues given to you by God to help you act as his child.

Words to Know

Cardinal Virtues	justice
charity	knowledge
counsel	piety
faith	prudence
fear of the Lord	temperance
fortitude	Theological Virtues
Gifts of the	understanding
Holy Spirit	wisdom
hope	

MY CONFIRMATION JOURNAL

Use your journal to enter more deeply into this chapter. Quietly spend time reflecting and recording on journal pages 41–50.

REACH OUT

Review the Theological Virtues. Then using pictures from magazines or your own drawings, design a collage that depicts each of the three virtues. When you have finished, write your own act of faith, hope, and love.

WITH MY SPONSOR

Arrange with your sponsor to share your insights, questions, and ideas from this chapter and how they relate to your conversations from the *Faith to Faith* magazine.

Father, Son, and Holy Spirit, be with me, protect me, and guide me. Help me know your will and have the strength and courage to do your will. Amen.

repaso

DONES Y VIRTUDES

Escribe la letra del don o virtud al lado de la frase que describe a una persona que los muestra.

a. fortaleza   **h.** esperanza
b. fe   **i.** prudencia
c. caridad   **j.** piedad
d. consejo   **k.** templanza
e. justicia   **l.** ciencia
f. temor de Dios **m.** fortaleza
g. sabiduría   **n.** entendimiento

_____ **1.** Considera las necesidades de los demás y valora el ser justo.

_____ **2.** Reconoce y toma las decisiones correctas en sus relaciones con Dios y con los demás.

_____ **3.** Reconoce la grandeza de Dios y nuestra dependencia de él.

_____ **4.** Resiste la tentación y hace lo correcto aunque sea difícil.

_____ **5.** Conoce el significado de las enseñanzas de Jesús.

_____ **6.** Se detiene y piensa antes de actuar.

_____ **7.** Es consciente de la presencia de Dios en los demás.

_____ **8.** Confía en Dios plenamente y cree todo lo que él ha revelado por medio de la Iglesia.

_____ **9.** Defiende sus creencias y vive como seguidor de Dios.

_____ **10.** Ama a Dios y al prójimo en respuesta al amor de Dios por nosotros.

_____ **11.** Busca buen consejo y lo recibe de otros.

_____ **12.** Ve la vida desde el punto de vista de Dios.

_____ **13.** Exhibe autocontrol y sabe poner límites al deseo de disfrutar.

_____ **14.** Confía en que Dios estará siempre con nosotros.

DONES DE DIOS

Escribe el don del Espíritu que corresponde a cada definición en el espacio en blanco.

Te da la capacidad de amar la creación de Dios y ver las cosas desde su punto de vista.

Te ayuda a conocer el valor de tus experiencias de vida.

Te da la capacidad de amar y respetar a Dios y a los demás.

Te da la fuerza para defender tus creencias.

Te da conocimientos sobre las verdades de la fe.

Te permite reconocer la grandeza de Dios.

Te ayuda a buscar asesoramiento y a ser receptivo a los consejos de los demás.

review

GIFTS AND VIRTUES GALLERY

Match each gift or virtue with the phrase that describes a person displaying it.

a. fortitude   h. hope
b. faith   i. prudence
c. charity   j. plety
d. counsel   k. temperance
e. justice   l. knowledge
f. fear of the Lord   m. fortitude
g. wisdom   n. understanding

_____ 1. considers others' needs and values fairness

_____ 2. recognizes and makes right choices in relationships with God and others

_____ 3. recognizes God's greatness and our dependence on him

_____ 4. resists temptation and does what's right even when it's difficult

_____ 5. knows the meaning of Jesus' teachings

_____ 6. stops and thinks before acting

_____ 7. aware of the presence of God in others

_____ 8. trusts God completely and believes all he has revealed through the Church

_____ 9. stands up for beliefs and lives as a follower of God

_____ 10. loves God and neighbor because of God's love for us

_____ 11. seeks good advice and receives it from others

_____ 12. sees life from God's point of view

_____ 13. exhibits self-control and limits desire for enjoyment

_____ 14. has confidence that God will be with us forever

GIFTS FROM GOD

In the boxes below, write the correct Gift of the Spirit for each definition.

enables you to love God's creation and to see things from his point of view

[ ]

helps you know the value of your life experiences

[ ]

enables you to love and respect God and others

[ ]

gives you strength to stand up for your beliefs

[ ]

gives you insights into the truths of the faith

[ ]

allows you to recognize God's greatness

[ ]

helps you seek advice and be open to the advice of others

[ ]

CAPÍTULO 6

Confirmados en la
Iglesia

¿Qué hace que una celebración sea especial para ti? ¿Es la gente, la música, la comida? ¿Qué puedes hacer para que todos se sientan incluidos?

"Para que fortalecidos con el Cuerpo y la Sangre de tu Hijo y llenos de su Espíritu Santo, formemos en Cristo un solo cuerpo y un solo espíritu". —*Plegaria Eucarística III*

CHAPTER 6

Confirmed in the
Church

What makes a celebration special for you? Is it the people, the music, the food? What can you do to help everyone feel included?

"[G]rant that we, who are nourished by the Body and Blood of your Son and filled with his Holy Spirit, may become one body, one spirit in Christ." —*Eucharistic Prayer III*

Revestirse de amor

Por tanto, como elegidos de Dios, consagrados y amados, revístanse de sentimientos de profunda compasión, de amabilidad, de humildad, de mansedumbre, de paciencia; sopórtense mutuamente; perdónense si alguien tiene queja de otro; el Señor los ha perdonado, hagan ustedes lo mismo. Y por encima de todo el amor, que es el broche de la perfección. Y que la paz de Cristo dirija sus corazones, esa paz a la que han sido llamados para formar un cuerpo. Finalmente sean agradecidos. La Palabra de Cristo habite en ustedes con toda su riqueza; instrúyanse y anímense unos a otros con toda sabiduría. Con corazón agradecido canten a Dios salmos, himnos y cantos inspirados. Todo lo que hagan o digan, háganlo invocando al Señor Jesús, dando gracias a Dios Padre por medio de él.

Colosenses 3:12–17

Entender las Escrituras

Dios Padre se preocupa profundamente por nuestro bienestar. Por eso envió a su Hijo, Jesús, para salvarnos. La Carta a los Colosenses describe muchas de las cosas buenas que Dios Padre ha hecho por nosotros a través de Jesús.

En este capítulo la vida virtuosa se describe una vez más como aquella que alcanza su perfección en el amor. Tú te estás revistiendo con vida virtuosa. Ahora deja que la paz de Cristo te llene al dar gracias a Dios Padre por medio de Jesús. En él nos hemos convertido en miembros de una comunidad tan unida que es "un solo cuerpo".

En esta comunidad estamos llamados a vivir en paz y dando gracias mientras hacemos todo en nombre del Señor Jesús.

Las Escrituras y tú

Cada mañana al ponerte la ropa, ¿alguna vez piensas en vestirte también de bondad o amabilidad o paciencia? No es tan fácil como parece pero, afortunadamente, no tienes que hacerlo solo. Por suerte no depende de ti solamente. Dios Padre y su Hijo, Jesús, enviaron al Espíritu Santo para ayudarte a vivir en la bondad. La paz de Cristo y la palabra de Cristo, que moran en ti, también te ayudan a vivir en paz.

En la Iglesia tenemos los siete sacramentos, comenzando con el Bautismo, que nos ayudan a revestirnos de amor como si se tratara de nuestra ropa favorita. En el sacramento de la Reconciliación nuestros pecados son perdonados; encontramos perdón y paz. En la Eucaristía somos partícipes de la vida misma de Jesús. Estos sacramentos nos ayudan a aceptarnos y perdonarnos mutuamente mientras vivimos una vida de paz y de agradecimiento.

REFLEXIONAR SOBRE LA PALABRA DE DIOS

Toma unos momentos para concentrarte, respirando suavemente. En silencio, reflexiona sobre las palabras *compasión*, *bondad*, *humildad*, *amabilidad* y *paciencia*. Piensa cuál de estas cualidades te gustaría que Dios te ayudara a fortalecer. Pídele ahora su ayuda.

Put On Love

Put on then, as God's chosen ones, holy and beloved, heartfelt compassion, kindness, humility, gentleness, and patience, bearing with one another and forgiving one another, if one has a grievance against another; as the Lord has forgiven you, so must you also do. And over all these put on love, that is, the bond of perfection. And let the peace of Christ control your hearts, the peace into which you were also called in one body. And be thankful. Let the word of Christ dwell in you richly, as in all wisdom you teach and admonish one another, singing psalms, hymns, and spiritual songs with gratitude in your hearts to God. And whatever you do, in word or in deed, do everything in the name of the Lord Jesus, giving thanks to God the Father through him.

Colossians 3:12–17

Understanding Scripture

God the Father cares deeply about our well-being. So he sent his Son, Jesus, to save us. The Letter to the Colossians describes many of the good things God the Father has done for us through Jesus.

In this chapter the virtuous life is described once again as reaching its perfection in love. You are putting on the virtuous life. Now let the peace of Christ fill you as you give thanks to God the Father through Jesus. In him we have become members of a community so united that it Is "one body." In this community we are to live in peace and thanksgiving as we do everything in the name of the Lord Jesus.

Scripture and You

Each morning as you put on your clothes, do you ever think about also putting on kindness or gentleness or patience? That's not as easy as it sounds, but fortunately, you don't have to do it alone. Luckily it is not up to you alone. God the Father and his Son, Jesus, sent the Holy Spirit to help you live in kindness. The peace of Christ and the word of Christ, which dwell in you, also support you in living peacefully.

In the Church we have the seven sacraments, beginning with Baptism, which help us wear

REFLECTING ON GOD'S WORD

Take some time to center yourself, quietly breathing in and out. Silently reflect on the words *compassion, kindness, humility, gentleness,* and *patience.* Think about which of these qualities you would like God to help you strengthen. Ask for his help now.

love like our favorite clothes. In the Sacrament of Reconciliation, our sins are forgiven; we find pardon and peace. In the Eucharist we share in the very life of Jesus. These two sacraments help us accept and forgive one another as we live lives of peace and thanksgiving.

united

Cristo de la Columna, México, siglo XIX.

Christ at the Column, Mexico, 19th century.

Somos muchos, somos uno

Una joven misionera en Nueva Guinea lleva la Sagrada Comunión a una madre moribunda. Niños mexicanos cantan y aplauden mientras caminan en procesión hacia la iglesia para celebrar la misa de la fiesta de la patrona de su pueblo, la Virgen de San Juan de los Lagos. El Papa Benedicto XVI canoniza a una monja india en una majestuosa y solemne misa en Roma.

¿Qué hace que todas estas personas sean una? ¿De qué manera estamos unidos con la Iglesia en Nueva Guinea, México o Italia? La Iglesia en este mundo es el sacramento de salvación para todos. La Iglesia es el instrumento que hace posible la comunión entre Dios y las personas. Cuando nos reunimos para celebrar la Eucaristía, nos unimos a la Iglesia en todo el mundo y también a todos los ángeles y los santos. Somos uno por medio de Jesús, el pan de vida. En la Eucaristía fortalecemos nuestros lazos con la Iglesia mundial. No solo pertenecemos a nuestra comunidad parroquial sino también a la Iglesia universal.

Cuando estamos con nuestros amigos sentimos que pertenecemos. Cada momento es importante. Escuchamos con atención lo que tienen que decir. Nos emociona participar en las conversaciones. El tiempo se pasa muy rápido y hacemos planes de reunirnos de nuevo.

Por nuestro Bautismo pertenecemos al Cuerpo de Cristo, la Iglesia, y todos los miembros son nuestros amigos en Cristo. Cuando participamos en la Eucaristía fortalecemos nuestra amistad con Jesús, que tiene un gran amor por nosotros. Rendimos culto a Dios, ofrecemos juntos el sacrificio del Calvario y entramos en el **Misterio Pascual** de la vida, muerte y Resurrección de Jesús. Nuestra vida como católicos viene de la Eucaristía y nos lleva a la Eucaristía. A través de la acción del Espíritu, la Eucaristía nos ayuda a amar y a servir como lo hizo Jesús.

unidos

Many, Yet One

A young woman serving as a missionary in New Guinea brings Holy Communion to a dying mother. Mexican children sing and clap as they process to church for the feast-day Mass of the patroness of their town, the Virgin of San Juan de los Lagos. Pope Benedict XVI canonizes an Indian nun at a majestic solemn Mass in Rome.

What makes all these people one? How are we united with the Church in New Guinea, Mexico, and Italy? The Church in this world is the sacrament of salvation for all. The Church is the instrument that makes the communion between God and people possible. When we come together to celebrate the Eucharist, we are united with the Church throughout the world and with all the angels and saints as well. We are one through Jesus, the Bread of Life. In the Eucharist our bonds with the worldwide Church are strengthened. We belong not only to our parish community but also to the universal Church.

When we are with our friends, we feel we belong. Every moment is important. We listen intently to what they have to say. We are excited to participate in the conversations. Time goes by quickly, and we make plans to get together again.

Because of our Baptism, we belong to the Body of Christ, the Church, and all the members are our friends in Christ. When we participate in the Eucharist, we strengthen our friendships with Jesus, whose love for us is so great. We worship God, offer together the sacrifice of Calvary, and enter into the **Paschal Mystery** of Jesus' life, Death, and Resurrection. Our life as Catholics comes from the Eucharist and leads to the Eucharist. Through the work of the Spirit, the Eucharist helps us love and serve as Jesus did.

ART LINK

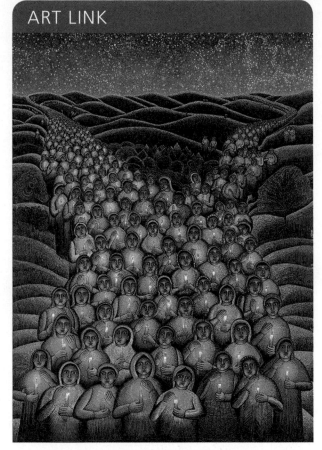

Festival of Lights, John August Swanson, 2000.

Festival de la luz, John August Swanson, 2000.

¡Jesús vive!

El Espíritu Santo hace que Jesús esté disponible para el mundo. Cuando María dijo sí a Dios, Jesús fue concebido por la gracia del Espíritu Santo. Los discípulos proclamaron que Jesús estaba vivo en el mundo al descender sobre ellos el Espíritu en Pentecostés. Cuando el Espíritu vino a ti en el Bautismo, Cristo comenzó a vivir en ti. Durante la misa el Espíritu Santo habla por medio de las Escrituras. Después, en la Plegaria Eucarística, el sacerdote reza para que, por medio del Espíritu Santo, Jesucristo se haga verdaderamente presente bajo la apariencia de pan y vino. Y Jesús está con nosotros.

El Espíritu Santo es el Espíritu de Jesús que te acerca a él. Él te hace uno con Jesús en la misa, cuando le ofreces al Padre tus alegrías, tristezas, éxitos y fracasos. El Espíritu obra en la comunidad reunida para recibir la Eucaristía y une a todos los miembros de esta comunidad en la fe y el amor.

Liturgia de la Palabra

La misa tiene dos partes principales: la **Liturgia de la Palabra** y la **Liturgia Eucarística**. Tanto la Palabra de Dios como el Cuerpo de Jesucristo nos unen y nos sustentan como pueblo de Dios.

En la Liturgia de la Palabra, tú te unes a otros miembros de la familia de Dios. Y así como escuchas historias de miembros de tu familia cuando te reúnes con tus seres queridos, también escuchas historias de Dios en la Liturgia de la Palabra cuando te reúnes para celebrar la misa.

MI TURNO · El poder de la Palabra de Dios

Reflexiona sobre las siguientes lecturas que se usan a menudo en la liturgia de la Confirmación. Luego escribe sobre cómo estas hablan de unidad al creer, vivir y proclamar el mensaje de Dios.

1. *Hechos de los Apóstoles 1:8* "Pero recibirán la fuerza del Espíritu Santo que vendrá sobre ustedes, y serán testigos míos en Jerusalén, Judea y Samaría y hasta el confín del mundo". Menciona dos maneras en las que los miembros de tu parroquia están unidos como testigos de Jesús.

_____

_____

2. *Lucas 4:18* "El Espíritu del Señor está sobre mí, porque él me ha ungido para que dé la Buena Noticia a los pobres; me ha enviado a anunciar la libertad a los cautivos y la vista a los ciegos, para poner en libertad a los oprimidos. . . ". ¿Cómo puedes llevar la Buena Nueva a los enfermos, los que están solos o los que tienen otras necesidades?

_____

_____

3. *Lucas 10:23* "¡Dichosos los ojos que ven lo que ustedes ven!" ¿Qué puedes hacer para mostrar a los que no ven las necesidades de los demás cómo amar de la manera que ama Jesús?

_____

_____

Jesus Alive!

The Holy Spirit makes Jesus available to the world. When Mary said yes to God, Jesus was conceived through the power of the Holy Spirit. When the Spirit descended on the disciples at Pentecost, they proclaimed that Jesus was alive in the world. When the Spirit came to you in Baptism, Christ became alive in you. At Mass the Holy Spirit speaks through the Scriptures. Then, in the Eucharistic prayer, the priest prays that through the power of the Holy Spirit, Jesus Christ becomes truly present under the appearance of bread and wine. And Jesus is with us.

The Holy Spirit is the Spirit of Jesus bringing you closer to himself. He makes you one with Jesus in the Mass, when you offer to the Father your joys, sorrows, successes, and failures. The Spirit works in the community that is gathered to receive the Eucharist and unites all members of this community in faith and love.

Liturgy of the Word

The Mass has two main parts: the **Liturgy of the Word** and the **Liturgy of the Eucharist.** Both God's Word and Jesus Christ's Body and Blood unite us and nourish us as People of God.

In the Liturgy of the Word, you are united with other members of God's family. Just as you hear family members' stories when you celebrate with loved ones, you also hear God's stories in the Liturgy of the Word when you gather at Mass.

MY TURN   The Power of God's Word

Reflect on the following readings often used in the Confirmation liturgy. Then write how they speak of unity in believing, living, and proclaiming God's message.

1. *Acts of the Apostles 1:8* "[Y]ou will receive power when the holy Spirit comes upon you, and you will be my witnesses . . ." Name two ways that members of your parish are united as witnesses to Jesus.

_____

_____

2. *Luke 4:18* "The Spirit of the Lord is upon me, because he has anointed me to bring glad tidings to the poor." How can you bring good news to those who are sick, lonely, or in need in other ways?

_____

_____

3. *Luke 10:23* "Blessed are the eyes that see what you see." What can you do to show those who are blind to the needs of others how to love as Jesus loves?

_____

_____

Liturgia Eucarística

En la Liturgia de la Eucarística te unes a Jesús y a su sacrificio. Recibes el Cuerpo y la Sangre de Cristo bajo la apariencia del pan y el vino. Cuando participas de la Eucaristía Cristo te une a él y a los demás. Eres uno con todas las personas que pertenecen a la Iglesia en la tierra, en el cielo y en el purgatorio. La Eucaristía te da el sustento para vivir la Palabra de Dios que has escuchado.

En cada liturgia de la Iglesia Dios Padre es bendecido y adorado como la fuente de todas las bendiciones que hemos recibido a través de su Hijo, para hacernos hijos suyos por medio del Espíritu Santo.

Todo lo que tenemos

Si algo en la escuela te interesa verdaderamente, ya sea el coro, el grupo de teatro o un equipo deportivo, te involucras. Del mismo modo los miembros de la familia de Dios se involucran en actividades que promueven el amor de Dios y de los demás. Como cristianos plenamente iniciados pertenecemos al pueblo de Dios, lo que hace que parte de nuestra misión sea el preocuparnos por las personas. Todos somos miembros preciosos del Cuerpo de Cristo.

Durante la Eucaristía unimos nuestros sacrificios al sacrificio de Jesús. Ofrecemos nuestras dificultades, éxitos y servicios al Padre. En la misa oramos por las necesidades de la Iglesia y del mundo, y por la venida del reino.

La mejor forma de participar es a través del servicio y la oración por las necesidades de los demás. Ya que los momentos que pasamos celebrando la Eucaristía son tan importantes, respondemos con la comunidad al rezar y cantar con reverencia y al recibir la Sagrada Comunión.

MI TURNO — El Ordinario de la Misa

Usando las páginas 104–105 de este libro, enumera las partes de la misa. Luego escribe *LP* si es de la Liturgia de la Palabra o *LE* si es de la Liturgia de la Eucaristía.

_____ homilía _____

_____ Plegaria Eucarística _____

_____ Oración sobre las ofrendas _____

_____ lectura del Evangelio _____

_____ Segunda Lectura _____

_____ preparación del altar y presentación de los dones _____

_____ Oración de los fieles _____

Liturgy of the Eucharist

In the Liturgy of the Eucharist, you are united with Jesus and his sacrifice. You receive the Body and Blood of Christ under the appearance of bread and wine. When you share in the Eucharist, Christ unites you to himself and others. You are one with all who belong to the Church on earth, in Heaven, and in Purgatory. The Eucharist nourishes you to live out the Word of God you have heard proclaimed.

In every liturgy of the Church, God the Father is blessed and adored as the source of all blessings we have received through his Son in order to make us his children through the Holy Spirit.

All That We Have

If you really care about something at school—such as chorus, drama, a club, or a sports team—you get involved. In the same way, caring members of God's family get involved in activities that promote the love of God and others. As fully initiated Christians, we belong to the People of God, which makes it part of our mission to care for people. We are all valuable members of the Body of Christ.

During the Eucharist, we unite our sacrifices to the sacrifice of Jesus. We offer our struggles, successes, and services to the Father. At Mass we pray for the needs of the Church and the world, and for the coming of the kingdom.

Through service and prayer for the needs of others, we participate in the best way possible. Since the moments spent celebrating the Eucharist are so important, we respond with the community by praying and singing reverently and by receiving Holy Communion.

MY TURN   The Order of Mass

Using pages 104–105 of this book, number the parts of the Mass. Then write *LW* if it is from Liturgy of the Word or *LE* if it is from Liturgy of the Eucharist.

_____ Homily   _____

_____ Eucharistic Prayer   _____

_____ Prayer over the Offerings   _____

_____ Gospel Reading   _____

_____ Second Reading   _____

_____ Presentation and Preparation of the Gifts _____

_____ Prayer of the Faithful   _____

Cuando las cosas salen mal

Mientras te preparas para convertirte en un católico confirmado, piensa en el papel que desempeñas en la comunidad de fe. Eres parte de una Iglesia llena de gracia que está unida en torno a la Eucaristía y que rinde culto a Dios Padre. Puesto que nuestra Iglesia es humana, es capaz de pecar. El pecado es algo que hacemos o dejamos de hacer que va en contra de la ley de Dios. Es una ofensa contra Dios y daña nuestra relación con él y con los demás. El **pecado mortal**, que rompe nuestra relación con Dios y con los demás, se debe confesar en el sacramento de la Reconciliación. Los pecados mortales son pecados que cometemos cuando

- hacemos algo que es seriamente grave.

- elegimos hacerlo de forma libre y voluntaria.

Un **pecado venial** es una ofensa menos grave que debilita nuestra relación con Dios y con los demás. Cuando nos arrepentimos de haber cometido este tipo de ofensa somos perdonados por medio de la oración, las buenas acciones y al recibir la Sagrada Comunión, pero se recomienda que también confesemos los pecados veniales en el sacramento de la Reconciliación.

Así como la bondad de todos en la comunidad fortalece el Cuerpo de Cristo, también cada uno de nuestros pecados lo lastima y lo debilita. El pecado trae división y nos hace enemistarnos con nosotros mismos, con los demás y con Dios. Cuando el pecado nos hiere, Cristo nos sana por medio del sacramento de la Reconciliación.

Como un pacificador que interviene para evitar una pelea o discusión, Jesucristo vino para unir a las personas, sanar a los que tienen el corazón roto, llevarnos a una buena relación con Dios y restaurar lo que se perdió a causa del pecado. Cristo nos pide que nos perdonemos unos a otros como él nos perdona, y nos invita a buscar el perdón de él y de los demás. La fortaleza que necesitamos para hacerlo nos viene de Cristo por medio del Espíritu Santo.

rito

Rito

El sacramento de la Confirmación normalmente tiene lugar en el contexto de la Eucaristía. La Liturgia de la Eucaristía se celebra una vez que los candidatos han sido confirmados. Todos son llamados a recibir el Cuerpo y la Sangre de Jesucristo en la Sagrada Comunión.

Significado

Al recibir la Eucaristía participas de la entrega de Cristo y eres uno con la Iglesia, el pueblo de Dios.

Vida cotidiana

Cuando glorificamos a Dios con nuestras palabras y obras, estamos compartiendo su amor con los demás.

Vida de fe

Los dones de fe que recibimos en la Confirmación se fortalecen al celebrar la Eucaristía y recibir la Sagrada Comunión.

When Things Go Wrong

As you prepare to become a confirmed Catholic, think about the role you play in the community of faith. You are part of a grace-filled Church that is united around the Eucharist and worships God the Father. Because our Church is human, it is capable of sin. Sin is something we do or fail to do that is contradictory to God's law. It is an offense against God and harms our relationship with him and others. Mortal sin, which breaks our relationship with God and others, must be confessed in the Sacrament of Reconciliation. We commit a **mortal sin** when

- we do something that is seriously wrong.
- we freely and willingly choose to do it.

A **venial sin** is a less serious offense that weakens our relationship with God and others. When we are repentant, we are forgiven by prayer, good actions, and receiving Holy Communion. It is recommended that we confess venial sins in the Sacrament of Reconciliation.

Just as the goodness of all in the community strengthens the Body of Christ, so does each of our sins hurts and weakens it. Sin brings division and causes us to be at odds with ourselves, others, and God. When we are wounded by sin, Christ heals us through the Sacrament of Reconciliation.

Like a peacemaker who steps in to break up an argument, Jesus Christ came to bring people together, heal the brokenhearted, lead us to a good relationship with God, and restore what was lost by sin. Christ asks us to forgive one another as he forgives us, and he encourages us to seek forgiveness from him and others. The strength to be healers is given to us by Christ through the Holy Spirit.

rite

Rite

The Sacrament of Confirmation usually takes place in the context of the Eucharist. The Liturgy of the Eucharist is celebrated once the confirmands have been confirmed. All are called to receive the Body and Blood of Jesus Christ in Holy Communion.

Meaning

In receiving the Eucharist, you participate in Christ's self-giving and are united as the Church, the People of God.

Daily Life

When we glorify God through our words and actions, we are sharing his love with others.

Life of Faith

The gifts of faith that we receive in Confirmation are strengthened through celebrating the Eucharist and receiving Holy Communion.

Un corazón que perdona

Durante siete felices años Juana de Chantal administró el castillo de su esposo, el barón Cristóbal de Rabutin-Chantal. Cada día reunía a su familia para asistir a misa y supervisaba el hogar y la educación de sus hijos. Juana alimentaba a las personas pobres y mostraba a sus hijos cómo amar a los demás.

Por desgracia, el hogar seguro de Juana fue destrozado a causa de una tragedia. Cristóbal murió siendo víctima de un accidente de caza. Juana intentó mantenerse positiva y perdonar, pero le era muy difícil.

Un día Juana se encontró con el obispo Francisco de Sales. Celebró el sacramento de la Reconciliación con él y le habló de su vida. Francisco le dijo que debía confiar más en Dios y perdonar al hombre que había matado a su esposo por accidente. La profunda fe de Juana le ayudó a perdonar a la persona que le había causado tanto daño. Con el tiempo incluso llegó a ser madrina del hijo de aquel hombre. De esta forma sintió la paz de Cristo que viene de un corazón que perdona. Después, junto con Francisco de Sales, Juana fundó la congregación de las Hermanas de la Visitación. Después de que se le atribuyeran tres milagros la Iglesia la declaró santa.

MI TURNO | ¿Cómo podemos ser vehículo de sanación?

Lee estas historias. Determina quién es vehículo de sanación y quién no lo es.

1. José escuchó por casualidad cómo el profesor reprendía a Marcos por intentar robar algo del escritorio de otro estudiante. Cuando José llegó a la cafetería sus compañeros le preguntaron dónde estaba Marcos. José dijo que Marcos estaba ocupado y cambió de tema.

¿Es José un vehículo de sanación? ¿Por qué sí o por qué no?

_____

_____

2. Isabel se mofó de Ana frente a sus amigos, burlándose de la manera en la que había cantado durante la práctica. Más tarde, Isabel volvió y se disculpó. Ana le dijo fríamente: "Lo siento, no es suficiente", y se marchó.

¿Es Isabel vehículo de sanación? ¿Por qué sí o por qué no?

_____

¿Es Ana vehículo de sanación? ¿Por qué sí o por qué no?

_____

A Forgiving Heart

For seven happy years, Jane de Chantal managed the castle of her husband, Baron Christophe de Rabutin-Chantal. Each day she gathered her family for Mass, and she supervised the household and her children's education. Jane fed people who were poor and showed her children how to love others.

Sadly, Jane's secure home was torn apart by tragedy. Christophe was killed by another man in a hunting accident. Jane tried to be positive and forgiving, but it was very difficult.

One day, Jane met Bishop Francis de Sales. She celebrated the Sacrament of Reconciliation with him and told him about her life. Francis told her that she must trust God more and forgive the man who had accidentally killed her husband. Jane's deep faith helped her forgive the one who had hurt her most. Eventually she became a godparent for the man's child. She felt the peace

Saint Jane de Chantal.

Santa Juana de Chantal.

of Christ that comes from a forgiving heart. Later, along with Francis de Sales, Jane founded the Sisters of the Visitation. After three miracles were attributed to her, the Church declared her a saint.

MY TURN   How Can We Be Healers?

Read these stories. Determine who is a healer and who is not.

1. José overheard Matt being corrected by his teacher for trying to steal from another student's desk. When José got to the cafeteria, his classmates wanted to know where Matt was. José said that Matt was busy and changed the subject.

Is José a healer? Why or why not?

_____

_____

2. Beth made fun of Anna in front of her friends by mocking the way she sang at practice. Later, Beth came and apologized. Anna told her coldly, "Sorry isn't enough," and walked away.

Is Beth a healer? Why or why not?

_____

Is Anna a healer? Why or why not?

_____

El sacramento de la Reconciliación

Como a santa Juana de Chantal, nos puede resultar difícil perdonar a quienes nos han lastimado. Pero Jesús nos llama a perdonar a los demás mientras nos preparamos para recibir de él el perdón de nuestros pecados. En el sacramento de la Reconciliación nos encontramos con Jesús y le pedimos que perdone nuestros pecados por medio del ministerio del sacerdote. Confiamos en la misericordia de Dios y en el perdón de las personas que pertenecen a la comunidad de la fe.

El sacerdote representa a Jesús y a la comunidad que perdona. Cuando escuchamos sus palabras de **absolución**, nuestros pecados son perdonados y la Iglesia se hace más fuerte y se une más estrechamente. Las divisiones que causa nuestro egoísmo son eliminadas y los lazos de la comunidad son fortalecidos. El sacerdote está obligado por el sello de la confesión a nunca revelar lo que alguien confiesa.

1 · SER TESTIGO

Dedicado a la liturgia: Beato Carlos Rodríguez

Carlos Rodríguez nació en Puerto Rico en 1918. Cuando cursaba la escuela secundaria comenzó a padecer problemas de salud que le durarían toda la vida. Dejó la universidad a causa de su enfermedad, pero nunca dejó de leer y aprender. Su gran pasión era ayudar a las personas a comprender y a amar la misa y los sacramentos. Mucho antes de las reformas del Concilio Vaticano Segundo Carlos ya promovía la renovación litúrgica, lo que incluía celebrar la misa en español para que las personas la pudieran entender mejor y de esa manera participar más plenamente. Muchas personas comenzaron a experimentar una fe renovada debido a las enseñanzas de Carlos y a la integridad con la cual servía a la Iglesia y a los demás. Carlos Rodríguez murió en 1963. En 1999 el Papa Juan Pablo II lo beatificó por su vida ejemplar y su dedicación a la liturgia. Su fiesta patronal es el 13 de julio.

The Sacrament of Reconciliation

Like Saint Jane de Chantal, we may find it difficult to forgive those who have hurt us. But Jesus calls us to forgive others as we prepare to receive forgiveness of our sins from him. In the Sacrament of Reconciliation, we encounter Jesus and ask him to forgive our sins through the ministry of the priest. We trust in God's mercy and in the forgiveness of others who belong to the community of faith.

The priest represents Jesus and the forgiving community. When we hear his words of **absolution,** our sins are forgiven, and the Church grows stronger and closer together. The divisions caused by our selfishness are healed, and the bonds of the community are strengthened. The priest is bound by the seal of confession never to reveal what anyone confesses.

1 WITNESS

Dedicated to Liturgy: Blessed Carlos Rodriguez

Carlos Rodriguez was born in Puerto Rico in 1918. When he was in high school, he began to develop health problems that would last his whole life. He left college because of his illness, but he never stopped reading and learning. His great love was to help people understand and love the Mass and the sacraments. Long before the reforms of the Second Vatican Council, Carlos promoted liturgical renewal, which included celebrating the Mass in Spanish so that people could better understand it and therefore participate more fully. Many people began to experience a renewed faith because of Carlos's teaching and the integrity with which he served the Church and others. Carlos Rodriguez died in 1963. In 1999 Pope John Paul II declared him blessed because of the example of his life and his dedication to the liturgy. His feast day is July 13.

2   ACTUAR

La dignidad del trabajo y los derechos de los trabajadores

El beato Carlos Rodríguez dedicó su vida a trabajar para hacer de este un mundo mejor, de acuerdo a la voluntad de Dios. También nosotros, por medio del trabajo diario, participamos en la actividad de Dios nuestro Creador. Las maravillas que produce el trabajo humano son signos de la grandeza de Dios. Puesto que el trabajo contribuye a una mejor sociedad humana, es de vital importancia para el reino de Dios. El trabajo da a las personas un sentido de dignidad y logro. El trabajo permite que las personas sean independientes y autónomas. La Iglesia se preocupa de que todas las personas tengan la oportunidad de trabajar, se les remunere lo suficiente para vivir dignamente, tengan un ambiente laboral saludable y seguro y se les dé suficiente tiempo para descansar del trabajo. Estas son cuestiones que afectan a la vida de todos y que tienen una relación directa con nuestro bienestar espiritual.

3   REZAR

Aurora IV,
Tom Corbin, 2010.

Acto de Contrición

Ayudar a las personas a entender la Liturgia de la Iglesia fue el punto central de la obra y misión del beato Carlos. Un rito fundamental en la Liturgia de la Iglesia es el sacramento de la Reconciliación. Piensa en una ocasión en la que ofendiste a alguien. ¿Pediste perdón? ¿Cómo te sentiste después de ser perdonado? Ahora piensa en una ocasión en la que alguien te ofendió. ¿Perdonaste a esa persona, aunque fuera difícil? El Acto de Contrición es una oración que podemos rezar cuando estamos verdaderamente arrepentidos de nuestros pecados. Con el Acto de Contrición expresamos nuestra pena y pedimos a Dios su ayuda. Al principio de cada misa también expresamos nuestro pesar por los pecados que hemos cometido. Lo hacemos durante el Acto Penitencial.

Llamado a la oración

Pide a Dios ayuda para evitar el pecado y fortaleza para perdonar a los que nos han ofendido.

2 ACT

Dignity of Work and Rights of Workers

Blessed Carlos Rodriguez dedicated his life's work to make this a better world, according to God's will. We too, through our daily work, participate in the activity of God our Creator. The wonders produced through human work are signs of God's greatness. Since work contributes to a better human society, it is of vital concern to the Kingdom of God. Work gives people a sense of dignity and accomplishment. Work makes it possible for people to be independent and self-reliant. The Church is concerned that all people have the opportunity to work, are paid enough for their work to live decently, have safe and healthy working environments, and are given enough time to rest from work. These are issues that touch all our lives and have a direct connection to our spiritual well-being.

3 PRAY

Act of Contrition

Helping people understand the Liturgy of the Church was at the heart of Blessed Carlos's work and mission. A central rite in the Liturgy of the Church is the Sacrament of Reconciliation. Think about a time when you wronged someone. Did you ask for forgiveness? How did you feel after you were forgiven? Now think about a time someone wronged you. Did you forgive the person, even though it was difficult? The Act of Contrition is a prayer we can pray when we are truly sorry for our sins. Through the Act of Contrition, we express our sorrow and ask for God's help. At the beginning of each Mass, we also express our sorrow for the sins we have committed. We do so during the Penitential Act.

Call to Prayer

Ask God for help to avoid sin, and for the strength to forgive those who have wronged us.

rezar

Acto de Contrición

Todos: En el nombre del Padre y del Hijo y del Espíritu Santo.
Amén.

Líder: Reunidos como comunidad de creyentes escuchemos a Dios, hablándonos por medio de su Palabra hoy y siempre.

Por tanto, como elegidos de Dios, consagrados y amados, revístanse de sentimientos de profunda compasión, de amabilidad, de humildad, de mansedumbre, de paciencia; sopórtense mutuamente; perdónense si alguien tiene queja de otro; el Señor los ha perdonado, hagan ustedes lo mismo. Y por encima de todo el amor, que es el broche de la perfección. Y que la paz de Cristo dirija sus corazones, esa paz a la que han sido llamados para formar un cuerpo. Finalmente sean agradecidos. La Palabra de Cristo habite en ustedes con toda su riqueza; instrúyanse y anímense unos a otros con toda sabiduría. Con corazón agradecido canten a Dios salmos, himnos y cantos inspirados. Todo lo que hagan o digan, háganlo invocando al Señor Jesús, dando gracias a Dios Padre por medio de él.

Colosenses 3:12–17

Líder: A veces es difícil pedir perdón. Pero la fortaleza de carácter viene de saber cuándo hemos pecado, pedir perdón de corazón y evitar lo que nos conduce al pecado. Dios nos pide que seamos auténticos, y siempre seremos perdonados. El cálido abrazo del perdón trae paz al corazón. Recemos ahora juntos Acto de Contrición.

Todos: Dios mío, me arrepiento de todo corazón de todos mis pecados y los aborrezco, porque al pecar, no solo merezco las penas establecidas por ti justamente, sino principalmente porque te ofendí, a ti sumo Bien y digno de amor por encima de todas las cosas. Por eso propongo firmemente, con ayuda de tu gracia, no pecar más en adelante y huir de toda ocasión de pecado. Amén.

Líder: Piensa en los momentos en los que te resultó difícil perdonar a alguien o pedir perdón a alguien a quien habías ofendido. La Confirmación nos ayuda a formar nuestro carácter de modo que podamos ser más como Jesús. Toma unos momentos ahora para tu reflexión personal. Habla con Dios en el silencio de tu corazón.

Todos: Amado Dios, por tus dones tenemos las herramientas que necesitamos para ser fieles y leales seguidores. Por favor, ayúdanos a encontrar la fortaleza necesaria cuando flaqueamos y la gracia para reconocer cuando nos hemos equivocado. Con tu gracia podemos ser discípulos más fieles de Jesús, tu Hijo.
Amén.

pray

Act of Contrition

All: In the name of the Father, and of the Son, and of the Holy Spirit. Amen.

Leader: Gathered as a community of believers, let us listen to God, speaking to us in his Word today and always.

Put on then, as God's chosen ones, holy and beloved, heartfelt compassion, kindness, humility, gentleness, and patience, bearing with one another and forgiving one another, if one has a grievance against another; as the Lord has forgiven you, so must you also do. And over all these put on love, that is, the bond of perfection. And let the peace of Christ control your hearts, the peace into which you were also called in one body. And be thankful. Let the word of Christ dwell in you richly, as in all wisdom you teach and admonish one another, singing psalms, hymns, and spiritual songs with gratitude in your hearts to God. And whatever you do, in word or in deed, do everything in the name of the Lord Jesus, giving thanks to God the Father through him.

Colossians 3:12–17

Leader: Asking for forgiveness is sometimes difficult. But strength in character comes from knowing when we have sinned, being heartfelt in asking for forgiveness, and avoiding whatever leads us to sin. God asks us to be genuine, and we will always be forgiven. The warm embrace of forgiveness brings us peace in our hearts. Now let us pray together the Act of Contrition.

All: O my God, I am heartily sorry for having offended Thee, and I detest all my sins because of thy just punishments, but most of all because they offend Thee, my God, who art all good and deserving of all my love. I firmly resolve with the help of Thy grace to sin no more and to avoid the near occasion of sin. Amen.

Leader: Think about times when you found it difficult to forgive someone or to ask for forgiveness of someone you have wronged. Confirmation helps us build our character so that we can be more like Jesus. Take a few moments now for personal reflection. Speak to God in the quiet of your heart.

All: Loving God, through your gifts, we have the tools we need to be loyal, faithful followers. Please help us find the strength we need when we falter and the grace to recognize when we have done wrong. With your grace, we can be more faithful disciples of Jesus, your Son.
Amen.

resumen

RESUMEN DEL TEMA

La Eucaristía y el sacramento de la Reconciliación aumentan el amor y la unidad de la Iglesia. Cuando participamos en la Eucaristía fortalecemos nuestra amistad con Jesús, cuyo amor por nosotros es tan grande. Cuando el pecado nos hiere, Cristo nos sana por medio del sacramento de la Reconciliación.

RECUERDA

¿Cómo unen a la comunidad cristiana los sacramentos de la Eucaristía y la Reconciliación?

En la Eucaristía celebramos el misterio del sacrificio de amor de Jesús y el alimento sagrado que nos une en el Cuerpo de Cristo. A través del sacramento de la Reconciliación nuestros pecados son perdonados y nos reconciliamos con Dios, con la comunidad y con nosotros mismos.

¿Cuáles son las dos partes principales de la misa?

La Liturgia de la Palabra y la Liturgia de la Eucaristía son las partes principales de la misa. La Palabra de Dios y el Cuerpo y la Sangre de Cristo nos unen y nos sustentan como pueblo de Dios.

¿Por qué nos ofrecemos nosotros mismos en la Eucaristía?

Participamos plenamente en la Eucaristía cuando nos ofrecemos nosotros mismos y rezamos por las necesidades de los demás. Mostramos cuánto confiamos en el poder y la bondad que recibimos. Hacemos esto cuando respondemos, rezamos, cantamos y recibimos la Sagrada Comunión.

¿Cómo debilita el pecado al Cuerpo de Cristo?

Así como la bondad de todos en la comunidad fortalece a la Iglesia, también cada una de nuestras ofensas la lastima y la debilita. El pecado trae división y nos causa enfrentamiento con nosotros mismos, con los demás y con Dios. Cristo perdona nuestros pecados por medio del sacramento de la Reconciliación.

Palabras a saber

absolución

Liturgia de la Eucaristía

Liturgia de la Palabra

pecado mortal

Misterio Pascual

pecado venial

DIARIO DE MI CONFIRMACIÓN

Usa tu diario para adentrarte más profundamente en este capítulo. Dedica tiempo a reflexionar en silencio y a escribir en las páginas 51–60.

ACTÚA

Un examen de conciencia es una evaluación en oración de cómo hemos estado viviendo nuestra vida a la luz de lo que el Evangelio nos pide. A menudo se basa en una reflexión sobre cada mandamiento y en las maneras en que hemos sido, o dejado de ser, fieles a ese mandamiento desde nuestro último examen. Escribe un examen de conciencia basado en 1 Corintios 13:4–12. También puedes utilizar el examen de conciencia de la página 103 de este libro.

CON MI PADRINO

Planifica pasar un tiempo con tu padrino o madrina para compartir reflexiones, preguntas e ideas sobre este capítulo y ver cómo se relacionan con sus conversaciones de la revista *De fe a fe*.

Dios de amor, concédeme serenidad para aceptar las cosas que no puedo cambiar, valor para cambiar las cosas que puedo cambiar y sabiduría para conocer la diferencia. Amén.

summary

FAITH SUMMARY

The Eucharist and the Sacrament of Reconciliation increase the love and unity of the Church. When we participate in the Eucharist, we strengthen our friendships with Jesus, whose love for us is so great. When we are wounded by sin, Christ heals us through the Sacrament of Reconciliation.

REMEMBER

How do the Sacraments of Eucharist and Reconciliation unite the Christian community?

In the Eucharist we celebrate the mystery of Jesus' sacrifice of love and the holy meal that unites us in the Body of Christ. Through the Sacrament of Reconciliation, our sins are forgiven, and we are reconciled with God, the community, and ourselves.

What are the two main parts of the Mass?

The Liturgy of the Word and the Liturgy of the Eucharist are the main parts of the Mass. God's Word and Christ's Body and Blood unite and nourish us as People of God.

Why do we offer ourselves in the Eucharist?

We participate fully in the Eucharist when we offer ourselves and pray for the needs of others. We show how much we trust the power and goodness that comes to us. We do this when we respond, pray, sing, and receive Holy Communion.

Loving God, grant me the serenity to accept the things I cannot change; the courage to change the things I can; and wisdom to know the difference. Amen.

Words to Know

absolution
Liturgy of
 the Eucharist
Liturgy of the Word

mortal sin
Paschal Mystery
venial sin

How does sin weaken the Body of Christ?

Just as the goodness of all in the community strengthens the Church, so does each of our offenses hurt and weaken it. Sin brings division and causes us to be at odds with ourselves, others, and God. Christ forgives our sins through the Sacrament of Reconciliation.

MY CONFIRMATION JOURNAL

Use your journal to enter more deeply into this chapter. Quietly spend time reflecting and recording on journal pages 51–60.

REACH OUT

An examination of conscience is a prayerful review of how we have been living our lives in light of what the Gospel asks of us. It is often based on a reflection on each commandment and on how we have or have not been faithful to that commandment since our last examination. Write an examination of conscience based on 1 Corinthians 13:4–12. You can also use the Examination of Conscience on page 103 of this book.

WITH MY SPONSOR

Arrange with your sponsor to share your insights, questions, and ideas from this chapter and how they relate to your conversations from the *Faith to Faith* magazine.

repaso

ENCUENTRA EL SACRAMENTO

Completa las oraciones. Cuando hayas terminado, las letras en las casillas deletrearán el nombre del sacramento que se está describiendo. Escribe el nombre del sacramento en la última línea en blanco.

1. Nos ayuda a __ __ __ __ __ __ __ __ __ de amor como nuestra ropa favorita.

2. En este sacramento Jesús se hace presente por medio del poder del

   __ __ __ __ __ __ __ __ __ __ __ __ __.

3. En él somos __ __ __ __ __ __ __ __ __ de la vida misma de Jesús.

4. Nos ayuda a vivir una vida de __ __ __.

5. El Cuerpo y la __ __ __ __ __ __ de Jesús toman la apariencia de pan y vino.

6. El __ __ __ __ __ __ __ __ obra en la comunidad reunida para celebrar este sacramento.

7. La Palabra de Dios proclamada en este

   sacramento es __ __ __ __ __ __ __ en todo el mundo.

8. Nos __ __ __ __ __ __ __ como pueblo de Dios.

9. Cuando participamos en ella, __ __ __ __ nos une a él y a los demás.

10. En este sacramento eres uno con todas las personas que pertenecen a la

    __ __ __ __ __ __ __ en la tierra, en el cielo y en el purgatorio.

_____

COMPRUEBA LOS HECHOS

Coloca una marca al lado de las afirmaciones verdaderas.

_____ 1. Los pecados mortales rompen nuestra relación con Dios y con los demás.

_____ 2. Los pecados veniales debiblitan nuestra relación con Dios y con los demás.

_____ 3. Los miembros de la comunidad de Jesús son "un solo cuerpo".

_____ 4. El Espíritu Santo no hace que Jesús esté presente en el mundo.

_____ 5. El Espíritu te hace uno con Jesús.

_____ 6. La Liturgia de la Palabra y la Liturgia de la Eucaristía son las dos partes principales de la misa.

_____ 7. En la misa solo rezas por tus propias necesidades.

_____ 8. No es importante rezar, cantar o responder durante la misa.

_____ 9. Un cristiano confirmado es parte de una comunidad sin gracia.

_____ 10. Nuestros pecados son perdonados cuando recibimos la absolución.

ASOCIA LOS TÉRMINOS

Para cada definición escribe la letra de la palabra con la que mejor se asocia.

a. pecado mortal   d. Misterio Pascual

b. absolución   e. pecado venial

c. Liturgia de la Palabra   f. Liturgia de la Eucaristía

_____ 1. La vida, muerte, Resurrección y Ascensión de Jesús.

_____ 2. Nos une bajo una sola fe para creer en un solo Dios.

_____ 3. Nos une a Jesús y a su sacrificio.

_____ 4. Se debe confesar en el sacramento de la Reconciliación.

_____ 5. El perdón de los pecados.

_____ 6. Pecados menos graves.

review

FINDING THE HIDDEN SACRAMENT

Fill in the blank lines. When finished, the boxed letters will spell the sacrament that is being described. Write the name of the sacrament on the last blank line.

1. It helps us __ ▨ __ __ love like our favorite clothes.

2. In it we share in the very life of __ __ __ ▨ __.

3. It helps us live lives of __ __ __ ▨ __.

4. In this sacrament, Jesus becomes present through the power of the

   ▨ __ __ __   __ __ __ __ __ __ __.

5. Jesus' Body and Blood take the appearance of __ __ __ ▨ __ and wine.

6. The __ __ __ ▨ __ __ works in the community gathered for this sacrament.

7. It __ __ __ __ ▨ __ __ __ __ us as People of God.

8. The Word of God proclaimed in this sacrament is the ▨ __ __ __ __ all over the world.

9. When we share in it, God unites us to himself and __ ▨ __ __ __ __.

   _____

CHECKING THE FACTS

Place a check mark by the true statements.

_____ 1. Mortal sin breaks our relationship with God and others.

_____ 2. Venial sin weakens our relationship with God and others.

_____ 3. Members of Jesus' community are "one body."

_____ 4. The Holy Spirit does not make Jesus present in the world.

_____ 5. The Spirit makes you one with Jesus.

_____ 6. The Liturgy of the Word and the Liturgy of the Eucharist are the two main parts of the Mass.

_____ 7. You pray only for your own needs at Mass.

_____ 8. It is not important to pray, sing, or respond during Mass.

_____ 9. A confirmed Christian is part of a community that is without grace.

_____ 10. Our sins are forgiven when we receive absolution.

MATCHING MEANINGFUL TERMS

For each definition write the letter of the word that matches it best.

a. mortal sin
b. absolution
c. Liturgy of the Word

d. Paschal Mystery
e. venial sin
f. Liturgy of the Eucharist

_____ 1. Jesus' life, Death, Resurrection, and Ascension

_____ 2. unites us in one faith to believe in one God

_____ 3. unites us with Jesus and his sacrifice

_____ 4. must be confessed in the Sacrament of Reconciliation

_____ 5. the forgiveness of sins

_____ 6. lesser sins

CAPÍTULO 7

Confirmados en el
testimonio

¿Cómo saben tus amigos qué es lo más importante para ti? Si les pidieras que nombraran tres cosas que expresan quién eres verdaderamente, ¿qué dirían?

"Señor Dios, que has ilustrado los corazones de tus fieles con la luz del Espíritu Santo, concédenos que, bajo su inspiración, sepamos discernir lo que es recto…". *–Misa votiva del Espíritu Santo*

CHAPTER 7

Confirmed in
witness

How do your friends know what is most important to you? If you asked them to name three things that really express who you are, what would they say?

"O God, who have taught the hearts of the faithful by the light of the Holy Spirit, grant that in the same Spirit we may be truly wise . . ." *–Votive Mass of the Holy Spirit*

Un Espíritu, muchos ministerios

Existen diversos dones espirituales, pero un mismo Espíritu; existen ministerios diversos, pero un mismo Señor; existen actividades diversas, pero un mismo Dios que ejecuta todo en todos. A cada uno se le da una manifestación del Espíritu para el bien común. Uno por el Espíritu tiene el don de hablar con sabiduría, otro según el mismo Espíritu, el de enseñar cosas profundas, a otro por el mismo Espíritu se le da la fe, a este por el único Espíritu se le da el don de sanaciones, a aquel realizar milagros, a uno el don de profecía, a otro el don de distinguir entre los espíritus falsos y el Espíritu verdadero, a este hablar lenguas diversas, a aquel el don de interpretarlas. Pero todo lo realiza el mismo y único Espíritu repartiendo a cada uno como quiere.

Como el cuerpo, que siendo uno tiene muchos miembros, y los miembros, siendo muchos forman un solo cuerpo, así también Cristo. Todos nosotros, judíos o griegos, esclavos o libres, nos hemos bautizado en un solo Espíritu para formar un solo cuerpo, y hemos bebido un solo Espíritu.

1 Corintios 12:4–13

Entender las Escrituras

El pasaje de las Escrituras se refiere a la Iglesia en Corinto, que estaba formada por una gran variedad de personas: romanos, griegos y judíos; ricos y pobres; ciudadanos y no ciudadanos; esclavos y libres. Después de que Pablo fundara esta iglesia, se marchó para comenzar iglesias en otras ciudades. Cuando supo a través de sus amigos que las cosas en Corinto no iban bien, les escribió cartas como esta. Pablo les recuerda que aunque son diferentes entre sí, todos están bautizados en el único Cuerpo de Cristo. Todos tienen dones que compartir. Todos los dones espirituales les fueron dados por el Espíritu Santo con el propósito de construir la comunidad, no de dividirla. Cualesquiera que sean los dones, tienen el propósito de ser usados para el bien común.

Las Escrituras y tú

Al prepararte para la Confirmación has ido creciendo en la comprensión de tu fe, considerando maneras de vivir como mejor seguidor de Jesús y pensando en cómo usar los dones que has recibido. Pregúntate a ti mismo: ¿Qué tipo de servicio puedo prestar a los demás? Cada uno de nosotros ha recibido diferentes dones. ¿Cuál es la mejor manera en que puedes compartir tus dones con los demás?

REFLEXIONAR SOBRE LA PALABRA DE DIOS

Relájate y cierra los ojos. Reflexiona sobre tus amigos. Piensa en los diferentes dones que tienen para ofrecer. Da gracias a Dios por esta variedad. Pídele que te ayude a usar tus dones lo mejor que puedas.

One Spirit, Many Forms of Service

There are different kinds of spiritual gifts but the same Spirit; there are different forms of service but the same Lord; there are different workings but the same God who produces all of them in everyone. To each individual the manifestation of the Spirit is given for some benefit. To one is given through the Spirit the expression of wisdom; to another the expression of knowledge according to the same Spirit; to another faith by the same Spirit; to another gifts of healing by the one Spirit; to another mighty deeds; to another prophecy; to another discernment of spirits; to another varieties of tongues; to another interpretation of tongues. But one and the same Spirit produces all of these, distributing them individually to each person as he wishes.

As a body is one though it has many parts, and all the parts of the body, though many, are one body, so also Christ. For in one Spirit we were all baptized into one body, whether Jews or Greeks, slaves or free persons, and we were all given to drink of one Spirit.

1 Corinthians 12:4–13

Understanding Scripture

The passage above deals with the Church in Corinth. It was made up of a variety of people: Romans, Greeks, and Jews; rich people and poor people; citizens and noncitizens; free people and slaves. After Paul began this church, he left to begin churches in other cities. When he heard from his friends in Corinth that things were not going well, he wrote them letters such as this one. Paul is reminding the people that they are different from one another. But all are baptized into the one Body of Christ. They all have different gifts to share. All their spiritual gifts were given to them by the Holy Spirit and were meant to build the community, not to divide it. Whatever their gifts, they are meant to be used for the good of all.

Scripture and You

In your preparation for Confirmation, you have been growing in your understanding of your faith, considering ways you can live as a better follower of Jesus', and thinking about how to use the gifts you have been given. Ask yourself, What form of service can I give to others? Each of us has been given different gifts. How can you best share your gifts with others?

REFLECTING ON GOD'S WORD

Relax and close your eyes. Reflect on your friends. Think about the different gifts they have to offer. Thank God for all this variety. Ask him to help you use your gifts to the best of your ability.

mission

VENTANA AL ARTE

Joven cristiana, Paul Gauguin, 1894.

Young Christian Girl, Paul Gauguin, 1894.

Listos para ser testigos

Después de tu Confirmación puede que no seas automáticamente más sabio. Probablemente no hablarás diferentes lenguas o sanarás a las personas. Lo más probable es que te sientas más o menos igual que antes de la Confirmación. Crecer en el Espíritu es algo que te llevará toda la vida. Pero el mismo Espíritu Santo que descendió sobre los primeros cristianos en Pentecostés también te fortalece para tu misión.

El tiempo que sigue a tu Confirmación es de particular importancia. Puedes cumplir tu misión profética de ser un testigo de Cristo en toda circunstancia y en el seno mismo de la comunidad humana. Puedes participar en la Eucaristía, en el sacramento de la Reconciliación, rezar, realizar obras de caridad y vivir una vida cristiana fiel y valerosa en tu comunidad y más allá. Durante este tiempo la comunidad de fe continuará apoyándote y animándote a compartir tus dones y talentos en servicio de amor a Cristo.

Un plan para el crecimiento espiritual

Estas son algunas sugerencias para vivir como discípulos de Cristo y continuar tu crecimiento espiritual. Piensa en cómo las aplicarás a tu vida y haz un compromiso firme de llevarlas a cabo.

Eucaristía

Participar en la Eucaristía es la parte más importante de tu semana.

- Prepárate para ofrecer tus dificultades y tus éxitos con Cristo, y recíbelo en la Eucaristía.

- Reza durante la liturgia eucarística por un mayor amor a Cristo y a los demás.

- Después de las misa reflexiona sobre las lecturas o la homilía.

- Vive el compromiso de tu fe durante la semana.

Reconciliación

Recibir el perdón misericordioso de Dios de forma regular.

- Reflexiona cada día sobre tus palabras y tus actos hacia Dios, hacia los demás y hacia ti mismo.

- Toma tiempo para hacer un examen de conciencia.

- Participa en el sacramento de la Reconciliación en tu parroquia.

- Esfuérzate constantemente por acercarte más a Dios.

Oración

Tu relación con Dios se nutre a través de la comunicación.

- Lee sobre el amor de Dios por ti en las Escrituras.

- Toma tiempo durante el día para hablar con Dios en oración.

- Escribe tus reflexiones en tu diario.

- Reza el Rosario.

misi

Ready to Witness

After your Confirmation you may not be automatically wiser. You probably won't be speaking in tongues or healing people. You will probably feel about the same as you did before Confirmation. Your growth in the Spirit will be a lifelong journey. But the same Holy Spirit who came to the early Christians on Pentecost also strengthens you for your mission.

The time after your Confirmation is especially important. You can fulfill your prophetic mission to be a witness to Christ in all circumstances and at the very heart of the human community. You can participate in the Eucharist, and in the Sacrament of Reconciliation, pray, perform works of mercy, and live a courageous and faithful Christian life in your community and beyond. During this time the community of faith will continue to support you and encourage you to share your gifts and talents in loving service for Christ.

A Plan for Spiritual Growth

Here are some suggestions for living as disciples of Christ and continuing your spiritual growth. Think about how you will apply them to your life and make a firm commitment to do so.

Eucharist

Participating in the Eucharist is the most important part of your week.

- Prepare to offer your struggles and successes with Christ, and receive him in the Eucharist.

- Pray at the Eucharistic liturgy for a greater love for Christ and others.

- After Mass reflect on the readings or the Homily.

- Throughout the week, live out your commitment to your faith.

Reconciliation

Receiving God's loving forgiveness on a regular basis.

ART LINK

The Last Supper (detail), Gaston de La Touche, 1897.

La Última Cena (detalle), Gaston de La Touche, 1897.

- Reflect daily on your words and actions toward God, others, and yourself.

- Take time to do an examination of conscience.

- Participate in the Sacrament of Reconciliation in your parish.

- Strive continually to grow closer to God.

Prayer

Your relationship with God is nurtured through communication.

- Read about God's love for you in the Scriptures.

- Take time during your day to talk to God in prayer.

- Write your reflections in your journal.

- Pray the Rosary.

ón

Obras de caridad

Jesús nos enseñó lo que significa una vida de servicio con amor.

- Practica las obras de misericordia corporales y espirituales.

- Preocúpate por los pobres y necesitados.

- Sé servicial en casa, en la escuela y en tu parroquia.

- Sé un buen administrador de tus dones, tu tiempo y tus recursos.

Comunidad

Compartes una visión y un amor común por Cristo y por los demás miembros de su cuerpo, la Iglesia.

- Cuando sea preciso, trata de reconocer la necesidad de reconciliarte con alguien.

- Participa de forma plena, consciente y activa en las liturgias de tu parroquia.

- Comparte tu fe y crece en ella al participar en el grupo juvenil de la parroquia, el grupo de estudio bíblico o cualquier otra actividad parroquial.

Frutos del Espíritu

Cuando vives unido a Cristo y sigues la guía del Espíritu Santo, tu vida produce el fruto de las buenas obras. Sabrás que Dios vive en ti por la alegría que experimentas al hacer el bien. Las personas se darán cuenta de la presencia de Dios en ti al ver tus buenas obras, tu amor por los demás y tu servicio.

Basándose en su carta a los Gálatas, san Pablo escribió: "[E]l fruto del Espíritu es amor, alegría, paz, paciencia, amabilidad, bondad, fidelidad, modestia, dominio propio" (Gálatas 5:22–23). A esta lista, la Tradición de la Iglesia ha añadido benignidad, mansedumbre y castidad. Estos son los doce **frutos del Espíritu**. Estos frutos son el resultado de la presencia del Espíritu en una persona creyente. También son el resultado de cooperar con la gracia de Dios.

Lee ahora las descripciones de los doce frutos del Espíritu y las historias que les siguen. Encuentra evidencia de los frutos del Espíritu en las historias. Piensa en cómo otras personas pueden encontrar evidencia de algunos de ellos en tu vida.

Fidelidad

Mantén tus promesas. Muestras **fidelidad** cuando muestras lealtad a Dios y a las personas con las que te has comprometido. Las personas fieles son cumplidoras, dignas de confianza y obedientes.

Bondad

La **bondad** emana del gran amor de Dios. Es una señal de que amas a todas las personas sin excepción y les haces el bien.

MI TURNO ¿Qué puedes ofrecer tú?

Haz una lista de por lo menos tres actos u obras de caridad que puedes realizar.

_____

_____

_____

Works of Charity

Jesus showed us what a life of loving service means.

- Practice the Corporal and Spiritual Works of Mercy.

- Show concern for those who are poor and in need.

- Be of service at home, in school, and in your parish.

- Be a good steward of your gifts, time, and resources.

Community

You share a common vision and love for Christ and for other members of his body, the Church.

- Recognize when you need to be reconciled with anyone.

- Participate actively, fully, and consciously in your parish liturgies.

- Share your faith and grow in it by participating in the parish youth group, Bible study, or any other parish activity.

Fruits of the Spirit

When you live united to Christ and follow the guidance of the Holy Spirit, your life bears the fruit of good works. You will be aware of God dwelling in you by the joy you experience in doing good. People will recognize God's presence in you by seeing your good works, your love for others, and your service to them.

Based on his letter to the Galatians, Saint Paul wrote, "[T]he fruit of the Spirit is love, joy, peace, patience, kindness, generosity, faithfulness, gentleness, self-control." (Galatians 5:22–23) To this list, Church Tradition has added goodness, modesty, and chastity. These are the 12 **Fruits of the Spirit.** They are the result of the Spirit's presence in a believing person. They are also the result of cooperating with God's grace.

Read the following descriptions of the 12 Fruits of the Spirit and the stories that follow. Find evidence of the Fruits of the Spirit in the stories. Think about how people might find evidence of some of them in your life.

Faithfulness

Keep your promises. You show **faithfulness** when you show loyalty to God and to those to whom you have committed yourself. Faithful people are dependable, trustworthy, and obedient.

Goodness

Goodness flows from God's great love. It is a sign that you love all people without exception and do good to them.

MY TURN | **What Can You Contribute?**

Make a list of at least three acts or works of charity that you can perform.

_____

_____

_____

_____

_____

_____

_____

_____

Caridad

La **caridad**, o amor, se muestra en el servicio desinteresado a los demás por medio de tus palabras y acciones. La caridad es una señal de que amas a Dios y que amas a los demás como Jesús te ama a ti.

Un hombre que amó a Dios y a los demás

Si hubieras visitado la peluquería de la familia Berard en Manhattan a principios del siglo XIX, habrías recibido mucho más que un afeitado y un corte de cabello. Pierre Toussaint, un esclavo católico, trabajaba para la familia y se especializó en el oficio de peluquero. Día tras día escuchaba las penas y las historias familiares de las personas mientras les cortaba el cabello. Una y otra vez hablaba a sus clientes sobre Jesús, María y la importancia de amar a los demás. Pierre nunca estaba demasiado cansado después del trabajo para cuidar de los pobres. Usaba gran parte del dinero que ganaba para comprar la libertad de otros esclavos en lugar de invertirlo en comprar su propia libertad. Pierre era una persona común que mostraba a otras personas comunes cómo ser santos. Fue fiel a sus promesas bautismales. Pierre fue un hombre que mostraba por medio de sus acciones que amaba a Dios y a los demás. El papa Juan Pablo II lo declaró venerable en 1996.

Venerable Pierre Toussaint.

Modestia

La **modestia** es la moderación en todas tus acciones, especialmente tus conversaciones y tu comportamiento exterior. La modestia es una señal de que le das crédito a Dios por tus talentos y éxitos.

La modestia es una actitud que protege lo que nos es más personal, negándose a revelar lo que debe permanecer privado. Orienta la manera en que una persona percibe y trata a los demás, respetando su dignidad.

MI TURNO   Traer amor al mundo

1. **Piensa en una persona a la que no conozcas bien. ¿Cómo le puedes mostrar amor a esta persona durante esta semana?**

_____

_____

_____

_____

2. **Lee 2 Corintios 9:7. ¿Qué tipo de actitud espera Jesús de sus seguidores?**

_____

_____

Love

Love, or charity, is shown in selfless service to others by your words and actions. Love is a sign that you love God and that you love others as Jesus loves you.

A Man Who Loved God and Others

If you went into the Berard family's hairdressing shop in Manhattan in the early 1800s, you received much more than a shave and a haircut. Pierre Toussaint, an enslaved man who was Catholic, worked for the family and was skilled at his trade. Day after day he listened to people's heartaches and family stories as he cut their hair. Time after time he would speak to his customers about Jesus, Mary, and the importance of loving others. Pierre was never too tired after work to care for those who were poor. He used much of the money he made to buy the freedom of other enslaved people rather than spending it to buy his own freedom. Pierre was an ordinary person who showed other ordinary people how to be holy. He was faithful to his baptismal promises. Pierre was a man who showed by his actions that he loved God and others. Pope John Paul II declared him venerable in 1996.

Modesty

Modesty is moderation in all your actions, especially your conversation and external behavior. Modesty is a sign that you give credit to God for your talents and successes.

Modesty is an attitude that protects what is most personal to us, refusing to reveal that which should remain private. It guides the way a person looks at others and acts toward them, respecting the dignity of others.

MY TURN — Bringing Love to the World

1. **Think of a person you don't know very well. How can you show love for this person this week?**

_____

_____

_____

_____

2. **Read 2 Corinthians 9:7. What kind of attitude does Jesus expect from his followers?**

_____

_____

Longanimidad

La **longanimidad** se muestra por medio de actos generosos de servicio. Las personas con este don son compasivas y consideradas. Ven lo mejor en los demás.

Una enfermera de Dios

Una anciana subió el último tramo de la escalera y se apoyó en la pared, sin aliento. Tocó a la puerta, tras la cual apareció una refinada mujer pelirroja con un vestido gris. "Disculpe, señora. Me dijeron que usted era una enfermera y que podría ayudarme", dijo la viejecita. "Si usted no puede ayudarme, me enviarán a morir a la Isla Blackwell" (En la Isla Blackwell, en Nueva York, había un asilo administrado por el estado).

La anciana dijo que ella le pagaría cuando pudiera. "Disparates", dijo la mujer pelirroja, cuyo nombre era Rosa Hawthorne. "Si usted tuviera el dinero, podría ir al hospital. Yo ayudo a los que no pueden pagar". Rosa le quitó las vendas cuidadosamente y descubrió una herida cancerosa en el rostro de la mujer. Las manos de Rosa trabajaron ágilmente para limpiar la llaga.

La anciana comentó que Rosa era muy amable y que debía venir de una buena familia. "Sí, vengo de una buena familia", respondió Rosa, "de la familia de Dios. Usted también es parte de esa familia. Y en la familia de Dios nos ayudamos los unos a los otros".

Rosa Hawthorne ayudaba a los más pobres y desfavorecidos de la familia de Dios. A comienzos del siglo XX comenzó a cuidar de los desamparados en Nueva York que se veían forzados a morir en la Isla Blackwell. Con el tiempo fundó una congregación de hermanas Dominicas que se dedica a cuidar de enfermos con cáncer incurable.

Continencia

Puedes disciplinar tus deseos físicos y emocionales siendo modesto y respetuoso con los demás. La **continencia** te permite controlar tus emociones y deseos para que tus emociones y deseos no te controlen a ti.

rito

Rito

Al terminar el rito se nos da la despedida y se nos envía a compartir la Palabra de Dios.

Significado

El viento simboliza la presencia del Espíritu Santo. Como el viento, que sopla en todas partes, estamos llamados a llevar la Buena Nueva a todo lugar. Debemos llevar el mensaje de Cristo por todo el mundo, con nuestras palabras y obras, y usando nuestros dones para servir a los demás. Somos los mensajeros de la paz y el amor de Dios.

Vida cotidiana

Al llevar y propagar el amor de Dios por el mundo el Espíritu obra a través de nosotros y en nosotros.

Vida de fe

En la misa pedimos al Espíritu Santo que esté con nosotros y nos guíe, ahora y en los días venideros.

Kindness

Kindness is shown by generous acts of service. Kind people are compassionate and considerate. They see the best in others.

A Nurse from God

An old woman climbed the last step of the staircase and leaned against the wall, gasping for breath. She knocked on the door, which was opened by a refined, red-haired woman in a gray dress. "Excuse me, ma'am. They said you were a nurse and could help me," said the old lady. "If you can't, they'll send me to die on Blackwell Island." (Blackwell Island in New York housed a state-run asylum.)

The old woman said she would pay her when she was able. "Nonsense," said the red-haired woman, whose name was Rose Hawthorne. "If you had the money, you could go to the hospital. I help those who can't pay." Rose gently unwrapped the bandage to reveal a cancerous wound on the woman's face. Rose's hands worked quickly to clean the sore.

The old woman commented that Rose was very kind and that she must come from a nice family. "I do come from a nice family," Rose replied, "God's family. You're part of that family too. And in God's family, we help one another."

Rose Hawthorne helped the poorest and most unloved of God's family. In the early 1900s, she began caring for neglected people in New York who were forced to die on Blackwell Island. Eventually she founded an order of Dominican sisters who cared for patients with incurable cancer.

Self-Control

You can discipline your physical and emotional desires by being modest and respectful of others. With **self-control** you can be in charge of your emotions and desires instead of the other way around.

rite

Rite

At the conclusion of the rite, we are dismissed and sent forth to spread the Word of God.

Meaning

The presence of the Holy Spirit is symbolized by wind. Just as the wind blows everywhere, we are called to spread the Good News everywhere. We are to carry Christ's message throughout the world by our words and actions, and by using our gifts in service to others. We are God's messengers of faith and love.

Daily Life

As we carry and spread God's love through the world, the Spirit works through us and in us.

Life of Faith

At Mass we ask the Holy Spirit to be with us and guide us—now, and in the days ahead.

Paciencia

Nos enfrentamos a dificultades todos los días. La **paciencia** es amor que está dispuesto a soportar el sufrimiento y las dificultades de la vida, la rutina y lo inesperado. Significa no rendirse ante las situaciones difíciles o desagradables.

La paciencia de una madre

Cuando Ángelo Roncalli era joven no era el mejor estudiante, ni el más trabajador. Su madre a menudo tenía que recordarle que terminara sus tareas. Pero nunca se dio por vencida con él.

Décadas más tarde, Ángelo, como papa Juan XXIII, hubiera hecho sentir muy orgullosa a su madre. Perseveró en la escuela y logró una buena educación y entendió al pueblo de Dios. Convocó el Concilio Vaticano II para renovar la Iglesia y ayudarla a responder a las preocupaciones del siglo XX. Muchos de sus asesores protestaron ante la idea de la renovación de la Iglesia. No estaban convencidos de que fuera necesaria. Juan XXIII aceptó su oposición con paciencia, pero no se rindió. Sabía que Dios guiaría al Concilio. Incluso cuando Juan XXIII se encontró con un Concilio sin terminar antes de morir, pudo sonreír en paz y decir con calma: "Dios se encargará". El papa Juan XXIII fue canonizado en el año 2014.

San Juan XXIII.

Saint John XXIII.

Paz

Jesús dijo a sus discípulos la mañana de la Pascua: "Mi paz les doy". Un discípulo fiel a la voluntad de Dios es sereno, no se muestra ansioso ni se altera. La **paz** viene de saber que todo saldrá bien porque Dios está con nosotros.

Gozo

El **gozo** es una profunda y constante alegría en el Señor que las circunstancias no pueden destruir. Proviene de una buena relación con Dios y con los demás, una relación de amor verdadero.

MI TURNO · Necesidad de paz

1. ¿Qué clase de paz (mundial, familiar, personal) consideras que es la más necesaria? Escribe una petición expresando tus esperanzas de paz.

_____

_____

2. Imagina que estás escribiendo un libro titulado _Cómo ser paciente_ para ayudar a los jóvenes a crecer espiritualmente. Sugiere cuatro maneras de practicar la paciencia.

_____

_____

_____

_____

Patience

We are confronted with difficulties on a daily basis. **Patience** is love that is willing to endure life's suffering and difficulties, the routine and the unexpected. It means not giving up in difficult or unwelcome situations.

A Mother's Patience

Angelo Roncalli was not the best or most hard-working student as a young man. His mother often had to remind him to finish his schoolwork. But she never gave up on him.

Decades later, Angelo, as Pope John XXIII, would have made his mother very proud. He persevered in school, and he was well-educated and understood God's people. He called the Second Vatican Council to renew the Church and help it address the concerns of the 20th century. Many of his advisors protested the idea of Church renewal. They were not convinced that renewal was needed. Pope John XXIII accepted their opposition with patience, but he did not give up. He knew that God would guide the Council. Even when Pope John XXIII faced an unfinished Council before he died, he could smile peacefully and say calmly, "God will take care." Pope John XXIII was canonized in the year 2014.

Peace

Jesus said to his disciples on Easter morning, "Peace I give you." A disciple faithful to God's will is serene, not overly anxious or upset. **Peace** comes from knowing that all will work out well because God is with us.

Joy

Joy is a deep and constant gladness in the Lord that circumstances cannot destroy. It comes from a good relationship with God and others—a relationship of genuine love.

MY TURN A Need for Peace

1. **Which type of peace (world, family, personal) do you see as the greatest need? Write a petition expressing your hopes for peace.**

_____

_____

2. **Imagine you are writing a book, called *How to Be Patient*, to help young people grow spiritually. Suggest four ways to practice patience.**

_____

_____

_____

_____

Paper cranes, a symbol of world peace.

Grullas de papel, un símbolo de paz mundial.

Castidad

La **castidad** significa ser fiel a la propia sexualidad en conducta e intención. Nos ayuda a vivir nuestra sexualidad de una manera apropiada. Por ejemplo, las personas casadas son célibes con todo el mundo con excepción de una persona: su cónyuge. Todas las personas, casadas y solteras, están llamadas a practicar la castidad.

Una pareja casta

Luis y María Beltrame Quattrocchi fueron un matrimonio que crió a cuatro hijos y llevó una

vida activa de servicio cristiano. El 21 de octubre de 2001, en la misa donde se les declaró beatos, el papa Juan Pablo II dijo: "La riqueza de fe y amor de los esposos Luis y María es una demostración viva de lo que el Concilio Vaticano II afirmó acerca del llamado de todos los fieles a la santidad".

A través de su amor mutuo, Luis y María se dieron a los demás. Juntos eran una familia abierta a la oración, la amistad y la solidaridad con los pobres. Su fiesta patronal compartida se celebra el 25 de noviembre, en su aniversario de bodas.

Mansedumbre

La fortaleza templada por el amor te lleva a ser manso, apacible y cortés. Una persona que muestra **mansedumbre** tiene el poder para perdonar en lugar de enfadarse.

Benignidad

La **benignidad** es una disposición a dar aunque cueste. Expresa preocupación por dar respuesta a las necesidades de los demás aunque eso signifique sacrificar algo de uno mismo.

1 SER TESTIGO

Defensor de los jóvenes: San Juan Bosco

Juan Bosco nació en Italia en 1815. En esos tiempos había muchos niños pobres y huérfanos. Sin familia y sin formación religiosa, estos niños a menudo se involucraban en peleas, robaban y lastimaban a otras personas. De niño enseñaba la Buena Nueva del amor de Jesús a otros niños y los persuadía para que asistieran a misa. Más tarde decidió entrar al sacerdocio. Los sacerdotes del seminario veían que Bosco era un líder natural y que estaba lleno del Espíritu Santo. Los sacerdotes animaron a Bosco a que usara sus dones para ayudar a otros jóvenes. Comenzó a reunir a los jóvenes los domingos para la misa y clases de catecismo. El día también incluía comida, juegos y el rezo de las Vísperas. Tiempo después fundó un hogar para niños huérfanos o abandonados. Abrió talleres para capacitar a los niños en un oficio y también escribió y publicó libros sobre la fe cristiana para niños. En 1859, Bosco instituyó una comunidad religiosa de sacerdotes que se encargaban de los niños abandonados: los salesianos, que llevan ese nombre en honor a Francisco de Sales y aún siguen activos hoy en día. San Juan Bosco es un excelente ejemplo de los dones del Espíritu Santo en acción. Su fiesta patronal se celebra el 31 de enero.

testimonio

Chastity

Chastity is being faithful to one's sexuality in conduct and intention. It helps us live out our sexuality in a proper manner. For example, married people are celibate to the entire world except for one person—their spouse. All people, married and single, are called to practice chastity.

A Chaste Couple

Luigi and Maria Beltrame Quattrocchi were a married couple who raised four children and led active lives of Christian service. On October 21, 2001, at the Mass declaring them blesseds, Pope John Paul II said, "The richness of faith and married love shown by Luigi and Maria is a living demonstration of what the Second Vatican Council said about all the faithful being called to holiness."

Through their love for each other, Luigi and Maria gave to others. Together they were a family that was open to prayer, friendship, and solidarity with those who were poor. Their shared feast day is November 25, their wedding anniversary.

Gentleness

Strength tempered by love leads you to be gentle, peaceful, and gracious. A person showing **gentleness** has the power to forgive instead of getting angry.

Generosity

Generosity is a willingness to give even at a cost to yourself. It expresses concern for meeting the needs of others even if it means sacrificing something of your own.

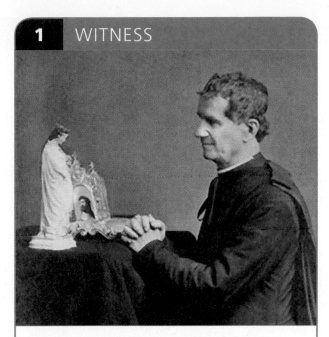

Advocate for Young People: Saint John Bosco

John Bosco was born in Italy in 1815. At that time, many boys were orphaned and poor. Without families and religious training, these boys often got into fights, stole, and hurt others. As a young boy, Bosco taught the Good News of Jesus' love to other boys and persuaded them to go to Mass. Later, he decided to join the priesthood. Priests at the seminary saw that Bosco was a natural leader, and that he was filled with the Holy Spirit. The priests encouraged Bosco to use his gifts to help other young people. He began gathering boys together on Sundays for Mass and catechism lessons. The day would also include food, games, and evening prayers. Later, Bosco started a home for orphaned or neglected boys. He opened workshops to train boys to be skilled in a trade, and he also wrote and published books on Christian faith for boys. In 1859, Bosco instituted a religious community of priests who took care of neglected boys. The Salesians, named after Francis de Sales, are still active today. Saint John Bosco is an excellent example of the Gifts of the Holy Spirit in action. His feast day is January 31.

2 ACTUAR

Solidaridad

San Juan Bosco se encontró con niños que tenían grandes necesidades físicas, emocionales y espirituales y quiso ayudarlos. Les enseñó acerca de Jesús y les dio una segunda oportunidad para vivir vidas dignas y productivas. La necesidad no es algo que solo existe al otro lado del mundo. Hay necesidad justo frente a nuestras puertas. Podemos ayudar a mejorar las vidas de las personas en nuestra comunidad. A medida que crecemos en la fe en Dios, que es Verdad y Amor, crecemos en solidaridad con las personas en todo el mundo. La fe no nos aísla ni nos divide; nos hace tomar una mayor conciencia de la interdependencia entre individuos y entre naciones. En Jesús vemos el ilimitado amor de Dios. Él asume nuestras dificultades, camina con nosotros, nos salva y nos hace uno con él. En él la vida en sociedad, con todas sus dificultades, se convierte en una invitación a involucrarnos más en el compartir. A la luz de la fe, la solidaridad está vinculada al perdón y a la reconciliación.

3 REZAR

La Regla de Oro

La Regla de Oro dice que debemos tratar a los demás como queremos que nos traten a nosotros. Representa el tipo de actitud que debería encontrarse en alguien que responde al amor de Dios como se revela en Jesucristo. Jesús nos dice que todo lo que hacemos por los demás también lo hacemos por él. ¿Sigues la Regla de Oro en tu vida cotidiana? ¿Cómo cambiaría el mundo si todos siguiéramos la Regla de Oro?

Llamado a la oración

Pide a Dios que te guíe para hacer el bien y para siempre dar lo mejor de nosotros mismos, sirviendo a los demás y sirviendo a Jesús.

frutos

2 ACT

Solidarity

Saint John Bosco witnessed boys in great physical, emotional, and spiritual need, and he wanted to help them. He taught them about Jesus and gave them a second chance to lead good, productive lives. Need is not something that exists only on the other side of the world. There is need right outside our door. We can make a difference and help improve the lives of people in our local community. As we grow in faith in God, who is Truth and Love, we grow in solidarity with people all over the world. Faith does not isolate us or divide us. It makes us more aware of the interdependence among individuals and among nations. In Jesus we see the immeasurable love of God. He takes on our difficulties, walks with us, saves us, and makes us one in him. In him, life in society, with all its difficulties, becomes an invitation to be more involved in sharing. In the light of faith, solidarity is linked to forgiveness and reconciliation.

3 PRAY

The Golden Rule

The Golden Rule says we should treat others as we would want to be treated. It represents the kind of attitude that should be found in someone who is responding to God's love as revealed in Jesus Christ. Jesus tells us that everything we do for others we also do for him. Do you follow the Golden Rule in your daily life? How would the world change if everyone followed the Golden Rule?

Call to Prayer

Ask God to guide you in doing good and always being our best selves, serving others and serving Jesus.

Holy Spirit mosaic, Ukraine.

Mosaico del Espíritu Santo, Ucrania.

fruits

rezar

Frutos del Espíritu Santo

Todos: En el nombre del Padre y del Hijo y del Espíritu Santo.
Amén.

Líder: Reunidos como comunidad de creyentes escuchemos a Dios, hablándonos por medio de su Palabra hoy y siempre.

Existen diversos dones espirituales, pero un mismo Espíritu; existen ministerios diversos, pero un mismo Señor; existen actividades diversas, pero un mismo Dios que ejecuta todo en todos. A cada uno se le da una manifestación del Espíritu para el bien común.

Como el cuerpo, que siendo uno, tiene muchos miembros, y los miembros, siendo muchos, forman un solo cuerpo, así también Cristo. Todos nosotros, judíos o griegos, esclavos o libres, nos hemos bautizado en un solo Espíritu para formar un solo cuerpo, y hemos bebido un solo Espíritu.

1 Corintios 12:4–7,12–13

Líder: Como dijo san Pablo: "La Iglesia es un solo cuerpo con muchos miembros". Nosotros somos fuertes como comunidad de creyentes, a la que el Espíritu ha otorgado muchos dones. Seamos conscientes de los dones que hemos recibido y pidamos a Dios la capacidad de usarlos para servir al Señor y servir los unos a los otros.

Lector 1: Estamos llamados a ser fieles a Dios y a aquellas personas con quienes nos hemos comprometido.

Lector 2: A servir a los demás por medio de nuestras palabras y acciones.

Lector 3: A amar a todos, sin excepción, y a hacer el bien.

Todos: Que de nosotros broten los frutos de la fidelidad, el amor y la bondad.

Lector 1: Estamos llamados a ser compasivos y considerados.

Lector 2: A ser gentiles, mansos y clementes.

Lector 3: A ser generosos y caritativos.

Todos: Que de nosotros broten los frutos de la longanimidad, la mansedumbre y la benignidad.

Lector 1: Estamos llamados a ser conscientes de nuestras emociones y deseos, y a usarlos con prudencia.

Lector 2: A honrar y respetar el regalo que es nuestro cuerpo.

Lector 3: A mostrar moderación en nuestras conversaciones y comportamientos.

Todos: Que de nosotros broten los frutos de la continencia, la castidad y la modestia.

Lector 1: Estamos llamados a soportar con amor las diversas situaciones a las que nos enfrentamos en la vida.

Lector 2: A trabajar por la paz.

Lector 3: A compartir nuestra alegría con los demás.

Todos: Que de nosotros broten los frutos de la paciencia, la paz y el gozo.

Líder: Dios de amor, gracias por todos los dones que nos has dado. Que estemos dispuestos a recibirlos y a usarlos para tu servicio y el de los demás.
Amén.

pray

Fruits of the Holy Spirit

All: In the name of the Father, and of the Son, and of the Holy Spirit. Amen.

Leader: Gathered as a community of believers, let us listen to God, speaking to us in his Word today and always.

There are different kinds of spiritual gifts but the same Spirit; there are different forms of service but the same Lord; there are different workings but the same God who produces all of them in everyone. To each individual the manifestation of the Spirit is given for some benefit. . . .

As a body is one though it has many parts, and all the parts of the body, though many, are one body, so also Christ. For in one Spirit we were all baptized into one body, whether Jews or Greeks, slaves or free persons, and we were all given to drink of one Spirit.

1 Corinthians 12:4–7,12–13

Leader: Like Saint Paul said, "The Church is one body but with many parts." We are strong as a community of believers, on whom the Spirit has bestowed many gifts. Let us be mindful of the gifts we have received, and ask God that we might use them to serve the Lord and one another.

Reader 1: We are called to be faithful to God and those to whom we have committed ourselves.

Reader 2: To serve others by our words and actions.

Reader 3: To love all, without exception, and to do good.

All: May we bear the fruits of faithfulness, love, and goodness.

Reader 1: We are called to be compassionate and considerate.

Reader 2: To be gracious, gentle, and forgiving.

Reader 3: To be generous and selfless.

All: May we bear the fruits of kindness, gentleness, and generosity.

Reader 1: We are called to be aware of our emotions and desires and to use them wisely.

Reader 2: To honor and respect the gift of our bodies.

Reader 3: To show moderation in our behavior and conversations.

All: May we bear the fruits of self-control, chastity, and modesty.

Reader 1: We are called to endure lovingly the many situations we encounter in life.

Reader 2: To be peacemakers.

Reader 3: To share our joy with others.

All: May we bear the fruits of patience, peace, and joy.

Leader: Loving Father, thank you for all the gifts you have given us. May we be open to them and use them in service to you and all others. Amen.

resumen

RESUMEN DEL TEMA

Quienes disfrutan los frutos del Espíritu son quienes usan sabiamente los dones que han recibido del Espíritu Santo.

RECUERDA

¿Cómo puedes nutrir tu relación con Dios?
Tu relación con Dios puede crecer al hablarle y escucharle en oración. Leer la Biblia y escribir tus reflexiones en tu diario te ayudará a mejorar tu vida de oración.

¿Qué son los frutos del Espíritu?
Los frutos del Espíritu son el resultado de la presencia de los dones del Espíritu en una persona creyente. Son el fruto de la cooperación con la gracia de Dios. Los frutos son: caridad, gozo, paz, paciencia, longanimidad, bondad, benignidad, mansedumbre, fidelidad, modestia, continencia y castidad.

¿Cómo puedes reconocer los frutos del Espíritu?
Puedes reconocer los frutos del Espíritu Santo en ti mismo por la felicidad que experimentas al hacer el bien. Los demás se dan cuenta de la presencia del Espíritu en ti al ser testigos de tus buenas obras.

DIARIO DE MI CONFIRMACIÓN

Usa tu diario para adentrarte más profundamente en este capítulo. Dedica un tiempo a reflexionar en silencio y a escribir en las páginas 61–70 del diario.

ACTÚA

1. Busca otras señales del Espíritu en 1 Timoteo 4:12; 1 Timoteo 6:11; 2 Timoteo 2:22–24; 1 Pedro 3:8; y Efesios 5:8–9. Escribe sobre cómo algunos de estos dones se manifiestan en tu comunidad parroquial.

Palabras a saber

castidad	gozo
fidelidad	longanimidad
frutos del Espíritu	caridad
benignidad	modestia
mansedumbre	paciencia
bondad	paz
	continencia

2. Como católico plenamente iniciado estarás pensando en tu misión, o vocación, en la vida. Entrevista a una persona soltera, a un matrimonio (pueden ser tus padres) y a un sacerdote o a una monja sobre cómo experimentaron su llamado. Graba y transcribe la entrevista.

3. Escribe sobre cómo las Escrituras, la oración, los sacramentos o el ejemplo de otros cristianos te puede ayudar a practicar la continencia.

CON MI PADRINO

Planifica pasar un tiempo con tu padrino o madrina para compartir reflexiones, preguntas e ideas sobre este capítulo y ver cómo se relacionan con sus conversaciones de la revista *De fe a fe*.

Padre amoroso, te damos gracias por todos los dones que nos has dado. Te pedimos que nos ayudes a usarlos para servirte con amor a ti y a los demás. Amén.

summary

FAITH SUMMARY

The Fruits of the Spirit are enjoyed by those who wisely use the gifts that we have received from the Holy Spirit.

REMEMBER

How can you nurture your relationship with God?

Your relationship with God can grow through talking and listening to him in prayer. Reading the Bible and recording your thoughts in your journal will help improve your prayer life.

What are the Fruits of the Spirit?

The Fruits of the Spirit are the result of the Spirit's presence, and gifts in a believing person. They are the result of cooperating with God's grace. The Fruits are love, joy, peace, patience, kindness, generosity, faithfulness, gentleness, self-control, goodness, modesty, and chastity.

How can you recognize the Fruits of the Spirit?

You can recognize the Fruits of the Holy Spirit in yourself by the happiness you experience in doing good. Others become aware of the Spirit's presence in you by witnessing your good works.

Loving Father, we thank you for all the gifts that you have given us. We ask you to help us use them in loving service to you and all others. Amen.

Words to Know

chastity	joy
faithfulness	kindness
Fruits of	love
the Spirit	modesty
generosity	patience
gentleness	peace
goodness	self-control

MY CONFIRMATION JOURNAL

Use your journal to enter more deeply into this chapter. Quietly spend time reflecting and recording on journal pages 61–70.

REACH OUT

1. Look up other signs of the Spirit found in 1 Timothy 4:12; 1 Timothy 6:11; 2 Timothy 2:22–24; 1 Peter 3:8; and Ephesians 5:8–9. Write how some of these are evident in your parish community.

2. As a fully-initiated Catholic, you will be thinking about your mission, or vocation, in life. Interview a single person, a married couple (perhaps your parents), and a priest or sister about how they experienced their call. Record and transcribe the interview.

3. Write about how Scripture, prayer, the sacraments, or the examples of other Christians can help you practice self-control.

WITH MY SPONSOR

Arrange with your sponsor to share your insights, questions, and ideas from this chapter and how they relate to your conversations from the *Faith to Faith* magazine.

repaso

DESCRIBIR A UN JOVEN CATÓLICO

Imagina que eres un reportero. En una hoja de papel aparte, resume brevemente un día en la vida de una persona católica de tu edad. La persona puede ser real o ficticia.

HAZLA VERDADERA

Escribe una **V** *para verdadero o una* **F** *para falso. Luego corrige las declaraciones falsas para hacerlas verdaderas.*

_____ **1.** El ejemplo de Jesús de cómo vivir incluía practicar actos de misericordia y cuidar de los pobres.

_____

_____ **2.** Tu relación con Dios se alimenta por medio de la comunicación.

_____

_____ **3.** La carta de Pablo a los Gálatas menciona todos los frutos que la Iglesia reconoce hoy día.

_____

_____ **4.** La fidelidad es la señal de que amas a Dios y que amas a los demás como lo hizo Jesús.

_____

_____ **5.** La modestia es la moderación en todas tus acciones.

_____

_____ **6.** La longanimidad se muestra al servir a los demás con generosidad.

_____

_____ **7.** La modestia muestra que amas a todas las personas sin excepción y les haces el bien.

_____

_____ **8.** La paz viene de saber cómo saldrán las cosas.

_____

_____ **9.** La paciencia es amor que está dispuesto a soportar el sufrimiento.

_____

_____ **10.** No puedes disciplinar tus deseos físicos siendo modesto y respetuoso con los demás.

_____

BUSCANDO FRUTOS

Encuentra los frutos del Espíritu Santo en la sopa de letras.

bondad	**caridad**	**gozo**
modestia	**mansedumbre**	**continencia**
longanimidad	**paz**	**castidad**
fidelidad	**benignidad**	**paciencia**

L	D	U	C	N	X	V	A	B	Y	A	E	O	N
O	A	A	X	A	C	Z	O	C	I	T	I	B	V
N	D	P	D	E	S	N	A	C	P	M	L	V	K
G	I	P	Y	I	D	T	N	P	A	O	H	A	C
A	L	H	T	A	N	E	I	N	V	Z	O	E	A
N	E	B	D	F	I	G	S	D	X	E	I	E	R
I	D	X	P	C	F	E	I	S	A	U	T	Z	I
M	I	I	A	O	D	B	I	N	V	D	K	S	D
I	F	P	J	U	L	M	O	D	E	S	T	I	A
D	B	W	M	E	O	Z	O	G	I	B	Y	R	D
A	K	B	A	I	C	N	E	N	I	T	N	O	C
D	R	F	L	B	W	A	V	T	G	T	G	B	E
E	R	U	W	Ç	B	M	V	S	E	R	Y	J	D

review

DESCRIBING A CATHOLIC YOUTH

Imagine you are a reporter. On a separate sheet of paper, briefly summarize a day in the life of a Catholic person your age. The person can be real or fictional.

MAKE IT TRUE

*Write **T** for True or **F** for False. Then fix the false statements to make them true.*

_____ **1.** Jesus' example of how to live included practicing acts of mercy and caring for the poor.

_____

_____ **2.** Your relationship with God is nurtured through communication.

_____

_____ **3.** Paul's letter to the Galatians names all the fruits recognized by the Church today.

_____

_____ **4.** Faithfulness is the sign that you love God and that you love others as Jesus did.

_____

_____ **5.** Modesty is moderation in all your actions.

_____

_____ **6.** Kindness is shown by serving others with generosity.

_____

_____ **7.** Modesty shows that you love all people without exception and do good to them.

_____

_____ **8.** Peace comes from not knowing how things will work out.

_____

_____ **9.** Patience is love that is willing to endure suffering.

_____

_____ **10.** You can't discipline your physical desire by being modest and respectful to others.

_____

SEARCHING FOR FRUIT

Circle the hidden Fruits of the Holy Spirit.

goodness	**love**	**joy**
modesty	**gentleness**	**self-control**
kindness	**peace**	**chastity**
faithfulness	**generosity**	**patience**

```
L X K C O N G C R Y S X A Y
E O D I J J H K T F S D K T
T F R I N Y C I O P E M E I
G P S T P D S B A I N C S T
P O Q N N O N T U W E R Y S
P M Q E R O I E V P L E E A
Q F L E Z E C I S B T C Q H
M U N B N C Y F E S N A I C
E E Q C X I X T L H E E T T
G O E U G X K N S E G P P Y
Y G O O D N E S S E S U O H
O X L S X C K O N C D J Y H
E V O L A H C E O H E O A A
S S E N L U F H T I A F M Y
```

CAPÍTULO 8

Confirmados en la gracia

¿Qué puedes hacer ahora que no podías hacer cuando tenías siete años? ¿Son ahora las cosas diferentes para ti? ¿Qué te gusta más de quien eres ahora?

"[Que el] Espíritu los fortalezca con la abundancia de sus dones, los consagre con su unción espiritual y haga de ellos imagen fiel de Jesucristo". —*Ritual para la Confirmación*

CHAPTER 8

Confirmed in grace

What can you do now that you couldn't do when you were seven? How are things different for you now? What do you like best about who you are now?

"Lord, send us your Holy Spirit to help us walk in unity of faith and grow in the strength of his love to the full stature of Christ." *—Rite of Confirmation*

Bautizados en el Espíritu Santo

Mientras Apolo estaba en Corinto, Pablo viajaba por el interior hasta llegar a Éfeso. Allí encontró unos discípulos y les preguntó si habían recibido el Espíritu Santo después de abrazar la fe. Le respondieron: "Ni sabíamos que había Espíritu Santo". Les preguntó: "Entonces, ¿qué bautismo han recibido?". Contestaron: "El bautismo de Juan". Pablo replicó: "Juan predicó un bautismo de arrepentimiento, encargando al pueblo que creyera en el que venía detrás de él, o sea, en Jesús". Al oírlo, se bautizaron invocando el nombre del Señor Jesús. Pablo les impuso las manos y vino sobre ellos el Espíritu Santo, y se pusieron a hablar en distintas lenguas y a profetizar.

Hechos de los Apóstoles 19:1–6

Entender las Escrituras

La misión de Pablo era predicar la Buena Nueva de Jesús a los gentiles. En el pasaje de las Escrituras de arriba, Pablo se encuentra con unos judíos que habían sido seguidores de Juan el Bautista y después seguidores de Jesús. Pero solo habían sido bautizados por Juan, como lo había sido Jesús. Su bautismo de arrepentimiento a manos de Juan necesitaba completarse con el Bautismo a la vida, muerte, Resurrección y Ascensión de Jesús. Con este Bautismo recibirían al Espíritu Santo. Una vez bautizados en el nombre del Señor Jesús, Pablo les impuso las manos y recibieron al Espíritu Santo. Este don se hizo evidente en los prodigiosos actos que después pudieron realizar.

Las Escrituras y tú

Probablemente te bautizaron cuando eras un bebé, y puede que desde entonces no hayas pensado mucho en ello. Como los creyentes del pasaje anterior tal vez has llegado a ver tu Bautismo como un simple hecho. Pero en tu preparación para la Confirmación se te ha pedido que pienses más seriamente acerca de lo que tu bautismo significa para ti. Recibiste al Espíritu Santo en el Bautismo y él se fortalecerá en ti mediante el sacramento de la Confirmación.

REFLEXIONAR SOBRE LA PALABRA DE DIOS

Toma unos momentos para relajarte. Imagina que vuelves al día de tu Bautismo. Tus padres y padrinos están allí contigo mientras el sacerdote te bautiza. Da gracias a Dios por tu Bautismo y por el don del Espíritu Santo que recibiste en ese momento. Habla con Dios en silencio sobre lo que desees.

Baptized in the Holy Spirit

While Apollos was in Corinth, Paul traveled through the interior of the country and came [down] to Ephesus where he found some disciples. He said to them, "Did you receive the holy Spirit when you became believers?" They answered him, "We have never even heard that there is a holy Spirit." He said, "How were you baptized?" They replied, "With the baptism of John." Paul then said, "John baptized with a baptism of repentance, telling the people to believe in the one who was to come after him, that is, in Jesus." When they heard this, they were baptized in the name of the Lord Jesus. And when Paul laid [his] hands on them, the holy Spirit came upon them, and they spoke in tongues and prophesied.

Acts of the Apostles 19:1–6

Understanding Scripture

Paul's mission was to preach the Good News of Jesus to the Gentiles. In the Scripture passage above, Paul meets some Jews who had been followers of John the Baptist and then followers of Jesus. But they had only been baptized by John, as Jesus had been. Their baptism of repentance by John needed to be completed by Baptism into the life, Death, Resurrection and Ascension of Jesus. With this Baptism they would receive the Holy Spirit. After they were baptized in the name of the Lord Jesus, Paul laid his hands on them, and they received the Holy Spirit. This gift was expressed in the wondrous acts they were then capable of performing.

Scripture and You

You were probably baptized as an infant and haven't thought much about it since then. Like the believers above, you may have taken your Baptism for granted. But in your preparation for Confirmation, you have been asked to think more seriously about what your Baptism means to you. You received the Holy Spirit at your Baptism, and he will be strengthened in you through the Sacrament of Confirmation.

REFLECTING ON GOD'S WORD

Take a few moments to quiet yourself. Imagine that you are back at the day of your Baptism. Your parents and godparents are there with you as the priest baptizes you. Give thanks to God for your Baptism and for the gift of the Holy Spirit you received at that time. Speak to God silently about whatever you would like.

growing

María de Pentecostés, Cerezo Barredo, 1994.

Mary of Pentecost, Cerezo Barredo, 1994.

A medida que vas creciendo

Tu vida ha cambiado a medida que has ido creciendo y madurando. Has aprendido cosas, desarrollado destrezas y te has hecho más independiente. El crecer trae privilegios y responsabilidades adicionales. Por ejemplo, cuando eras un bebé se esperaba muy poco de ti. A los siete años se te pedía que hicieras mucho más, y ahora aún más.

Crecimiento espiritual

Así como creces en fortaleza, tamaño e inteligencia, también estás llamado a crecer en el Espíritu Santo. En el Bautismo recibiste el don de la gracia, o vida divina. A medida que has crecido has sido llamado a reconocer el amor de Dios por ti y los dones especiales que te ha dado. Ahora estás listo para aceptar las responsabilidades y los privilegios que te pertenecen por tu Bautismo. Tienes la oportunidad de vivir tu unción por el Espíritu Santo y de participar más plenamente en la misión de Jesús.

Confirmación

La Confirmación celebra el don del Espíritu que recibiste en el Bautismo. Para ser confirmado "deberías estar en un estado de gracia (es decir, sin pecado serio), así como bien preparado mediante la oración y la catequesis, y estar comprometido a las responsabilidades que conlleva el sacramento" (*Catecismo Católico de los Estados Unidos para los Adultos*, capítulo 16). En la Confirmación el Espíritu te da fortaleza para vivir más plenamente según las enseñanzas de Dios, imitar a Cristo más fielmente y expresar tu fe con más valor. En la Confirmación quedas más estrechamente unido a la Iglesia, por lo tanto debes estar preparado para asumir el papel de discípulo y testigo suyo. Toda la comunidad celebra contigo el momento de tu compromiso con Jesús y su Iglesia. La comunidad reza para que el Espíritu te bendiga con la gracia que necesitas para crecer en Cristo. La Confirmación se celebra durante la Eucaristía para expresar con mayor claridad la unidad de los sacramentos de la Iniciación. El obispo es el ministro ordinario de la Confirmación, que ha recibido la plenitud del sacramento del Orden y es partícipe de la responsabilidad y misión apostólica de toda la Iglesia.

El Rito de la Confirmación

El Rito de la Confirmación incluye las siguientes partes: la presentación de los candidatos, la homilía, la renovación de los compromisos bautismales, la imposición de las manos y unción con el santo crisma y la Oración de los fieles.

crecien

As You Grow

Your life has changed as you've grown older and matured. You've learned things, developed skills, and become more independent. With this growth comes additional privileges and responsibilities. For example, very little was expected of you as a baby. But you were asked to do a great deal more as a seven-year-old, and even more now.

Spiritual Growth

Just as you grow in strength, size, and intelligence, so are you called to grow in the Holy Spirit. At Baptism you received the gift of grace, or divine life. As you've grown, you've been called to recognize God's love for you and the great gifts he has given you. Now you are ready to accept the responsibilities and privileges that are yours because of your Baptism. Now you have the opportunity to live out your anointing by the Holy Spirit, and to share more fully in the mission of Jesus.

Confirmation

Confirmation celebrates the gift of the Spirit that you received in Baptism. To be confirmed you "should be in the state of grace (that is, without serious sin), be well prepared by catechesis and prayer, and be committed to the responsibilities entailed by the Sacrament." (*United States Catholic Catechism for Adults,* Chapter 16) In Confirmation the Spirit gives you strength to live by God's teachings more fully, to imitate Christ more closely, and to express your faith more courageously. You are bound more closely to the Church in Confirmation so you must be ready to assume the role of disciple and witness to him. The whole community celebrates with you as you commit to Jesus and his Church. The community prays that the Spirit will bless you with the grace you need to grow in Christ. Confirmation is celebrated during the Eucharist to express more clearly the unity of the Sacraments of Initiation.

Holy Spirit, Cerezo Barredo, 1995.

Espíritu Santo, Cerezo Barredo, 1995.

The bishop is the ordinary minister of Confirmation. He receives the fullness of the Sacrament of Holy Orders and shares in the apostolic responsibility and mission of the whole Church.

The Rite of Confirmation

The Rite of Confirmation includes the following parts: the Presentation of the Candidates, Homily, Renewal of Baptismal Promises, Laying On of Hands, Anointing with Chrism, and Prayer of the Faithful.

do

La misa de la Confirmación

Como otras celebraciones litúrgicas en las que has participado, la misa para la Confirmación sigue un modelo preestablecido. Comienza con la **Colecta**, u oración de apertura.

Presentación de los candidatos

Después de las lecturas de las Escrituras eres presentado ante el obispo para la Confirmación. Se te llama por tu nombre o como grupo. Al ponerte de pie ante el obispo das testimonio de tu deseo de declararte cristiano y de vivir como cristiano.

Homilía

Una vez que el pastor te presenta ante el obispo tomas asiento y el obispo te habla a ti y a la congregación en su homilía. En la homilía el obispo explica cómo las lecturas de las Escrituras revelan una comprensión más profunda del misterio de la Confirmación.

Renovación de los compromisos bautismales

Al final de la homilía renuevas públicamente tu promesas bautismales al ponerte de pie y afirmar tu compromiso como seguidor de Jesús. Se te pregunta si renuncias a Satanás y a todas sus obras. Tú respondes: "Sí, renuncio". Respondes "Sí, creo" a todas las preguntas sobre las declaraciones básicas de nuestras creencias como católicos.

MI TURNO — Enviar al Espíritu

Cualquiera de las siguientes puede servir como oración de apertura del Ritual para la Confirmación. ¿Cuál de estas oraciones resume de mejor forma lo que tu Confirmación significa para ti? ¿Por qué?

1. Concédenos, Dios todopoderoso y clemente, que el Espíritu Santo venga a habitar en nosotros y nos transforme en templos de su gloria.

2. Cumple, Señor, tu promesa y envíanos a tu Espíritu Santo, para que podamos dar testimonio ante el mundo con nuestra vida, del Evangelio de Jesucristo, nuestro Señor.

3. Envía, Señor, sobre nosotros a tu Santo Espíritu, para que caminemos todos en la unidad de la fe y, sostenidos por la fuerza de su amor, podamos llegar a la madurez de la vida en Cristo.

4. Que el Espíritu Santo, que procede de ti, ilumine nuestras mentes y las guíe hacia la verdad completa.

_____

_____

_____

The Confirmation Mass

Like other liturgical celebrations in which you have participated, the Mass for your Confirmation follows a set pattern. It begins with the **Collect**, or opening prayer.

Presentation of the Candidates

After the Scripture readings, you are presented to the bishop for Confirmation. You are called by name or as a group. By standing before the bishop, you give witness to your desire to declare yourself a Christian and to live as one.

Homily

After the pastor presents you to the bishop, you are seated and the bishop speaks to you and to the congregation in his Homily. In the Homily the bishop explains how the Scripture readings reveal a deeper understanding of the mystery of Confirmation.

Renewal of Baptismal Promises

At the end of the Homily, you publicly renew your baptismal promises by standing and affirming your commitment as a follower of Jesus. You are asked if you reject Satan and all his works. You respond, "I do" to this and to all the basic statements of what we believe as Catholics.

MY TURN | Sending the Spirit

Any of the following can serve as the opening prayer for the Rite of Confirmation. Which of these prayers best summarizes what your Confirmation means to you? Why?

1. God of power and mercy, send your Holy Spirit to live in our hearts and make us temples of his glory.

2. Lord, fulfill your promise: send the Holy Spirit to make us witnesses before the world to the Good News proclaimed by Jesus Christ our Lord.

3. Lord, send us your Holy Spirit to help us walk in unity of faith and grow in the strength of his love to the full stature of Christ.

4. Lord, fulfill the promise given by your Son and send the Holy Spirit to enlighten our minds and lead us to all truth.

_____

_____

_____

Árbol de fuego, Diane Bolinger, 2011.

Fire Tree, Diane Bolinger, 2011.

Después de tu profesión de fe, el obispo invita a todos los presentes a rezar con él. Dice:

Oremos, hermanos, a Dios Padre Todopoderoso
por estos hijos suyos,
que renacieron ya a la vida eterna en el Bautismo,
para que envíe abundantemente sobre ellos
al Espíritu Santo,
a fin de que este mismo Espíritu
los fortalezca con la abundancia de sus dones,
los consagre con su unción espiritual
y haga de ellos imagen fiel de Jesucristo.

Imposición de las manos

Mientras el obispo extiende las manos sobre los que se van a confirmar, padres, padrinos y toda la congregación se unen enfocándose en un solo pensamiento: Ven, Espíritu Santo.

El obispo reza:

Dios todopoderoso,
Padre de nuestro Señor Jesucristo,
que has hecho nacer de nuevo a estos hijos tuyos
por medio del agua y del Espíritu Santo,
librándolos del pecado,
escucha nuestra oración
y envía sobre ellos al Espíritu Santo Consolador:
espíritu de sabiduría y de inteligencia,
espíritu de consejo y de fortaleza,
espíritu de ciencia, de piedad
y de tu santo temor.
Por Jesucristo, nuestro Señor.

MI TURNO   Los dones del Espíritu

¿Cuál de los dones del Espíritu que se mencionan en la oración te ayudará más? ¿De qué manera?

_____

_____

_____

_____

_____

_____

_____

After your profession of faith, the bishop invites everyone to pray with him. He says,

My dear friends:
in baptism God our Father gave
*   the new birth of eternal life*
to his chosen sons and daughters.
Let us pray to our Father
that he will pour out the Holy Spirit
to strengthen his sons and daughters
*   with his gifts*
and anoint them to be more like
*   Christ the Son of God.*

Laying On of Hands

As the bishop extends his hands over you in the Rite of Confirmation, your parents, sponsors, and the entire congregation are united in focusing on one thought: Come, Holy Spirit.

The bishop prays,

All-powerful God, Father of
*   our Lord Jesus Christ,*
by water and the Holy Spirit
you freed your sons and daughters from sin
and gave them new life.

Send your Holy Spirit upon them
to be their Helper and Guide.

Give them the spirit of wisdom
*   and understanding,*

the spirit of right judgment and courage,
the spirit of knowledge and reverence.

Fill them with the spirit of
*   wonder and awe in your presence.*

We ask this through Christ our Lord.

MY TURN   The Spirit's Gifts

Which of the Spirit's gifts listed in the prayer will most help you? In what ways?

_____

_____

_____

_____

_____

_____

_____

_____

_____

_____

_____

Unción con el santo crisma

En el ritual para la Confirmación te presentas ante el obispo con tu padrino, y tu padrino coloca su mano sobre tu hombro derecho. Tú o tu padrino dicen al obispo tu nombre de Confirmación.

El obispo te confirma ungiéndote con el crisma, lo que se realiza por medio de la imposición de la mano y con las palabras: "[Nombre], recibe por esta señal el Don del Espíritu Santo".

Tú respondes: "Amén".

Luego el obispo te ofrece una señal de paz y dice: "La paz esté contigo".

Tú respondes: "Y con tu espíritu".

Con la unción del obispo recibes un carácter **indeleble** o permanente, que significa la forma en que eres sellado con el don del Espíritu Santo. El don te ayuda a ser más semejante a Cristo y te encarga vivir tu misión profética de ser su testigo ante toda circunstancia y en el centro mismo de la comunidad humana.

Rito

En la Confirmación recibes y celebras la gracia transformadora del Espíritu Santo.

Significado

En Pentecostés el Espíritu Santo vino a los primeros apóstoles y se apareció en forma de lenguas de fuego sobre sus cabezas.

Vida cotidiana

El don del Espíritu Santo despierta en nosotros una nueva fortaleza y nuevos propósitos. Podemos acceder a esa fortaleza cuando nos enfrentamos a una decisión o tarea difícil.

Vida de fe

El sacramento de la Confirmación enciende nuestros corazones. Rezamos para que podamos usar los dones recibidos, sentirnos fortalecidos, dar frutos abundantes y ser seguidores fieles de Cristo.

Anointing with Chrism

In the Rite of Confirmation, you come before the bishop with your sponsor, and your sponsor places his or her hand on your right shoulder. You or your sponsor tells the bishop your Confirmation name.

The bishop confirms you by anointing you with Chrism, done by the laying on of the hand, and with the words, "[Name], be sealed with the Gift of the Holy Spirit."

You respond, "Amen."

Then the bishop extends to you a sign of peace and says, "Peace be with you."

You respond, "And with your spirit."

With the bishop's anointing, you receive an **indelible,** or permanent, character that signifies the way you are sealed with the Gift of the Holy Spirit. The Gift helps you become more like Christ and commissions you to live your prophetic mission to be a witness to him in all circumstances and at the very heart of the human community.

rite

Rite

At Confirmation you receive and celebrate the transforming grace of the Holy Spirit.

Meaning

At Pentecost, the Holy Spirit came to the first Apostles and appeared as tongues of fire above their heads.

Daily Life

The Gift of the Holy Spirit awakens in us new strength and purpose. We can tap into that strength whenever we are faced with a difficult decision or task.

Life of Faith

The Sacrament of Confirmation sets our hearts afire. We pray that we may use the gifts we have received, feel strengthened, give abundant fruits, and be faithful followers of Christ.

Oración Universal

La misa continúa con peticiones que se ofrecen por todas nuestras necesidades. En la liturgia los otros jóvenes recién confirmados y tú, que han sido unidos en el don del Espíritu, se unen en la adoración al Padre por medio de su Hijo, Jesucristo.

La misa continúa

Ustedes se unen más estrechamente entre sí al rezar el Padrenuestro, al compartir la señal de la paz de Cristo y al recibir el Cuerpo y la Sangre de Cristo en la Sagrada Comunión. Cuando participas en la Eucaristía celebras la vida de fe que ha sido confirmada en ti mediante la acción del Espíritu Santo.

La misa termina con una oración solemne de bendición final sobre todas las personas en la asamblea. El obispo extiende las manos sobre todas las personas y recita la siguiente bendición, o una similar.

Obispo: Que Dios Padre Todopoderoso, que los ha adoptado como hijos, haciéndolos renacer del agua y del Espíritu Santo, los bendiga y los haga siempre dignos de su amor paternal.

Respuesta: Amén.

Obispo: Que el Hijo unigénito de Dios, que prometió a su Iglesia la presencia continua del Espíritu de verdad, los bendiga y los confirme en la confesión de la fe verdadera.

Respuesta: Amén.

Obispo: Que el Espíritu Santo, que encendió en el corazón de los discípulos el fuego del amor, los bendiga y, congregándolos en la unidad, los conduzca, a través de las pruebas de la vida, a los gozos del Reino eterno.

Respuesta: Amén.

Obispo: Y que a todos ustedes aquí presentes los bendiga Dios todopoderoso, Padre, Hijo y Espíritu Santo.

Respuesta: Amén.

MI TURNO Bendecidos por la Trinidad

1. **Repasa la oración de la bendición final. Escribe lo que cada Persona de la Trinidad hizo por nosotros o por los discípulos.**

_____

_____

_____

2. **Escribe lo que cada Persona de la Trinidad hará por nosotros.**

_____

_____

_____

Prayer of the Faithful

The Mass continues with intercessions offered for all our needs. In the liturgy you and the other newly confirmed, who have been united in the Gift of the Spirit, are bound together in the worship of the Father through his Son, Jesus Christ.

The Mass Continues

You are joined more closely with one another in praying the Lord's Prayer, in sharing the sign of Christ's peace, and in receiving the Body and Blood of Christ in Holy Communion. When you participate in the Eucharist, you celebrate the life of faith that has been confirmed in you through the action of the Holy Spirit.

The Mass ends with a solemn final blessing prayer over all the people in the assembly. The bishop extends his hands over all and prays the following blessing, or one similar to it.

Bishop: God our Father made you his children by water and the Holy Spirit: may he bless you and watch over you with his fatherly love.

Response: Amen.

Bishop: Jesus Christ the Son of God promised that the Spirit of truth will be with his Church for

ever: may he bless you and give you courage in professing the true faith.

Response: Amen.

Bishop: The Holy Spirit came down upon the disciples and set their hearts on fire with love: may he bless you, keep you one in faith and love and bring you to the joy of God's kingdom.

Response: Amen.

Bishop: May almighty God bless you, the Father, and the Son, and the Holy Spirit.

Response: Amen.

MY TURN Blessed by the Trinity

1. **Review the prayer of solemn final blessing above. Write what each Person of the Trinity did for us or for the disciples.**

_____

_____

_____

2. **Write what each Person of the Trinity will do for us.**

_____

_____

_____

Vivir tu compromiso

Cuando recibes la unción, el sello y la bendición en la Confirmación, asumes el papel de testigo de Jesús en la Iglesia y en el mundo. Al cooperar con el Espíritu Santo crecerás en la sabiduría y el amor a Jesús.

Los efectos de la Confirmación son muchos.

- Te unes más estrechamente a Cristo.

- Los dones del Espíritu Santo que recibiste en el Bautismo se sellan y se fortalecen.

- Te llenas del Espíritu Santo, lo que te ayudará a aceptar tus nuevas responsabilidades como cristiano.

- Puedes participar de mejor manera en el culto y la vida apostólica de la Iglesia.

¿Qué puedes añadir a esta lista?

Tu preparación para el sacramento de la Confirmación está llegando a su fin. Toma tiempo para dar gracias a Dios y a tu padrino o madrina por apoyarte y guiarte durante este tiempo especial.

1 SER TESTIGO

Guiado por el Espíritu: San Ignacio de Loyola

Ignacio fue el hijo más pequeño de una familia noble de España. Ingresó en el ejército y defendió a su país durante varios años. Cuando tenía 30 años fue gravemente herido en combate. Durante su recuperación pidió algunos libros para leer. Los únicos libros que se pudieron encontrar trataban sobre la vida de Cristo y la de los santos. Leer y pensar acerca de estas vidas conmovió a Ignacio profundamente. Contempló su propia vida y experimentó una conversión religiosa. Guiado por el Espíritu, Ignacio decidió renunciar a su vida militar, volver a la escuela y dedicar su vida a Dios. En la Universidad de París conoció a seis jóvenes que se le unieron para formar una comunidad religiosa. Tomaron los tres votos tradicionales de pobreza, castidad y obediencia, además de un cuarto voto de obediencia al papa. El ministerio principal de esta comunidad era enseñar; los sacerdotes se convirtieron en grandes misioneros y fueron muy importantes en la lucha contra las falsas enseñanzas. Hoy en día a esta comunidad se le conoce como la Compañía de Jesús, o los jesuitas. Ignacio enseñó que podemos encontrar a Dios en todas las cosas; Dios está en todo lo que vemos, escuchamos y hacemos. La fiesta patronal de san Ignacio de Loyola es el 31 de julio.

Living Your Commitment

When you are anointed, sealed, and blessed in Confirmation, you assume the role of witness to Jesus in the Church and in the world. By cooperating with the Holy Spirit, you will grow in the knowledge and love of Jesus.

The effects of Confirmation are many.

- You are united closer to Christ.

- The Gifts of the Holy Spirit you received in Baptism are sealed and strengthened.

- You are filled with the Holy Spirit, who will help you accept the new responsibilities you have as a Christian.

- You are better able to participate in the worship and apostolic life of the Church.

What can you add to this list?

Your preparation for the Sacrament of Confirmation is drawing to a close. Take time to thank God and your sponsor for supporting you and guiding you during this special time.

1 WITNESS

Led By the Spirit: Saint Ignatius of Loyola

Ignatius was the youngest son in a noble family in Spain. He joined the military and defended his country for several years. At the age of 30, he was seriously injured in battle. During his recovery, Ignatius asked for some books to read. The only books that could be found were on the life of Christ and the lives of the saints. Reading and thinking about these lives moved Ignatius deeply. He contemplated his own life and experienced a religious conversion. Led by the Spirit, Ignatius decided to give up his military life, return to school, and dedicate his life to God. At the University of Paris, he met six young men who joined him in forming a religious community. They took the three traditional vows of poverty, chastity, and obedience, plus a fourth vow of obedience to the pope. The community's main work was teaching; the priests became great missionaries and were a strong force in fighting false teachings. Today this community is known as the Society of Jesus, or the Jesuits. Ignatius taught that we can find God in all things; God is in everything we see, hear, and do. Saint Ignatius of Loyola's feast day is July 31.

2 ACTUAR

Cuidar de la creación de Dios

San Ignacio enseñó que Dios se puede encontrar en cada persona, en todo lugar y en todas las cosas. Cuando aprendemos a poner más atención a Dios nos encontramos con que somos más agradecidos y más reverentes, y por medio de estas experiencias nos hacemos más fieles a Dios y nos enamoramos más profundamente de nuestro Creador. Nuestra fe siempre ha pedido moderación en el uso de los bienes materiales. No debemos permitir que nuestro deseo de tener más bienes materiales sobrepase nuestra preocupación por las necesidades básicas de las personas y del medio ambiente. Una vida menos centrada en la prosperidad material nos puede recordar que somos más que lo que poseemos. Una mayor sensibilización sobre la justicia y el bien común y un sentido renovado de moderación en el consumo pueden ser contribuciones para llevar a cabo la tarea de cuidar de la creación de Dios.

3 REZAR

El gran amor de Dios

El amor de Dios está en toda cosa y en todo lugar. A medida que terminas tu preparación para la Confirmación recuerda que el Espíritu Santo está siempre contigo, acompañándote en tu camino de fe.

Llamado a la oración

Pronto recibirás el sacramento de la Confirmación. Tu relación con Dios será más sólida. Da gracias a Dios por su guía durante este tiempo tan importante.

2   ACT

Care for God's Creation

Saint Ignatius taught that God can be found in everyone, in every place, and in everything. When we learn to pay more attention to God, we become more thankful and reverent, and through this we become more devoted to God, more deeply in love with our Creator. Our faith has always urged moderation in the use of material goods. We must not allow our desires for more material things to overtake our concern for the basic needs of people and the environment. A life focused less on material gain may remind us that we are more than what we own. A greater awareness of justice and the common good and a renewed sense of restraint on our part can make an essential contribution to our care for God's creation.

3   PRAY

God's Great Love

God's love is everywhere and in everything. As you complete your preparation for Confirmation, remember that the Holy Spirit is always with you, accompanying you on your faith journey.

Call to Prayer

You will soon receive the Sacrament of Confirmation. Your relationship with God will be stronger. Thank God for his guidance during this important time.

rezar

El compasivo y generoso amor de Dios

Todos: En el nombre del Padre y del Hijo y del Espíritu Santo. Amén.

Líder: Al acercarse el día de la Confirmación, escuchemos la Palabra de Dios y recemos los unos por los otros.

. . . Pablo viajaba por el interior hasta llegar a Éfeso. Allí encontró unos discípulos y les preguntó si habían recibido el Espíritu Santo después de abrazar la fe. Le respondieron: "Ni sabíamos que había Espíritu Santo". Les preguntó: "Entonces, ¿qué bautismo han recibido?" Contestaron: "El bautismo de Juan". Pablo replicó: "Juan predicó un bautismo de arrepentimiento, encargando al pueblo que creyera en el que venía detrás de él, o sea, en Jesús". Al oírlo, se bautizaron invocando el nombre del Señor Jesús. Pablo les impuso las manos y vino sobre ellos el Espíritu Santo, y se pusieron a hablar en distintas lenguas y a profetizar.

Hechos de los Apóstoles 19:1–6

Todos: Te alabamos, Señor.

Líder: Oremos por todos los que se están preparando para la Confirmación. Que permanezcan fieles a Dios, sean valientes testigos del Evangelio y se conviertan en herederos en la esperanza de la vida eterna.

Lector 1: Por todos nosotros, hijos e hijas de Dios, que confirmados por el don del Espíritu seremos testigos de Cristo con vidas fundadas en la fe y el amor. Oremos al Señor.

Todos: Te lo pedimos, Señor.

Lector 2: Por nuestros padres y padrinos, que nos conducen en la fe, para que por sus palabras y su ejemplo nos animen siempre a seguir el camino de Jesús. Oremos al Señor.

Todos: Te lo pedimos, Señor.

Lector 3: Por todos los miembros de la Iglesia, para que Dios, que nos reúne por medio del Espíritu Santo, nos ayude a crecer en la unidad de la fe y el amor hasta que Jesús, su Hijo, vuelva en su gloria. Oremos al Señor.

Todos: Te lo pedimos, Señor.

Líder: Que las obras del Espíritu Santo que comenzaron en Pentecostés continúen creciendo en los corazones de todos los creyentes.

Todos: Amén.

Líder: Hoy celebramos el siguiente paso en la fundación de nuestra relación con Dios. Reflexionemos sobre lo que hemos aprendido y adquirido al acercarnos más a Dios por medio de la preparación para el sacramento de la Confirmación.

Todos: Dios de amor, por medio de tus dones nos hemos preparado para servirte a ti y servir a los demás. Estamos preparados, Señor, para vivir nuestras responsabilidades como católicos confirmados. Amén.

pray

God's Kind and Generous Love

All: In the name of the Father, and of the Son, and of the Holy Spirit. Amen.

Leader: As the day of Confirmation approaches, let us listen to God's Word and pray for one another.

. . . Paul traveled through the interior of the country and came [down] to Ephesus where he found some disciples. He said to them, "Did you receive the holy Spirit when you became believers?" They answered him, "We have never even heard that there is a holy Spirit." He said, "How were you baptized?" They replied, "With the baptism of John." Paul then said, "John baptized with a baptism of repentance, telling the people to believe in the one who was to come after him, that is, in Jesus." When they heard this, they were baptized in the name of the Lord Jesus. And when Paul laid [his] hands on them, the holy Spirit came upon them, and they spoke in tongues and prophesied.

Acts of the Apostles 19:1–6

All: Thanks be to God.

Leader: Let us pray for all those preparing for Confirmation. May they remain faithful to God, give bold witness to the Gospel, and become heirs in the hope of eternal life.

Reader 1: For all of us, sons and daughters of God, that confirmed by the gift of the Spirit we will give witness to Christ by lives built on faith and love. Let us pray to the Lord.

All: Lord, hear our prayer.

Reader 2: For our parents and godparents, who lead us in faith, that by word and example they may always encourage us to follow the way of Jesus. Let us pray to the Lord.

All: Lord, hear our prayer.

Reader 3: For all members of the Church, that God, who gathers us together by the Holy Spirit, may help us grow in unity of faith and love until Jesus, his Son, returns in glory. Let us pray to the Lord.

All: Lord, hear our prayer.

Leader: May the work of the Holy Spirit begun at Pentecost continue to grow in the hearts of all who believe.

All: Amen.

Leader: Today we celebrate the next step in building our relationship with God. Let us think about all we have learned and gained in growing closer to God through preparation for the Sacrament of Confirmation.

All: Loving God, through your gifts we are prepared to serve as people for you and people for others. We are ready, Lord, to live out our responsibilities as confirmed Catholics. Amen.

resumen

En la Confirmación el Espíritu nos da la capacidad de vivir la vida de Dios más plenamente y de ser testigos de nuestra fe con mayor valentía.

RECUERDA

¿Cuál es la conexión que existe entre los sacramentos del Bautismo y la Confirmación?

El sacramento de la Confirmación perfecciona la gracia bautismal, afirma las responsabilidades y los privilegios que recibiste en el Bautismo y celebra el don del Espíritu que se te otorgó en el Bautismo.

¿Por qué el Rito de la Confirmación se lleva a cabo durante la misa?

Cuando recibes la Eucaristía celebras y participas en la vida de fe que ha sido confirmada en ti por medio del Espíritu Santo. Celebrar la Confirmación durante la Eucaristía expresa la unidad de los sacramentos de la Iniciación.

¿Cuáles son las partes principales del Rito de la Confirmación?

Las partes principales del Rito de la Confirmación son la presentación de los candidatos, la homilía, la renovación de las promesas bautismales, la imposición de las manos y la unción con el crisma y la Oración de los fieles.

¿Qué expresas cuando te pones de pie frente al obispo durante la presentación de los candidatos?

Cuando te pones de pie frente al obispo das testimonio de tu deseo de declararte preparado para ser discípulo y testigo de Cristo y para vivir según su ejemplo de amor a Dios y a los demás.

¿Qué hace el obispo para confirmarte?

El obispo te unge en la frente con el crisma y dice: "[Nombre], recibe por esta señal el Don del Espíritu Santo".

Palabras a saber

Colecta   indeleble

DIARIO DE MI CONFIRMACIÓN

Usa tu diario para adentrarte más profundamente en este capítulo. Dedica un tiempo a reflexionar en silencio y a escribir en las páginas 71–80 del diario. No te olvides de completar las páginas 81–83 al final del diario.

ACTÚA

1. ¿Cómo piensas "vivir" tu Confirmación? ¿Cuáles son tus esperanzas y tus metas como católico confirmado? ¿Cómo pondrás en práctica lo que has aprendido? Escribe sobre ello.

2. A continuación se sugieren algunas lecturas para la Confirmación. ¿Con qué lectura te sientes más identificado? ¿Por qué? Escribe sobre ello.

   - Isaías 11:1–4
   - Hechos de los Apóstoles 1:3–8
   - Ezequiel 36:24–28
   - Efesios 4:1–6

CON MI PADRINO

Planifica pasar un tiempo con tu padrino o madrina para compartir reflexiones, preguntas e ideas sobre este capítulo y ver cómo se relacionan con sus conversaciones de la revista *De fe a fe*.

Dios de amor, con los dones del Espíritu Santo podemos servir mejor a los demás. Estamos preparados, Señor, para vivir nuestras responsabilidades como católicos confirmados. Amén.

summary

FAITH SUMMARY

In Confirmation the Spirit empowers us to live God's life more fully and witness to our faith more courageously.

REMEMBER

What is the connection between the Sacraments of Baptism and Confirmation?

The Sacrament of Confirmation perfects baptismal grace, affirms the responsibilities and privileges that you received in Baptism, and celebrates the gift of the Spirit given to you at Baptism.

Why does the Rite of Confirmation take place during a Mass?

When you receive the Eucharist, you participate in and celebrate the faith life that has been confirmed in you through the Holy Spirit. Celebrating Confirmation during the Eucharist expresses the unity of the Sacraments of Initiation.

What are the main parts of the Rite of Confirmation?

The main parts of the Rite of Confirmation are the Presentation of the Candidates, Homily, Renewal of Baptismal Promises, Laying On of Hands, Anointing with Chrism, and the Prayer of the Faithful.

Loving God, through the Gifts of the Holy Spirit, we can better serve others. We are ready, Lord, to live out our responsibilities as confirmed Catholics. Amen.

Words to Know

Collect   indelible

What do you express when you stand before the bishop during the presentation of candidates?

When you stand before the bishop, you give witness to your desire to declare yourself ready to be a disciple and witness of Christ and to live according to his example of love for God and others.

What does the bishop do to confirm you?

The bishop anoints you on the forehead with Chrism and says: "[Name], be sealed with the Gift of the Holy Spirit."

MY CONFIRMATION JOURNAL

Use your journal to enter more deeply into this chapter. Quietly spend time reflecting and recording on journal pages 71–80. Be sure to complete pages 81–83 at the end of your journal.

REACH OUT

1. How do you plan to "live out" your Confirmation? What are your hopes and goals as a Confirmed Catholic? How will you put into practice what you have learned? Write about it.

2. Below are some suggested readings for Confirmation. Which reading speaks the most to you? Why? Write about it.
   - Isaiah 11:1–4
   - Acts of the Apostles 1:3–8
   - Ezekiel 36:24–28
   - Ephesians 4:1–6

WITH MY SPONSOR

Arrange with your sponsor to share your insights, questions, and ideas from this chapter and how they relate to your conversations from the *Faith to Faith* magazine.

repaso

CELEBRAR LA CONFIRMACIÓN

Enumera las partes de la misa de Confirmación en el orden en el que ocurren.

_____ **1.** Homilía

_____ **2.** Lecturas de las Escrituras

_____ **3.** Imposición de las manos

_____ **4.** Oración de los fieles

_____ **5.** Renovación de las promesas bautismales

_____ **6.** Presentación de los candidatos

_____ **7.** Unción con el crisma

Metamorfosis (detalle), Jane Macneill, 1999.

Metamorphosis (detail), Jane Macneill, 1999.

CRUCIGRAMA DE LA CONFIRMACIÓN

Usa las pistas para completar este crucigrama sobre el Rito de la Confirmación.

Horizontales

1. Te haces más semejante a Cristo cuando creces de esta manera.

3. Te declaras esto.

4. Otra palabra para describir el carácter permanente que recibes.

6. El Espíritu los mantiene activos en ti.

8. La Confirmación tiene lugar durante esta celebración para expresar la unidad de los sacramentos de la Iniciación.

Verticales

2. Tres de estos, el Bautismo, la Confirmación y la Eucaristía, te inician cómo cristiano.

4. _____ de las manos.

5. El Espíritu te ayuda a ser más semejante a él.

7. Con lo que te unge el obispo.

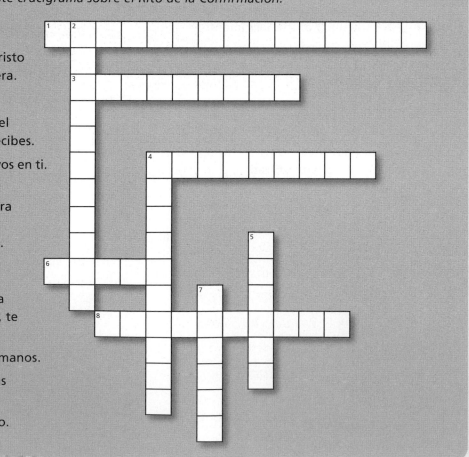

review

CELEBRATING CONFIRMATION

Number the steps in the Confirmation Mass in the order they occur.

_____ **1.** Homily

_____ **2.** Readings from Scripture

_____ **3.** Laying On of Hands

_____ **4.** Prayer of the Faithful

_____ **5.** Renewal of Baptismal Promises

_____ **6.** Presentation of the Candidates

_____ **7.** Anointing with Chrism

CONFIRMATION CROSSING

Use the clues to complete this crossword puzzle about the Rite of Confirmation.

Across

6. Three of these—Baptism, Confirmation, and the Eucharist—initiate you as a Christian.

7. The bishop anoints you with this.

8. You become more like Christ when you grow this way.

9. The Spirit keeps them active in you.

Down

1. During the laying on of hands, the bishop _____.

2. You declare yourself this.

3. The Spirit helps you become more like him.

4. Confirmation takes place during this celebration to express the unity of the Sacraments of Initiation.

5. another word for the permanent character you receive

creencias

Vivir nuestra fe

Como creyentes en Jesucristo estamos llamados a vivir una vida nueva y a tomar decisiones desde la moralidad, que nos mantengan unidos a Dios. Con la ayuda y la gracia del Espíritu Santo podemos elegir formas de actuar para seguir siendo amigos de Dios, ayudar a otras personas y cumplir nuestra misión profética de ser testigos de Jesús en todas las circunstancias y desde el corazón mismo de la comunidad humana.

Los Diez Mandamientos

Los Diez Mandamientos son una expresión especial de la ley natural que conocemos por medio de la Revelación de Dios y la razón humana. Nos guían para tomar decisiones que nos permiten vivir como Dios quiere que vivamos. Los primeros tres mandamientos nos dicen cómo amar a Dios; el resto nos enseñan cómo amar al prójimo.

1. Amarás a Dios sobre todas las cosas.

2. No tomarás el nombre de Dios en vano.

3. Santificarás las fiestas.

4. Honrarás a tu padre y a tu madre.

5. No matarás.

6. No cometerás actos impuros.

7. No robarás.

8. No dirás falso testimonio ni mentirás.

9. No consentirás pensamientos ni deseos impuros.

10. No codiciarás los bienes ajenos.

El Mandamiento Mayor

Los Diez Mandamientos se concretan en el Mandamiento Mayor de Jesús: "Amarás al Señor, tu Dios con todo tu corazón, con toda tu alma, con toda tu mente, con todas tus fuerzas. . . Amarás al prójimo como a ti mismo" (Marcos 12:30–31).

El Mandamiento Nuevo

Antes de morir en la cruz Jesús dio a sus discípulos un mandamiento nuevo: ". . . que se amen unos a otros como yo los he amado: ámense así unos a otros" (Juan 13:34).

Moisés con los
Diez Mandamientos.

Moses with the
Ten Commandments.

97

Living Our Faith

As believers in Jesus Christ, we are called to a new life and to make moral choices that keep us united with God. With the help and grace of the Holy Spirit, we can choose ways to act to remain friends with God, to help other people, and to fulfill our prophetic mission to be witnesses to Christ in all circumstances and at the very heart of the human community.

The Ten Commandments

The Ten Commandments are a special expression of natural law made known to us by God's Revelation and by human reason. They guide us in making choices that allow us to live as God wants us to live. The first three commandments tell us how to love God; the rest show us how to love our neighbor.

1. I am the Lord your God: you shall not have strange gods before me.

2. You shall not take the name of the Lord your God in vain.

3. Remember to keep holy the Lord's Day.

4. Honor your father and your mother.

5. You shall not kill.

6. You shall not commit adultery.

7. You shall not steal.

8. You shall not bear false witness against your neighbor.

9. You shall not covet your neighbor's wife.

10. You shall not covet your neighbor's goods.

The Great Commandment

The Ten Commandments are fulfilled in Jesus' Great Commandment: "You shall love the LORD your God with all your heart, with all your soul, with all your mind, and with all your strength. . . . You shall love your neighbor as yourself." (Mark 12:30–31)

The New Commandment

Before his death on the cross, Jesus gave his disciples a new commandment: "[L]ove one another. As I have loved you, so you also should love one another." (John 13:34)

Las Bienaventuranzas

Las Bienaventuranzas son las enseñanzas de Jesús del Sermón de la Montaña (Mateo 5:3–10).

Jesús nos enseña que si vivimos de acuerdo con las Bienaventuranzas tendremos una vida cristiana feliz. En las Bienaventuranzas se cumplen las promesas hechas a Abrahán y sus descendientes, y se describen las recompensas que obtendremos como fieles seguidores de Cristo.

*Bienaventurados los pobres de espíritu,
porque de ellos es el Reino de los cielos.*

*Bienaventurados los que lloran,
porque ellos serán consolados.*

*Bienaventurados los mansos,
porque ellos poseerán la tierra.*

*Bienaventurados los que tienen hambre y sed
de justicia, porque ellos serán saciados.*

*Bienaventurados los misericordiosos,
porque ellos alcanzarán misericordia.*

*Bienaventurados los limpios de corazón,
porque ellos verán a Dios.*

*Bienaventurados los que trabajan por la paz,
porque ellos serán llamados hijos de Dios.*

*Bienaventurados los perseguidos a causa de
la justicia, porque de ellos es el Reino de
los cielos.*

Sermón de la Montaña, siglo XV.

Sermon on the Mount, 15th century.

Las obras de misericordia

Las obras de misericordia corporales y espirituales son acciones que llevan la compasión y misericordia de Dios a las personas necesitadas.

Las obras de misericordia corporales

Las obras de misericordia corporales son actos de bondad con los que ayudamos a nuestro prójimo en sus necesidades materiales y físicas. Incluyen:

dar de comer al hambriento

dar de beber al sediento

vestir al desnudo

dar posada al peregrino

visitar y cuidar a los enfermos

redimir al cautivo

enterrar a los muertos

Las obras de misericordia espirituales

Las obras de misericordia espirituales son actos de compasión destinados a satisfacer las necesidades emocionales y espirituales de las personas. Incluyen:

enseñar al que no sabe

**dar buen consejo
al que lo necesita**

perdonar las injurias

**rogar a Dios por
vivos y difuntos**

corregir al que yerra

consolar al triste

**sufrir con paciencia los
defectos de los demás**

Works of Mercy

The Corporal and Spiritual Works of Mercy are actions that extend God's compassion and mercy to those in need.

Corporal Works of Mercy

The Corporal Works of Mercy are kind acts by which we help our neighbors with their material and physical needs. They include

feed the hungry

give drink to the thirsty

clothe the naked

shelter the homeless

visit the sick

visit the imprisoned

bury the dead

Spiritual Works of Mercy

The Spiritual Works of Mercy are acts of compassion that serve people's emotional and spiritual needs. They include

instruct the ignorant	**admonish sinners**
counsel the doubtful	**comfort the afflicted**
forgive offenses	**bear wrongs patiently**
pray for the living and the dead	

The Beatitudes

The Beatitudes are the teachings of Jesus in the Sermon on the Mount. (Matthew 5:3–10)

Jesus teaches us that if we live according to the Beatitudes, we will live a happy Christian life. The Beatitudes fulfill God's promises made to Abraham and his descendants and describe the rewards that will be ours as loyal followers of Christ.

Blessed are the poor in spirit,
for theirs is the kingdom of heaven.

Blessed are they who mourn,
for they will be comforted.

Blessed are the meek,
for they will inherit the land.

Blessed are they who hunger and thirst
for righteousness,
for they will be satisfied.

Blessed are the merciful,
for they will be shown mercy.

Blessed are the clean of heart,
for they will see God.

Blessed are the peacemakers,
for they will be called children of God.

Blessed are they who are persecuted
for the sake of righteousness,
for theirs is the kingdom of heaven.

Operation Rice Bowl is a hunger relief effort sponsored by Catholic Relief Services.

Operación Plato de Arroz es un programa de Catholic Relief Services para paliar el hambre.

Los mandamientos de la Iglesia

Los mandamientos de la Iglesia describen el esfuerzo mínimo que debemos hacer al rezar y vivir una vida moral. Todos los católicos son llamados a ir más allá de ese mínimo y crecer en el amor a Dios y a su prójimo. Los mandamientos son los siguientes:

1. Oír misa entera todos los domingos y fiestas de guardar.

2. Confesar los pecados mortales al menos una vez al año, y en peligro de muerte, y si se ha de comulgar.

3. Comulgar al menos por Pascua de Resurrección.

4. Ayunar y abstenerse de comer carne cuando lo manda la Santa Madre Iglesia.

5. Ayudar a la Iglesia en sus necesidades.

Días de ayuno
(para los adultos)

Miércoles de Ceniza   Viernes Santo

Días de abstinencia
(para los mayores de 14 años)

Miércoles de Ceniza
Todos los viernes de Cuaresma

Días de precepto

Días de precepto son aquellos días en los que, sin ser domingo, celebramos todas las grandes cosas que Dios ha hecho por nosotros a través de Jesús y de los santos. En los días de precepto los católicos deben oír misa. En los Estados Unidos se celebran seis días de precepto:

Santa María, Madre de Dios
1 de enero

Ascensión
Cuarenta días después de la Pascua
(para aquellas diócesis que no celebran la Ascensión el séptimo domingo de Pascua)

Asunción de la Virgen María
15 de agosto

Todos los Santos
1 de noviembre

La Inmaculada Concepción
8 de diciembre

Natividad de Nuestro Señor Jesucristo
25 de diciembre

Altar del Día de los Muertos en el Día de Todos los Santos y el Día de los Fieles Difuntos (1 y 2 de noviembre) en México.

Altar for Mexican Day of the Dead celebration on All Saints Day and All Souls Day (November 1 and 2).

Precepts of the Church

The Precepts of the Church describe the minimum effort we must make in prayer and in living a moral life. All Catholics are called to move beyond the minimum by growing in love of God and love of neighbor. The Precepts are as follows:

1. attendance at Mass on Sundays and Holy Days of Obligation

2. confession of sins at least once a year

3. reception of Holy Communion at least once a year during the Easter season

4. observance of the days of fast and abstinence

5. providing for the needs of the Church

Days of Fast
(for Adults)

Ash Wednesday   **Good Friday**

Days of Abstinence
(for all those over 14)

Ash Wednesday   **All Fridays in Lent**

Holy Days of Obligation

Holy Days of Obligation are the days other than Sundays on which we celebrate the great things God has done for us through Jesus and the saints. On Holy Days of Obligation, Catholics are obliged to attend Mass. Six Holy Days of Obligation are celebrated in the United States.

Mary, Mother of God
January 1

Ascension
Forty days after Easter (for those dioceses that do not celebrate the Ascension on the seventh Sunday of Easter)

Assumption of the Blessed Virgin Mary
August 15

All Saints
November 1

Immaculate Conception
December 8

Nativity of Our Lord Jesus Christ
December 25

Ascension of Jesus.

Ascensión de Jesús.

We celebrate Mary's life on several Holy Days of Obligation.

Celebramos la vida de María durante varios de los días de precepto.

Las virtudes

Las virtudes son dones que Dios nos concede para que vivamos una relación estrecha con él. Las virtudes son como los buenos hábitos. Deben practicarse; si se descuidan, pueden perderse. Las tres virtudes más importantes se denominan virtudes teologales porque provienen de Dios y conducen a Dios. Las virtudes cardinales son virtudes humanas adquiridas por medio de la educación y las buenas obras. Su nombre deriva del término latino *cardo,* que significa "aquello de lo cual dependen otras cosas".

Las virtudes teologales

fe	caridad	esperanza

Las virtudes cardinales

prudencia	justicia
fortaleza	templanza

Los dones del Espíritu Santo

El Espíritu Santo nos concede múltiples dones para que a través de ellos podamos hacer lo que Dios Padre nos pide. Los dones son:

sabiduría	consejo	ciencia
entendimiento	fortaleza	temor de Dios
piedad		

Los frutos del Espíritu Santo

Los frutos del Espíritu Santo son ejemplos de la manera en que actuamos porque Dios está vivo en nosotros. Los frutos son:

amor	gozo	paz
longanimidad	benignidad	bondad
mansedumbre	continencia	modestia
fe	castidad	paciencia

Tomar las decisiones correctas

Nuestra conciencia es la voz interna que nos ayuda a conocer la ley que Dios ha establecido en nuestro corazón. Nuestra conciencia nos ayuda a juzgar las cualidades morales de nuestras acciones. Nos guía para hacer el bien y evitar el mal.

El Espíritu Santo nos ayuda a forjar una buena conciencia. Para forjar nuestra conciencia estudiamos las enseñanzas de la Iglesia y seguimos la guía de nuestros padres y líderes pastorales.

Dios le ha dado a cada ser humano la libertad de elegir. Esto no significa que tenemos el derecho de hacer todo lo que queramos. Podemos vivir en plena libertad si cooperamos con el Espíritu Santo, que nos concede la virtud de la prudencia. Esta virtud nos ayuda a reconocer lo que está bien en cada situación y a tomar las decisiones correctas. El Espíritu Santo nos concede el don de la sabiduría y del entendimiento para ayudarnos a tomar las decisiones correctas en la vida, en la relación con Dios y con el prójimo. El don del consejo nos ayuda a reflexionar sobre las decisiones correctas que debemos tomar en la vida.

De izquierda a derecha: Las virtudes teologales de la caridad, la fe y la esperanza, Heinrich Maria Von Hess, 1819.

Left to right: the Theogical Virtues of charity, faith, and hope, Heinrich Maria von Hess, 1819.

Virtues

Virtues are gifts from God that lead us to live in a close relationship with him. Virtues are like good habits. They need to be used; they can be lost if they are neglected. The three most important virtues are called the Theological Virtues because they come from God and lead to God. The Cardinal Virtues are human virtues, acquired by education and good actions. They are named for the Latin word for "hinge" *(cardo),* meaning "that on which other things depend."

Theological Virtues

faith	charity	hope

Cardinal Virtues

prudence	justice
fortitude	temperance

Gifts of the Holy Spirit

The Holy Spirit makes it possible for us to do what God the Father asks of us by giving us many gifts. They include the following:

wisdom	counsel	knowledge
understanding	fortitude	fear of the Lord
piety		

Fruits of the Holy Spirit

The Fruits of the Holy Spirit are examples of the way we find ourselves acting because God is alive in us. They include the following:

love	joy	peace
kindness	generosity	goodness
gentleness	self-control	modesty
faithfulness	chastity	patience

Making Good Choices

Our conscience is the inner voice that helps us know the law God has placed in our hearts. Our conscience helps us judge the moral qualities of our own actions. It guides us to do good and avoid evil.

The Holy Spirit can help us form a good conscience. We form our conscience by studying the teachings of the Church and following the guidance of our parents and pastoral leaders.

God has given every human being freedom of choice. This does not mean that we have the right to do whatever we please. We can live in true freedom if we cooperate with the Holy Spirit, who gives us the virtue of prudence. This virtue helps us recognize what is good in every situation and make correct choices. The Holy Spirit gives us the gifts of wisdom and understanding to help us make the right choices in life, in relationship to God and others. The gift of counsel helps us reflect on making the correct choices in life.

El buen samaritano, Charalambos Epaminonda, 2008.

The Good Samaritan, Charalambos Epaminonda, 2008.

Manifestando nuestro amor al mundo

En la parábola del buen samaritano (Lucas 10:29–37), Jesús establece claramente nuestra responsabilidad de cuidar de los necesitados. La Iglesia católica nos enseña esta responsabilidad en los siguientes temas de la doctrina social de la Iglesia.

Vida y dignidad de la persona humana

Toda vida humana es sagrada y todas las personas deben ser respetadas y valoradas por encima de los bienes materiales. Estamos llamados a cuestionar si nuestras acciones como sociedad respetan o amenazan la vida y la dignidad de la persona humana.

Llamado a la familia, la comunidad y la participación

La participación en la familia y la comunidad es fundamental para nuestra fe y para una sociedad saludable. Las familias deben recibir apoyo para que las personas puedan participar en la sociedad, construir un espíritu de comunidad y promover el bienestar general, en especial de las personas pobres y vulnerables.

Derechos y responsabilidades

Toda persona tiene derecho a la vida, así como a las cosas que contribuyen a vivir de una forma decente. Como católicos, tenemos la responsabilidad de proteger estos derechos humanos básicos para lograr una sociedad saludable.

Opción por los pobres y vulnerables

En nuestro mundo hay personas que son muy ricas, mientras que muchas otras son extremadamente pobres. Como católicos estamos llamados a prestar especial atención a las necesidades de los pobres, defender y promover su dignidad y satisfacer sus necesidades materiales más urgentes.

Dignidad del trabajo y derechos de los trabajadores

La Iglesia católica nos enseña que deben respetarse los derechos básicos de los trabajadores: derecho al trabajo productivo, a un salario justo y a la propiedad privada; así como el derecho a organizarse, afiliarse a sindicatos y a buscar oportunidades económicas. Los católicos creen que la economía está al servicio de las personas y que el trabajo no solo constituye una simple manera de ganarse la vida, sino que representa una forma importante de participar en la creación de Dios.

Solidaridad

Dios es nuestro Padre y eso nos hace a todos hermanos y responsables de cuidarnos los unos a los otros. La solidaridad es la actitud que conduce a los cristianos a compartir los valores materiales y espirituales. La solidaridad une a ricos y pobres, a débiles y fuertes y contribuye a crear una sociedad que reconoce que dependemos los unos de los otros.

Cuidar de la creación

Dios es el Creador de todas las personas y las cosas y desea que disfrutemos de su creación. La responsabilidad de cuidar todo lo que Dios ha creado es un requisito de nuestra fe.

Showing Our Love for the World

In the story of the Good Samaritan (Luke 10:29–37), Jesus makes clear our responsibility to care for those in need. The Catholic Church teaches this responsibility in the following themes of Catholic Social Teaching.

Life and Dignity of the Human Person

All human life is sacred, and all people must be respected and valued over material goods. We are called to ask whether our actions as a society respect or threaten the life and dignity of the human person.

Call to Family, Community, and Participation

Participation in family and community is central to our faith and a healthy society. Families must be supported so that people can participate in society, build a community spirit, and promote the well-being of all, especially those who are poor and vulnerable.

Rights and Responsibilities

Every person has a right to life as well as a right to those things required for human decency. As Catholics, we have a responsibility to protect these basic human rights in order to achieve a healthy society.

Option for the Poor and Vulnerable

In our world, many people are very rich while at the same time many are extremely poor. As Catholics, we are called to pay special attention to the needs of the poor by defending and promoting their dignity and meeting their immediate material needs.

The Dignity of Work and the Rights of Workers

The Catholic Church teaches that the basic rights of workers must be respected: the right to productive work, fair wages, and private property; and the right to organize, join unions, and pursue economic opportunity. Catholics believe that the economy is meant to serve people and that work is not merely a way to make a living, but an important way in which we participate in God's creation.

Solidarity

Because God is our Father, we are all brothers and sisters with the responsibility to care for one another. Solidarity is the attitude that leads Christians to share spiritual and material goods. Solidarity unites rich and poor, weak and strong, and helps create a society that recognizes that we all depend on one another.

Care for God's Creation

God is the Creator of all people and all things, and he wants us to enjoy his creation. The responsibility to care for all God has made is a requirement of our faith.

Celebrar nuestra fe

Jesús se acerca a nuestras vidas a través de los sacramentos. Los sacramenos incluyen objetos físicos como el agua, el pan y el vino, el aceite y otros símbolos que son signos de la presencia de Jesús.

Los siete sacramentos

Los sacramentos de la Iniciación

Estos sacramentos constituyen la base sobre la que se sostiene la vida de todo cristiano.

El Bautismo

Por medio del Bautismo nacemos a una vida nueva en Cristo. El Bautismo nos limpia del pecado original y nos convierte en miembros de la Iglesia. Uno de sus signos es el agua que se vierte.

La Confirmación

La Confirmación sella nuestra vida de fe en Jesús. Los signos propios de este sacramento son la imposición de manos sobre la cabeza de una persona, acción que normalmente ejecuta un obispo, y la unción con óleo. Como en el caso del Bautismo, la Confirmación se recibe una sola vez.

La Eucaristía

La Eucaristía sustenta nuestra vida de fe. Recibimos el Cuerpo y la Sangre de Cristo bajo la apariencia de pan y vino.

Los sacramentos de la Curación

Estos sacramentos celebran el poder sanador de Jesús.

La Penitencia y la Reconciliación

Mediante la Reconciliación recibimos el perdón de Dios. Para ser perdonados debemos arrepentirnos de nuestros pecados. En este sacramento recibimos la gracia sanadora de Jesús por medio de la absolución que nos da el sacerdote. Los signos de este sacramento son la confesión de nuestros pecados, el arrepentimiento, el cumplimiento de la penitencia y satisfacción, y las palabras de absolución.

La Unción de los Enfermos

Este sacramento une el sufrimiento del enfermo con el sufrimiento de Jesús. El óleo, un símbolo de fortaleza, es el elemento representativo de este sacramento. El enfermo es ungido con óleo y recibe la imposición de manos de un sacerdote.

Los sacramentos al Servicio de la Comunidad

Estos sacramentos nos ayudan a servir a la comunidad.

El Matrimonio

En el Matrimonio un hombre y una mujer bautizados se unen entre sí como signo de la unidad entre Jesús y su Iglesia. El Matrimonio requiere el consentimiento de los cónyuges, tal como lo expresan en las promesas matrimoniales. La pareja es el signo de este sacramento.

El Orden

En el sacramento del Orden los hombres se ordenan como sacerdotes para oficiar como líderes de la comunidad o como diáconos, para recordarnos nuestro llamado bautismal a servir al prójimo. Los signos de este sacramento son la imposición de las manos y la oración por medio de la cual el obispo le pide a Dios que el Espíritu Santo descienda sobre ellos.

Celebrating Our Faith

Jesus touches our lives through the sacraments. In the sacraments, physical objects—water, bread and wine, oil, and others—are the signs of Jesus' presence.

The Seven Sacraments

Sacraments of Initiation

These sacraments lay the foundation of every Christian life.

Baptism

In Baptism we are born into new life in Christ. Baptism takes away Original Sin and makes us members of the Church. One of its signs is the pouring of water.

Confirmation

Confirmation seals our life of faith in Jesus. Its signs are the laying on of hands on a person's head, most often by a bishop, and the anointing with oil. Like Baptism, it is received only once.

Eucharist

The Eucharist nourishes our life of faith. We receive the Body and Blood of Christ under the appearance of bread and wine.

Sacraments of Healing

These sacraments celebrate the healing power of Jesus.

Penance and Reconciliation

Through Reconciliation we receive God's forgiveness. Forgiveness requires being sorry for our sins. In Reconciliation we receive Jesus' healing grace through absolution by the priest. The signs of this sacrament are our confession of sins, our repentance and satisfaction, and the words of absolution.

Anointing of the Sick

This sacrament unites a sick person's sufferings with those of Jesus. Oil, a symbol of strength, is a sign of this sacrament. A person is anointed with oil and receives the laying on of hands from a priest.

Sacraments at the Service of Communion

These sacraments help us serve the community.

Matrimony

In Matrimony a baptized man and woman are united with each other as a sign of the unity between Jesus and his Church. Matrimony requires the consent of the couple, as expressed in the marriage promises. The couple are the sign of this sacrament.

Holy Orders

In Holy Orders, men are ordained priests to be leaders of the community, or deacons to be reminders of our baptismal call to serve others. The signs of this sacrament are the laying on of hands and the prayer of the bishop asking God for the outpouring of the Holy Spirit.

Reconciliarse con Dios y con el prójimo

Examen de conciencia

Un examen de conciencia es el acto de mirar en oración en nuestros corazones para preguntarnos cómo hemos dañado nuestra relación con Dios y con las otras personas con nuestros pensamientos, palabras y acciones. Reflexionamos acerca de los Diez Mandamientos y las enseñanzas de la Iglesia. Las siguientes preguntas nos ayudan a hacer un examen de conciencia.

Mi relación con Dios

- ¿Qué pasos estoy siguiendo para acercarme a Dios y a los demás? ¿Recurro a Dios con frecuencia, durante el día, en especial cuando estoy siendo tentado?

- ¿Participo en la misa con atención y devoción todos los domingos y los días de precepto? ¿Rezo con frecuencia y leo la Biblia?

- ¿Uso el nombre de Dios, de Jesús, de María y de los santos con amor y reverencia?

Mi relación con mi familia, mis amigos y el prójimo

- ¿He dado mal ejemplo con mis palabras o acciones? ¿Trato a los demás de manera justa? ¿He difundido rumores que lastiman a otras personas?

- ¿Soy afectuoso con los miembros de mi familia? ¿Soy respetuoso con mis vecinos, mis amigos y las personas con autoridad?

- ¿Muestro respeto por mi cuerpo y por el cuerpo de los demás? ¿Me mantengo alejado de las distintas formas de entretenimiento que no respetan el don de la sexualidad que Dios nos ha dado?

- ¿He tomado o dañado algo que no me pertenecía? ¿He hecho trampas en la escuela, copiado las tareas o mentido?

- ¿Discuto con otros para salirme con la mía? ¿He insultado a otras personas para hacerlas sentir inferiores a mí? ¿Soy rencoroso e intento lastimar a las personas que creo que me han lastimado?

Cómo hacer una buena confesión

El examen de conciencia constituye una parte importante de la preparación para el sacramento de la Reconciliación. El sacramento de la Reconciliación incluye los siguientes pasos:

1. El sacerdote nos saluda y nos persignamos con la Señal de la Cruz. Puede que lea la Palabra de Dios con nosotros.

2. Confesamos nuestros pecados. El sacerdote puede ayudarnos y aconsejarnos.

3. El sacerdote nos asigna una penitencia. Nuestra penitencia puede ser rezar ciertas oraciones, realizar un acto de caridad o ambas cosas.

4. El sacerdote nos pide que expresemos nuestro arrepentimiento; normalmente se hace recitando el Acto de Contrición.

5. Recibimos la absolución. El sacerdote dice: "Yo te absuelvo de tus pecados en el nombre del Padre, y del Hijo y del Espíritu Santo". Nosotros respondemos: "Amén".

6. El sacerdote nos despide diciendo: "Vete en paz". Nos retiramos y nos disponemos a cumplir la penitencia que el sacerdote nos ha dado.

Reconciling with God and Others

An Examination of Conscience

An examination of conscience is the act of prayerfully looking into our hearts to ask how we have hurt our relationships with God and other people through our thoughts, words, and actions. We reflect on the Ten Commandments and the teachings of the Church. The questions below will help us in our examination of conscience.

My Relationship with God

- What steps am I taking to help myself grow closer to God and others? Do I turn to God often during the day, especially when I am tempted?

- Do I participate at Mass with attention and devotion on Sundays and Holy Days? Do I pray often and read the Bible?

- Do I use God's name or the name of Jesus, Mary, and the saints with love and reverence?

My Relationship with Family, Friends, and Neighbors

- Have I set a bad example through my words or actions? Do I treat others fairly? Do I spread stories that hurt other people?

- Am I loving of those in my family? Am I respectful to my neighbors, friends, and those in authority?

- Do I show respect for my body and for the bodies of others? Do I keep away from forms of entertainment that do not respect God's gift of sexuality?

- Have I taken or damaged anything that did not belong to me? Have I cheated, copied homework, or lied?

- Do I quarrel with others just so I can get my own way? Do I insult others to try to make them think they are less than I am? Do I hold grudges and try to hurt people who I think have hurt me?

How to Make a Good Confession

An examination of conscience is an important part of preparing for the Sacrament of Reconciliation. The Sacrament of Reconciliation includes the following steps:

1. The priest greets us and we pray the Sign of the Cross. He may read God's Word with us.

2. We confess our sins. The priest may help and counsel us.

3. The priest gives us a penance to perform. Our penance may be prayers to be prayed, an act of kindness, or both.

4. The priest asks us to express our sorrow, usually by reciting the Act of Contrition.

5. We receive absolution. The priest says, "I absolve you from your sins in the name of the Father, and of the Son, and of the Holy Spirit." We respond, "Amen."

6. The priest dismisses us by saying, "Go in peace." We go forth to perform the act of penance he has given us.

La Eucaristía

El domingo es el día en que celebramos la Resurrección de Jesús. El domingo es el día del Señor. Nos reunimos en la misa, descansamos del trabajo y realizamos obras de misericordia. Personas de todo el mundo se reúnen como hermanos frente a la mesa eucarística de Dios en el día del Señor.

Ordinario de la Misa

La misa es la cumbre de la vida cristiana y sigue siempre un orden establecido.

Ritos Iniciales

Nos preparamos para celebrar la Eucaristía.

Procesión de entrada

Nos reunimos como comunidad y alabamos a Dios con un canto.

Saludo inicial

Rezamos la Señal de la Cruz para reconocer la presencia de Cristo en la comunidad.

Acto penitencial

Reconocemos nuestros pecados y le pedimos a Dios que tenga piedad de nosotros.

Gloria

Cantamos para alabar a Dios.

Oración colecta

El sacerdote reúne todas nuestras oraciones en una sola.

Liturgia de la Palabra

Escuchamos la historia del plan de salvación de Dios.

Primera Lectura

Escuchamos la Palabra de Dios, que suele ser del Antiguo Testamento.

Salmo Responsorial

Respondemos a la Palabra de Dios, normalmente de forma cantada.

Segunda Lectura

Escuchamos la Palabra de Dios del Nuevo Testamento.

Aleluya o Aclamación antes del Evangelio

Cantamos o rezamos el "Aleluya" para alabar a Dios por la Buena Nueva. Durante la Cuaresma se utiliza otra aclamación.

Lectura del Evangelio

Nos ponemos de pie para aclamar la presencia de Cristo en el Evangelio.

Homilía

El sacerdote o el diácono explican la Palabra de Dios.

Profesión de fe

Proclamamos nuestra fe recitando el Credo.

Oración Universal

Pedimos por nuestras necesidades y por las de los demás.

Liturgia Eucarística

Celebramos el banquete que Jesús instituyó en la Última Cena y recordamos el sacrificio que hizo por nosotros.

Presentación y preparación de los dones

Llevamos los dones del pan y el vino hasta el altar.

Oración sobre las ofrendas

El sacerdote reza para que Dios acepte nuestro sacrificio.

The Eucharist

Sunday is the day on which we celebrate the Resurrection of Jesus. Sunday is the Lord's Day. We gather for Mass, rest from work, and perform Works of Mercy. People from all over the world gather at God's Eucharistic table as brothers and sisters on the Lord's Day.

The Order of Mass

The Mass is the high point of the Christian life, and it always follows a set order.

Introductory Rites

We prepare to celebrate the Eucharist.

Entrance Chant

We gather as a community praising God in song.

Greeting

We pray the Sign of the Cross, recognizing the presence of Christ in the community.

Penitential Act

We acknowledge our sins and ask God for mercy.

Gloria

We praise God in song.

Collect Prayer

The priest gathers all our prayers into one.

Liturgy of the Word

We hear the story of God's plan for Salvation.

First Reading

We listen to God's Word, usually from the Old Testament.

Responsorial Psalm

We respond to God's Word, usually in song.

Second Reading

We listen to God's Word from the New Testament.

Gospel Acclamation

We sing or pray "Alleluia!" to praise God for the Good News. During Lent a different acclamation is used.

Gospel Reading

We stand to acclaim Christ present in the Gospel.

Homily

The priest or deacon explains God's Word.

Profession of Faith

We proclaim our faith through the Creed.

Prayer of the Faithful

We pray for our needs and the needs of others.

Liturgy of the Eucharist

We celebrate the meal that Jesus instituted at the Last Supper and remember the sacrifice he made for us.

Presentation and Preparation of the Gifts

We bring gifts of bread and wine to the altar.

Prayer over the Offerings

The priest prays that God will accept our sacrifice.

Plegaria Eucarística

Esta plegaria de agradecimiento es el eje y el punto culmen de toda la celebración.

Prefacio

Agradecemos y alabamos a Dios.

Santo

Cantamos en alabanza al Señor.

Narración de la institución y Consagración

El pan y el vino se convierten verdaderamente en el Cuerpo y la Sangre de Jesucristo.

Aclamación memorial

Proclamamos la muerte y Resurrección de Jesús.

Rito de la Comunión

Nos preparamos para recibir el Cuerpo y la Sangre de Jesucristo.

Oración del Señor

Rezamos el Padrenuestro.

Rito de la paz

Nos deseamos mutuamente la paz de Jesucristo.

Cordero de Dios

Imploramos perdón, piedad y paz.

Comunión

Recibimos el Cuerpo y la Sangre de Jesucristo.

Oración después de la Comunión

Pedimos que la Eucaristía nos fortalezca para vivir como hizo Jesucristo.

Rito de Conclusión

Al concluir la misa el sacerdote nos bendice y nos despide.

Bendición

Recibimos la bendición de Dios.

Despedida

Nos vamos en paz para glorificar al Señor en nuestras vidas.

Eucharistic Prayer

This prayer of thanksgiving is the center and high point of the entire celebration.

Preface Dialogue

We give thanks and praise to God.

Preface Acclamation (or Holy, Holy, Holy)

We sing an acclamation of praise.

Institution Narrative

The bread and wine truly become the Body and Blood of Jesus Christ.

The Mystery of Faith

We proclaim Jesus' Death and Resurrection.

Communion Rite

We prepare to receive the Body and Blood of Jesus Christ.

The Lord's Prayer

We pray the Lord's Prayer.

Sign of Peace

We offer one another Christ's peace.

Lamb of God

We pray for forgiveness, mercy, and peace.

Communion

We receive the Body and Blood of Jesus Christ.

Prayer after Communion

We pray that the Eucharist will strengthen us to live as Jesus Christ did.

Amen, Laura James, 2010.

Amén, Laura James, 2010.

Concluding Rites

At the conclusion of Mass, we are blessed and sent forth.

Final Blessing

We receive God's blessing.

Dismissal

We go in peace to glorify the Lord in our lives.

Las devociones de nuestra fe

Oraciones para llevar en el corazón

Podemos rezar con nuestras propias palabras. A veces, cuando nos resulta difícil encontrar esas palabras, podemos recurrir a las oraciones tradicionales. De la misma manera, cuando rezamos en voz alta con otras personas, confiamos en las oraciones tradicionales para unir nuestras mentes, corazones y voces. Memorizar las oraciones tradicionales como las que se incluyen a continuación puede resultar muy útil. Cuando aprendemos las plegarias de memoria las grabamos en nuestro corazón, es decir, no solo retenemos en la mente las palabras, sino que tratamos de comprenderlas y vivirlas.

Oración de la mañana

Dios, Padre nuestro,
    te ofrezco en este día
    todos mis pensamientos y
      palabras.
Te lo ofrezco junto con todo lo
    hecho
en la tierra por tu Hijo
    Jesucristo.
Amén.

Señal de la Cruz

En el nombre del Padre
y del Hijo
y del Espíritu Santo.
Amén.

Padrenuestro

Padre nuestro que estás
    en el cielo,
santificado sea tu Nombre;
venga a nosotros tu Reino;
hágase tu voluntad
en la tierra como en el cielo.
Danos hoy
nuestro pan de cada día;
perdona nuestras ofensas,
como también nosotros
    perdonamos a los que nos
    ofenden;
no nos dejes caer en
    la tentación,
y líbranos del mal.
Amén.

Gloria al Padre

Gloria al Padre
y al Hijo
y al Espíritu Santo.
Como era en el principio,
ahora y siempre,
por los siglos de los siglos.
Amén.

Avemaría

Dios te salve, María,
llena eres de gracia;
el Señor es contigo.
Bendita Tú eres
entre todas las mujeres,
y bendito es el fruto de tu
    vientre, Jesús.
Santa María, Madre de Dios,
ruega por nosotros, pecadores,
ahora y en la hora de
    nuestra muerte.
Amén.

Bendición de la mesa antes de comer

Bendícenos, Señor,
    y bendice estos alimentos
    que por tu bondad
    vamos a tomar.
Por Jesucristo Nuestro Señor.
Amén.

Bendición de la mesa después de comer

Te damos gracias, Señor,
    por todos tus beneficios.
Tú que vives y reinas por los
    siglos de los siglos.
[El Señor nos de su paz
y la vida eterna.]
Amén.

Devotions of Our Faith

Prayers to Take to Heart

We can pray with any words that come to mind. Sometimes, when we find that choosing our own words is difficult, we can use traditional prayers. Likewise, when we pray aloud with others, we rely on traditional prayers to unite our minds, hearts, and voices. Memorizing traditional prayers such as the following can be very helpful. When we memorize prayers, we take them to heart, meaning that we not only learn the words but also try to understand and live them.

Sign of the Cross

In the name of the Father
and of the Son
and of the Holy Spirit.
Amen.

Lord's Prayer

Our Father, who art in heaven,
hallowed be thy name;
thy kingdom come,
thy will be done
on earth as it is in heaven.
Give us this day our daily bread,
and forgive us our trespasses,
as we forgive those who trespass against us;
and lead us not into temptation,
but deliver us from evil.
Amen.

Glory Be to the Father

Glory be to the Father
and to the Son
and to the Holy Spirit,
as it was in the beginning
is now, and ever shall be
world without end.
Amen.

Hail Mary

Hail, Mary, full of grace,
the Lord is with thee.
Blessed art thou among women
and blessed is the fruit of thy womb, Jesus.
Holy Mary, Mother of God,
pray for us sinners,
now and at the hour of our death.
Amen.

Morning Prayer

God, our Father, I offer you today all that I
    think and do and say.
I offer it with what was done on earth
by Jesus Christ, your Son.
Amen.

Grace Before Meals

Bless us, O Lord, and
these thy gifts,
which we are about to
    receive from thy
    bounty,
Through Christ our
Lord.
Amen.

Grace After Meals

We give thee thanks for
all thy benefits,
Almighty God, who live
and reign for ever.
And may the souls of
the faithful departed,
through the mercy of
God, rest in peace.
Amen.

Credo de Nicea-Constantinopla

Creo en un solo Dios,
    Padre Todopoderoso,
Creador del cielo y de la tierra,
de todo lo visible y lo invisible.

Creo en un solo Señor, Jesucristo,
    Hijo único de Dios,
nacido del Padre antes de todos los siglos:
Dios de Dios, Luz de Luz,
Dios verdadero de Dios verdadero,
engendrado, no creado,
de la misma naturaleza del Padre,
por quien todo fue hecho;
que por nosotros, los hombres,
y por nuestra salvación bajó del cielo,
y por obra del Espíritu Santo
se encarnó de María, la Virgen, y se hizo hombre;
y por nuestra causa fue crucificado
en tiempos de Poncio Pilato;
padeció y fue sepultado,
y resucitó al tercer día, según las Escrituras,
y subió al cielo,
    y está sentado a la derecha del Padre;
y de nuevo vendrá con gloria
para juzgar a vivos y muertos,
y su reino no tendrá fin.

Creo en el Espíritu Santo,
    Señor y dador de vida,
que procede del Padre y del Hijo,
    que con el Padre y el Hijo
recibe una misma adoración y gloria,
y que habló por los profetas.
Creo en la Iglesia,
que es una, santa, católica y apostólica.
Confieso que hay un solo Bautismo
    para el perdón de los pecados.
Espero la resurrección de los muertos
    y la vida del mundo futuro.
Amén.

Credo (o Símbolo) de los Apóstoles

Creo en Dios, Padre todopoderoso,
Creador del cielo y de la tierra.
Creo en Jesucristo, su único Hijo,
    nuestro Señor,
que fue concebido por obra y gracia
    del Espíritu Santo,
nació de santa María Virgen,
padeció bajo el poder de Poncio Pilato,
    fue crucificado, muerto y sepultado,
descendió a los infiernos,
al tercer día resucitó de entre los muertos,
subió a los cielos
y está sentado a la derecha de Dios,
    Padre todopoderoso.
Desde allí ha de venir a juzgar a vivos y muertos.
Creo en el Espíritu Santo,
la santa Iglesia católica,
la comunión de los santos,
el perdón de los pecados,
la resurrección de la carne
y la vida eterna.
Amén.

oraciones

creencias

Nicene Creed

I believe in one God,
the Father almighty,
maker of heaven and earth,
of all things visible and invisible.

I believe in one Lord Jesus Christ,
the Only Begotten Son of God,
born of the Father before all ages.
God from God, Light from Light,
true God from true God,
begotten, not made, consubstantial with
the Father;
through hlm all things were made.
For us men and for our salvation
he came down from heaven,
and by the Holy Spirit was incarnate of the
Virgin Mary,
and became man.

For our sake he was crucified under
Pontius Pilate,
he suffered death and was buried,
and rose again on the third day
in accordance with the Scriptures.
He ascended into heaven
and is seated at the right hand of the Father.
He will come again in glory
to judge the living and the dead
and his kingdom will have no end.

I believe in the Holy Spirit, the Lord,
the giver of life,
who proceeds from the Father and the Son,
who with the Father and the Son is adored
and glorified,
who has spoken through the prophets.

I believe in one, holy, catholic and
apostolic Church.
I confess one Baptism for the forgiveness of sins
and I look forward to the resurrection
of the dead
and the life of the world to come.
Amen.

The Apostles' Creed

I believe in God,
the Father almighty,
Creator of heaven and earth,
and in Jesus Christ, his only Son, our Lord,
who was conceived by the Holy Spirit,
born of the Virgin Mary,
suffered under Pontius Pilate,
was crucified, died and was buried;
he descended into hell;
on the third day he rose again from the dead;
he ascended into heaven,
and is seated at the right hand of God the
Father almighty;
from there he will come to judge the living
and the dead.

I believe in the Holy Spirit,
the holy catholic Church,
the communion of saints,
the forgiveness of sins,
the resurrection of the body,
and life everlasting.
Amen.

Icono ruso de la Santísima Trinidad, siglo XIX.

Russian icon of Holy Trinity, 19th century.

Acto de Fe

Señor Dios, creo firmemente
y confieso todas y cada una de las verdades
que la Santa Iglesia Católica propone,
porque tú las revelaste,
oh Dios, que eres la eterna Verdad y
     Sabiduría,
que ni se engaña
ni nos puede engañar.
Quiero vivir y morir en esta fe.
Amén.

Acto de Esperanza

Señor Dios mío, espero por tu gracia
la remisión de todos mis pecados;
y después de esta vida,
alcanzar la eterna felicidad,
porque tú lo prometiste que eres
infinitamente poderoso,
fiel, benigno y lleno de misericordia.
Quiero vivir y morir en esta esperanza.
Amén.

Acto de Caridad

Dios mío, te amo sobre todas lascosas
     y al prójimo por ti,
     porque Tú eres el infinito,
     sumo y perfecto Bien,
     digno de todo amor.
Quiero vivir y morir en este amor.
Amén.

Oración al Espíritu Santo

Ven Espíritu Santo, llena los corazones
     de tus fieles.
Y enciende en ellos el fuego de tu amor.
Envía tu Espíritu y serán creadas
     todas las cosas.
Y renovarás la faz de la tierra.

Oremos:
¡Oh Dios, que has instruido
   los corazones de tus fieles
   con luz del Espíritu Santo!,
   concédenos que sintamos rectamente
   con el mismo Espíritu
   y gocemos siempre
   de su divino consuelo.
   Por Jesucristo Nuestro Señor.
Amén.

Acto de Contrición
(u Oración del Penitente)

Dios mío,
me arrepiento de todo corazón
de todo lo malo que he hecho
y de todo lo bueno que he dejado de hacer,
porque pecando te he ofendido a ti,
que eres el sumo bien
y digno de ser amado sobre todas las cosas.
Propongo firmemente, con tu gracia,
cumplir la penitencia,
no volver a pecar y evitar las ocasiones
     de pecado.
Perdóname, Señor,
por los méritos de la pasión
de nuestro salvador Jesucristo.
Amén.

Act of Faith

O my God, I firmly believe
that you are one God in three divine Persons,
Father, Son, and Holy Spirit.
I believe that your divine Son became man
and died for our sins and that he will come
to judge the living and the dead.
I believe these and all the truths
which the Holy Catholic Church teaches
because you have revealed them
who are eternal truth and wisdom,
who can neither deceive nor be deceived.
In this faith I intend to live and die.
Amen.

Act of Hope

O Lord God,
I hope by your grace for the pardon
of all my sins
and after life here to gain eternal happiness
because you have promised it
who are infinitely powerful, faithful, kind,
    and merciful.
In this hope I intend to live and die.
Amen.

Act of Love

O Lord God, I love you above all things
and I love my neighbor for your sake
because you are the highest, infinite and
        perfect good, worthy of all my love.
In this love I intend to live and die.
Amen.

Prayer to the Holy Spirit

Come, Holy Spirit, fill the hearts of your faithful.
And kindle in them the fire of your love.
Send forth your Spirit and they shall be created.
And you shall renew the face of the earth.

Let us pray:
O God, by the light of the Holy Spirit
you have taught the hearts of your faithful.
In the same Spirit, help us to know what is
truly right and always to rejoice in your
consolation. We ask this through Christ, Our Lord.
Amen.

Act of Contrition (or Prayer of the Penitent)

My God,
I am sorry for my sins with all my heart.
In choosing to do wrong
and failing to do good,
I have sinned against you
whom I should love above all things.
I firmly intend, with your help,
to do penance,
to sin no more,
and to avoid whatever leads me to sin.
Our Savior Jesus Christ
suffered and died for us.
In his name, my God, have mercy.
Amen.

Ángelus

V. El ángel del Señor anunció a María.
R. Y concibió
por obra y gracia del Espíritu Santo.

Dios te salve, María. . .

V. He aquí la esclava del Señor.
R. Hágase en mí según tu palabra.

Dios te salve, María. . .

V. Y el Verbo de Dios se hizo carne.
R. Y habitó entre nosotros.

Dios te salve, María. . .

V. Ruega por nosotros, Santa Madre de Dios,
R. para que seamos dignos de alcanzar las
promesas de Jesucristo.

Oremos:
Infunde, Señor,
tu gracia en nuestras almas,
para que, los que hemos conocido,
por el anuncio del Ángel,
la Encarnación de tu Hijo Jesucristo,
lleguemos por los Méritos de su
Pasión y su Cruz, a la gloria de la
Resurrección.
Por Jesucristo Nuestro Señor.
Amén.

Regina Caeli

Reina del cielo alégrate; aleluya.
Porque el Señor a quien has merecido llevar; aleluya.
Ha resucitado según su palabra; aleluya.
Ruega al Señor por nosotros; aleluya.
Gózate y alégrate, Virgen María; aleluya.
Porque verdaderamente ha resucitado el Señor; aleluya.

Oremos:
Oh Dios, que por la resurrección de tu
Hijo, nuestro Señor Jesucristo,
has llenado el mundo de alegría,
concédenos, por intercesión de su Madre,
la Virgen María,
llegar a alcanzar los gozos eternos.
Por nuestro Señor Jesucristo.
Amén.

Salve Regina

Dios te salve, Reina
y Madre de misericordia,
vida, dulzura y esperanza nuestra;
Dios te salve.
A ti llamamos
los desterrados hijos de Eva;
a ti suspiramos, gimiendo y llorando
en este valle de lágrimas.
Ea, pues, Señora, abogada nuestra,
vuelve a nosotros esos tus ojos
misericordiosos;
y después de este destierro,
muéstranos a Jesús,
fruto bendito de tu vientre.
¡Oh, clementísima, oh piadosa,
oh dulce Virgen María!

Acordaos (Memorare)

Acordaos,
oh piadosísima Virgen María,
que jamás se ha oído decir
que ninguno de los que
haya acudido
a tu protección, implorando tu asistencia
y reclamando tu socorro,
haya sido abandonado de ti.
Animado con esta confianza,
a ti también acudo, oh Madre,
Virgen de las vírgenes,
y aunque gimiendo
bajo el peso de mis pecados,
me atrevo a comparecer
ante tu presencia soberana.
No deseches mis humildes súplicas,
oh Madre del Verbo divino,
antes bien, escúchalas
y acógelas benignamente.
Amén.

Angelus

V. The angel of the Lord declared
    unto Mary.
R. And she conceived of the Holy Spirit.
Hail, Mary, full of grace, . . .

V. Behold the handmaid of the Lord.
R. Be done unto me according to
    thy word.
Hail Mary.

V. And the Word was made flesh.
R. And dwelt among us.
Hail Mary.

V. Pray for us, O holy Mother of God.
R. That we may be made worthy of the
    promises of Christ.

Let us pray;
Pour forth, we beseech thee, O Lord, thy grace
into our hearts; that we, to whom the Incarnation
of Christ, thy Son, was made known by the
message of an angel, may by his Passion and
Cross be brought to the glory of his Resurrection.
Through the same Christ, our Lord.
Amen.

Queen of Heaven (Regina Caeli)

Queen of heaven, rejoice, alleluia.
The Son whom you merited to bear, alleluia,
has risen as he said, alleluia.
Rejoice and be glad, O Virgin Mary, alleluia!
For the Lord has truly risen, alleluia.

Let us pray;
O God, who through the resurrection of your
Son, our Lord Jesus Christ, did vouchsafe to give
joy to the world; grant, we beseech you,
that through his Mother, the Virgin Mary, we
may obtain the joys of everlasting life.
Through the same Christ our Lord.
Amen.

Hail, Holy Queen (Salve Regina)

Hail, Holy Queen, Mother of Mercy,
our life, our sweetness and our hope.
To you do we cry,
poor banished children of Eve.
To you we send up our sighs,
mourning and weeping in this valley
    of tears.
Turn then, most gracious advocate,
your eyes of mercy toward us,
and after this exile
show unto us the blessed fruit of thy womb,
    Jesus.
O clement, O loving,
O sweet Virgin Mary.

Memorare

Remember, O most gracious Virgin Mary,
that never was it known
that anyone who fled to thy protection,
implored thy help,
or sought thy intercession,
was left unaided.
Inspired by this confidence,
I fly unto thee,
O Virgin of virgins, my Mother.
To thee do I come,
before thee I stand,
sinful and sorrowful.
O Mother of the Word Incarnate,
despise not my petitions,
but in thy mercy hear and
    answer me.
Amen.

OUR LADY OF Mt. CARMEL
Pray for us

St. SIMON STOCK
Pray for us

Rezar el Rosario

El Rosario nos ayuda a rezar a Jesús por medio de María. Cuando rezamos el Rosario pensamos en los sucesos especiales, o misterios, de la vida de Jesús y María.

El rosario es de una sarta de cuentas y un crucifijo. Sostenemos el crucifijo en una mano mientras rezamos la Señal de la Cruz. Luego rezamos el Símbolo de los Apóstoles.

Partiendo del crucifijo hay una cuenta sola, seguida por un grupo de tres cuentas, y, a continuación, otra cuenta sola. Rezamos el Padrenuestro al tiempo que sostenemos la primera cuenta y un Avemaría por cada cuenta del grupo de tres que le siguen. Luego, rezamos el Gloria. Al llegar a la próxima cuenta separada pensamos en el primer misterio y rezamos el Padrenuestro.

El Rosario incluye cinco series de diez cuentas cada una; cada serie se denomina "decena". Rezamos un Avemaría por cada cuenta de la decena mientras reflexionamos sobre un misterio concreto de la vida de Jesús y María. Al final de cada decena, rezamos un Gloria al Padre.

Entre decena y decena hay una cuenta separada para rezar un Padrenuestro mientras pensamos en uno de los misterios. Terminamos sosteniendo el crucifijo en ambas manos al tiempo que hacemos la Señal de la Cruz.

*The Fifteen Mysteries and the
Virgin of the Rosary,* anonymous
Netherlandish painter, 1515–20.

*Los quince misterios y la Virgen
del Rosario,* pintura anónima
holandesa, 1515–20.

Praying the Rosary

The Rosary helps us pray to Jesus through Mary.
When we pray the Rosary, we think about the
special events, or mysteries, in the lives of Jesus
and Mary.

The Rosary is made up of a string of beads and
a crucifix. We hold the crucifix in our hand as
we pray the Sign of the Cross. Then we pray the
Apostles' Creed.

Following the crucifix there is a single bead,
followed by a set of three beads and another
single bead. We pray the Lord's Prayer as we
hold the first single bead, and a Hail Mary at
each bead in the set of three that follows. Then
we pray the Glory Be to the Father. On the next
single bead, we think about the first mystery and
pray the Lord's Prayer.

There are 5 sets of 10 beads; each set is called
a decade. We pray a Hail Mary on each bead
of a decade as we reflect on a particular mystery
in the lives of Jesus and Mary. The Glory Be to
the Father is prayed at the end of each decade.
Between decades is a single bead on which we
think about one of the mysteries and pray the
Lord's Prayer. We end by holding the crucifix in
our hands as we pray the Sign of the Cross.

rosary

creencias

5. Reza diez Avemarías y un Gloria al Padre.

6. Reflexiona sobre el segundo misterio. Reza el Padrenuestro.

13. Reza diez Avemarías y un Gloria al Padre.

4. Reflexiona sobre el primer misterio. Reza el Padrenuestro.

7. Reza diez Avemarías y un Gloria al Padre.

Reza el Salve Regina. Muchas personas rezan la Salve después de la última decena.

3. Reza tres Avemarías y un Gloria al Padre.

2. Reza el Padrenuestro.

8. Reflexiona sobre el tercer misterio. Reza el Padrenuestro.

12. Reflexiona sobre el quinto misterio. Reza el Padrenuestro.

14. Reza la Señal de la Cruz.

1. Reza la Señal de la Cruz y el Símbolo de los Apóstoles.

11. Reza diez Avemarías y un Gloria al Padre.

10. Reflexiona sobre el cuarto misterio. Reza el Padrenuestro.

9. Reza diez Avemarías y un Gloria al Padre.

rosario

9. Pray ten Hail Marys and one Glory Be to the Father.

10. Think about the fourth mystery. Pray the Lord's Prayer.

8. Think about the third mystery. Pray the Lord's Prayer.

11. Pray ten Hail Marys and one Glory Be to the Father.

7. Pray ten Hail Marys and one Glory Be to the Father.

6. Think about the second mystery. Pray the Lord's Prayer.

12. Think about the fifth mystery. Pray the Lord's Prayer.

5. Pray ten Hail Marys and one Glory Be to the Father.

13. Pray ten Hail Marys and one Glory Be to the Father.

4. Think about the first mystery. Pray the Lord's Prayer.

Pray the Hail, Holy Queen. Many people pray the Hail, Holy Queen after the last decade.

3. Pray three Hail Marys and one Glory Be to the Father.

2. Pray the Lord's Prayer.

14. Pray the Sign of the Cross.

1. Pray the Sign of the Cross and the Apostles' Creed.

Los misterios del Rosario

Durante años la Iglesia ha utilizado tres grupos de misterios. En el 2002, el papa Juan Pablo II propuso incluir un cuarto grupo de misterios: los misterios de la luz o misterios luminosos. También recomendó rezar los misterios de la siguiente manera: lunes y sábado, los misterios gozosos; martes y viernes, los misterios dolorosos; miércoles y domingo, los misterios gloriosos; y jueves, los misterios luminosos.

Los misterios gozosos

1. **La Anunciación**
   María descubre que ha sido elegida para convertirse en la madre de Jesús.

2. **La Visitación**
   María visita a Isabel, quien la llama bendita entre todas las mujeres.

3. **El Nacimiento**
   Jesús nace en el portal de Belén.

4. **La Presentación**
   María y José presentan al Niño Jesús en el Templo.

5. **El Niño Jesús perdido y hallado en el Templo**
   Encuentran a Jesús en el templo dialogando con los maestros de la fe.

Los misterios luminosos

1. **El Bautismo de Jesús en el Jordán**
   Dios Padre proclama que Jesús es su Hijo muy querido.

2. **La autorrevelación de Jesús en las bodas de Caná**
   Jesús obra su primer milagro por intercesión de María.

3. **El anuncio del reino de Dios**
   Jesús llama a la conversión y al servicio del reino.

4. **La Transfiguración**
   Jesús revela su gloria ante Pedro, Santiago y Juan.

5. **La institución de la Eucaristía**
   Jesús ofrece su Cuerpo y su Sangre en la Última Cena.

Los misterios dolorosos

1. **La oración de Jesús en el huerto**
   Jesús reza en el huerto de Getsemaní la noche antes de morir.

2. **La flagelación del Señor**
   Jesús es azotado.

3. **La Coronación de espinas**
   Jesús es objeto de burlas y humillado con una corona de espinas.

4. **Jesús, con la cruz a cuestas, camino del Calvario**
   Jesús lleva a cuestas la cruz en que será crucificado.

5. **La crucifixión y muerte de Jesús**
   Jesús es clavado en la cruz y muere.

Los misterios gloriosos

1. **La Resurrección del Hijo de Dios**
   Dios Padre resucita a su Hijo Jesús de entre los muertos.

2. **La Ascensión del Señor a los cielos**
   Jesús regresa al cielo para estar con su Padre.

3. **La venida del Espíritu Santo sobre los apóstoles**
   El Espíritu Santo viene a traer vida nueva a los discípulos.

4. **La Asunción de Nuestra Señora a los cielos**
   Al término de su paso por la tierra, María asciende al cielo en cuerpo y alma.

5. **La coronación de la Santísima Virgen como Reina de los cielos y tierra**
   María es coronada como Reina de los cielos y la tierra.

The Mysteries of the Rosary

The Church has used three sets of mysteries for many years. In 2002 Pope John Paul II proposed a fourth set of mysteries, the Mysteries of Light, or the Luminous Mysteries. According to his suggestion, the mysteries might be prayed on the following days: the Joyful Mysteries on Monday and Saturday, the Sorrowful Mysteries on Tuesday and Friday, the Glorious Mysteries on Wednesday and Sunday, and the Luminous Mysteries on Thursday.

The Joyful Mysteries

1. **The Annunciation**
   Mary learns that she has been chosen to be the mother of Jesus.

2. **The Visitation**
   Mary visits Elizabeth, who tells Mary that she will always be remembered.

3. **The Nativity**
   Jesus is born in a stable in Bethlehem.

4. **The Presentation**
   Mary and Joseph bring the infant Jesus to the Temple to present him to God.

5. **The Finding of Jesus in the Temple**
   Jesus is found in the Temple discussing his faith with the teachers.

The Luminous Mysteries

1. **The Baptism of Jesus in the River Jordan**
   God the Father proclaims that Jesus is his beloved Son.

2. **The Wedding Feast at Cana**
   At Mary's request, Jesus performs his first miracle.

3. **The Proclamation of the Kingdom of God**
   Jesus calls all to conversion and service to the kingdom.

4. **The Transfiguration of Jesus**
   Jesus is revealed in glory to Peter, James, and John.

5. **The Institution of the Eucharist**
   Jesus offers his Body and Blood at the Last Supper.

The Sorrowful Mysteries

1. **The Agony in the Garden**
   Jesus prays in the Garden of Gethsemane on the night before he dies.

2. **The Scourging at the Pillar**
   Jesus is lashed with whips.

3. **The Crowning with Thorns**
   Jesus is mocked and crowned with thorns.

4. **The Carrying of the Cross**
   Jesus carries the cross that will be used to crucify him.

5. **The Crucifixion**
   Jesus is nailed to the cross and dies.

The Glorious Mysteries

1. **The Resurrection**
   God the Father raises Jesus from the dead.

2. **The Ascension**
   Jesus returns to his Father in Heaven.

3. **The Coming of the Holy Spirit**
   The Holy Spirit comes to bring new life to the disciples.

4. **The Assumption of Mary**
   At the end of her life on earth, Mary is taken body and soul into Heaven.

5. **The Coronation of Mary**
   Mary is crowned as Queen of Heaven and Earth.

Catholic Beliefs and Practices 112

El *Vía Crucis*

Las catorce estaciones del *Vía Crucis* representan diferentes momentos de la Pasión y muerte de Jesús. En cada estación usamos nuestros sentidos e imaginación para reflexionar en oración sobre el misterio del sufrimiento, muerte y Resurrección de Jesús.

1

Jesús es condenado a muerte.
Poncio Pilato condena a Jesús a muerte.

2

Jesús carga con su cruz.
Jesús acepta llevar con paciencia la cruz.

3

Jesús cae por primera vez.
Debilitado por los tormentos y la pérdida de sangre, Jesús cae bajo el peso de su cruz.

4

Jesús se encuentra con su dolorida Madre.
Jesús encuentra a su madre, María, llena de dolor.

5

Simón el cirineo ayuda a Jesús a cargar la cruz.
Los soldados obligan a Simón el cirineo a cargar la cruz.

6

Verónica limpia el rostro de Jesús.
Verónica se abre paso entre la multitud para limpiar el rostro de Jesús.

Continúa en la página 114

Vía Crucis

Stations of the Cross

The 14 Stations of the Cross represent events from Jesus' Passion and Death. At each station, we use our senses and imaginations to reflect prayerfully on the mystery of Jesus' suffering, Death, and Resurrection.

1

Jesus Is Condemned to Death.
Pontius Pilate condemns Jesus to death.

2

Jesus Takes Up His Cross.
Jesus willingly accepts and patiently bears his cross.

3

Jesus Falls the First Time.
Weakened by torments and loss of blood, Jesus falls beneath his cross.

4

Jesus Meets His Sorrowful Mother.
Jesus meets his mother, Mary, who is filled with grief.

5

Simon of Cyrene Helps Jesus Carry the Cross.
Soldiers force Simon of Cyrene to carry the cross.

6

Veronica Wipes the Face of Jesus.
Veronica steps through the crowd to wipe the face of Jesus.

Continued on page 114

Stations

7

Jesús cae por segunda vez.

Jesús cae por segunda vez bajo el peso de la cruz.

8

Jesús se encuentra con las mujeres de Jerusalén.

Jesús les dice a las mujeres que no lloren por él sino por ellas mismas y sus hijos.

9

Jesús cae por tercera vez.

Debilitado, casi al borde de la muerte, Jesús cae por tercera vez.

10

Jesús es despojado de sus vestiduras.

Los soldados despojan a Jesús de sus vestiduras y lo tratan como un delincuente común.

11

Jesús es clavado en la cruz.

Las manos y los pies de Jesús son clavados en la cruz.

12

Jesús muere en la cruz.

Después de tanto sufrimiento en la cruz, Jesús inclina la cabeza y muere.

13

Jesús es bajado de la cruz.

El cuerpo sin vida de Jesús es depositado amorosamente en los brazos de María, su madre.

14

Jesús es sepultado.

Los discípulos de Jesús colocan su cuerpo en el sepulcro.

La oración de cierre, que a veces se incluye como decimoquinta estación, reflexiona sobre la Resurrección de Jesús.

7

**Jesus Falls a
Second Time.**
Jesus falls beneath the
weight of the cross a
second time.

8

**Jesus Meets the
Women of Jerusalem.**
Jesus tells the women not to
weep for him but for themselves
and their children.

9

**Jesus Falls
the Third Time.**
Weakened almost to the
point of death, Jesus falls
a third time.

10

**Jesus Is Stripped of
His Garments.**
The soldiers strip Jesus of his
garments, treating him as a
common criminal.

11

**Jesus Is Nailed
to the Cross.**
Jesus' hands and feet are
nailed to the cross.

12

**Jesus Dies on
the Cross.**
After suffering greatly on
the cross, Jesus bows his
head and dies.

13

**Jesus Is Taken Down
from the Cross.**
The lifeless body of Jesus
is tenderly placed in the
arms of Mary, his mother.

14

**Jesus Is Laid in
the Tomb.**
Jesus' disciples place his
body in the tomb.

The closing prayer—
sometimes included
as a 15th station—
reflects on the
Resurrection
of Jesus.

glosario

A

absolución el perdón que recibimos de Dios a través de un sacerdote en el sacramento de la Penitencia y la Reconciliación. La absolución nos sitúa en un estado de gracia y nos prepara para recibir otros sacramentos. [absolution]

amor fruto del Espíritu Santo, también denominado caridad, que se evidencia en los actos desinteresados de cuidado y servicio al prójimo. [love]

apostólica atributo de la Iglesia que indica que Jesús continúa guiando a la Iglesia a través del papa y los obispos. El papa y los obispos son los sucesores de los apóstoles. [apostolic]

Asunción María llevada al cielo en cuerpo y alma. María tenía una relación especial con su Hijo, Jesús, desde el momento en que lo concibió. Por esta relación María participa de forma especial en la Resurrección de Jesús y fue elevada al cielo, donde ahora vive con él. Celebramos este hecho en la solemnidad de la Asunción el 15 de agosto. [Assumption]

B

benignidad fruto del Espíritu Santo que se evidencia en la voluntad de dar incluso a expensas de uno mismo. [generosity]

Bienaventuranzas las enseñanzas de Jesús en el Sermón de la Montaña del Evangelio según san Mateo. Las Bienaventuranzas son ocho maneras de vivir una vida cristiana. Son la realización de los mandamientos transmitidos a Moisés. Estas enseñanzas nos muestran el camino hacia la verdadera felicidad. [Beatitudes]

bondad fruto del Espíritu Santo que se evidencia en nuestro amor por todas las personas y en nuestras acciones de amor hacia ellos. [goodness]

C

caridad virtud que nos fue concedida por Dios, que nos ayuda a amarlo sobre todas las cosas y a nuestro prójimo tanto como a nosotros mismos. [charity]

castidad fidelidad a la propia sexualidad en conducta e intención. La castidad nos ayuda a vivir nuestra sexualidad de una manera adecuada. [chastity]

católica uno de los cuatro atributos de la Iglesia. La Iglesia es católica porque Jesús está totalmente presente en la Iglesia, porque proclama la fe completa y porque Jesús le dio la Iglesia al mundo entero. La Iglesia es universal. [catholic]

ciencia uno de los siete dones del Espíritu Santo. Este don nos ayuda a saber qué es lo que Dios nos pide y cómo deberíamos responder. [knowledge]

Colecta oración de apertura de la misa o de cualquier otra liturgia. La oración Colecta se dirige a Dios e invoca su presencia y gracia. [Collect]

conciencia voz interna que nos ayuda a juzgar la moralidad de nuestras acciones. Nos guía para seguir la ley de Dios haciendo el bien y evitando el mal. [conscience]

consejo don del Espíritu Santo que nos ayuda a buscar consejo y a aceptar los consejos de los demás. Este don también se conoce como buen juicio. [counsel]

continencia fruto del Espíritu Santo que se evidencia en la capacidad para ser disciplinados en los propios deseos y respetuosos de la dignidad e integridad de los demás. [self-control]

corresponsabilidad cuidar y dirigir de forma responsable algo que ha sido confiado a nuestro cuidado, en especial los bienes de la creación, que están destinados a toda la raza humana. El sexto mandamiento de la Iglesia aclara nuestra parte en la corresponsabilidad pidiéndonos que contribuyamos a satisfacer las necesidades materiales de la Iglesia, según nuestras posibilidades. [stewardship]

Credo Niceno resumen de las creencias cristianas desarrollado por los obispos en los dos primeros concilios de la Iglesia en los años 325 y 381 d. C. Es el Credo compartido por la mayoría de los cristianos en Oriente y Occidente. [Nicene Creed]

crisma óleo perfumado consagrado por un obispo que se usa en los sacramentos del Bautismo, la Confirmación y el Orden. La unción con crisma simboliza el llamado de la persona bautizada al ministerio como sacerdote, profeta y rey. [Chrism]

Cristo término del griego que significa "el ungido". Tiene el mismo significado que la palabra hebrea "mesías". Es el nombre que se le da a Jesús como sacerdote, profeta y rey. [Christ]

D

Defensor el nombre que Jesús le dio al Espíritu Santo. El Espíritu Santo nos consuela, intercede por nosotros en los momentos difíciles y hace a Jesús presente en nosotros. [Advocate]

Diez Mandamientos las diez reglas que Dios transmitió a Moisés en el Monte Sinaí que resumen la ley de Dios y nos muestran lo que se necesita para amar a Dios y a nuestro prójimo. Al seguir los Diez Mandamientos, los judíos aceptaron su alianza con Dios. [Ten Commandments]

discípulo persona que ha decidido seguir las enseñanzas de Jesús y vivirlas cada día. [disciple]

dones del Espíritu Santo la voluntad permanente que nos da el Espíritu Santo que hace posible que hagamos lo que Dios nos pide. Los dones del Espíritu Santo están tomados de Isaías 11:1–3. Incluyen la sabiduría, el entendimiento, el consejo, la fortaleza, la ciencia y el temor de Dios. A estos seis dones la Tradición de la Iglesia agregó la piedad, con lo que son un total de siete. [Gifts of the Holy Spirit]

glossary

A

absolution the forgiveness we receive from God through the priest in the Sacrament of Penance and Reconciliation. Absolution places us in the state of grace and ready to receive other sacraments. [absolución]

Advocate Jesus' name for the Holy Spirit. The Holy Spirit comforts us, speaks for us in difficult times, and makes Jesus present to us. [Defensor]

apostolic the Mark of the Church that indicates that Jesus continues to lead the Church through the pope and the bishops. The pope and the bishops are the successors of the Apostles. [apostólica]

Assumption Mary's being taken, body and soul, into Heaven. Mary had a special relationship with her Son, Jesus, from the very beginning when she conceived him. Because of this relationship, she enjoys a special participation in Jesus' Resurrection and has been taken into Heaven where she now lives with him. We celebrate this event in the Feast of the Assumption on August 15. [Asunción]

B

Beatitudes the teachings of Jesus in the Sermon on the Mount in Matthew's Gospel. The Beatitudes are eight ways of living the Christian life. They are the fulfillment of the commandments given to Moses. These teachings present the way to true happiness. [Bienaventuranzas]

C

Cardinal Virtues the four virtues that help a person live in relationship with God and others: prudence, justice, fortitude, and temperance. [virtudes cardinales]

catholic one of the four Marks of the Church. The Church is catholic because Jesus is fully present in it, because it proclaims the fullness of faith, and because Jesus has given the Church to the whole world. The Church is universal. [católica]

charity a virtue given to us by God that helps us love God above all things and our neighbor as ourselves [caridad]

chastity being faithful to one's sexuality in conduct and intention. Chastity helps us live out our sexuality in a proper manner. [castidad]

Chrism a perfumed oil, consecrated by a bishop, that is used in the Sacraments of Baptism, Confirmation, and Holy Orders. Anointing with Chrism signifies the call of the baptized to the threefold ministry of priest, prophet, and king. [crisma]

Christ a title that means "anointed one." It is from a Greek word that means the same thing as the Hebrew word *Messiah,* or "anointed." It is the name given to Jesus as priest, prophet, and king. [Cristo]

Church the people of God throughout the whole world, the people of a diocese (the local Church), or the assembly of those called together to worship God. The Church is one, holy, catholic, and apostolic. [Iglesia]

Collect the opening prayer at Mass or other liturgy. A collect is addressed to God and asks for God's presence and grace. [Colecta]

conscience the inner voice that helps each of us judge the morality of our own actions. It guides us to follow God's law by doing good and avoiding evil. [conciencia]

Corporal Works of Mercy kind acts by which we help our neighbors with their everyday, material needs. Corporal Works of Mercy include feeding the hungry, giving drink to the thirsty, finding a home for the homeless, clothing the naked, visiting the sick and those in prison, and burying the dead. [obras de misericordia corporales]

counsel the gift of the Holy Spirit that helps seek advice and accept the advice of others. Counsel is also known as right judgment. [consejo]

D

disciple a person who has decided to follow the teachings of Jesus and live them every day [discípulo]

E

Ecumenism the movement to bring unity to separated Christian denominations [ecumenismo]

F

faith a gift of God that helps us believe in him. We profess our faith in the Creed, celebrate it in the sacraments, live by it through our good conduct of loving God and our neighbor, and express it in prayer. It is a personal adherence of the whole person to God, who has revealed himself to us through words and actions throughout history. [fe]

faithfulness the fruit of the Holy Spirit seen in our ability to keep promises and remain loyal to God and those to whom we are committed [fidelidad]

fear of the Lord the gift of the Holy Spirit that helps us recognize God's greatness and our dependence on him. The gift of fear of the Lord is sometimes called wonder and awe. [temor del Señor]

fortitude the strength to choose to do the right thing even when that is difficult. Fortitude is one of the four central human virtues, called the Cardinal Virtues, by which we guide our conduct through faith and the use of reason. Fortitude is also one of the Gifts of the Holy Spirit that gives us the ability to live as a follower of Jesus, stand up for our beliefs, and live a good Christian life. [fortaleza]

Fruits of the Holy Spirit the demonstration through our actions that God is alive in us. Saint Paul lists the Fruits of the Holy Spirit in Galatians 5:22–23: love, joy, peace, patience, kindness, generosity, faithfulness, gentleness, and self-control. Church Tradition has added goodness, modesty, and chastity to make a total of 12. [frutos del Espíritu Santo]

E

ecumenismo movimiento que trata de lograr la unidad de los cristianos separados en distintas denominaciones. [ecumenism]

entendimiento uno de los siete dones del Espíritu Santo. Este don nos ayuda a tomar decisiones correctas en la vida y en nuestra relación con Dios y con los demás. [understanding]

esperanza confianza en que Dios siempre estará con nosotros, nos hará felices ahora y para siempre y nos ayudará a vivir de manera que podamos estar con él para siempre. [hope]

F

fe don de Dios que nos ayuda a creer en él. Profesamos nuestra fe en el Credo, la celebramos en los sacramentos, vivimos conforme a la fe por medio de nuestra buena conducta al amar a Dios y a nuestro prójimo y la expresamos en oración. Es la adhesión individual que cada persona en su totalidad le demuestra a Dios, que se nos ha revelado por medio de palabras y obras a lo largo de la historia. [faith]

fidelidad fruto del Espíritu Santo que se evidencia en nuestra capacidad de cumplir las promesas y mantener la lealtad a Dios y a las personas con quienes estamos comprometidos. [faithfulness]

fortaleza fuerza para elegir lo correcto, incluso cuando hacerlo sea difícil. La fortaleza es una de las cuatro virtudes humanas más importantes, llamadas virtudes cardinales, por las que guiamos nuestra conducta a través de la fe y el uso de la razón. La fortaleza es también uno de los dones del Espíritu Santo y la habilidad de vivir como seguidores de Cristo, defendiendo nuestras creencias y vivir una vida buena como cristianos. [fortitude]

frutos del Espíritu Santo el demostrar a través de nuestros actos que Dios vive en nosotros. San Pablo enumera los frutos del Espíritu Santo en Gálatas 5:22–23: amor, gozo, paz, paciencia, longanimidad, benignidad, fidelidad, mansedumbre y continencia, a los que la Tradición de la Iglesia agregó otros tres: bondad, modestia y castidad. [Fruits of the Holy Spirit]

G

gozo alegría profunda y constante en el Señor que ninguna circunstancia puede destruir. Surge de una buena relación con Dios y con el prójimo, una relación de amor genuino. [joy]

gracia don de Dios que nos es concedido sin que tengamos que merecerlo. La gracia es el Espíritu Santo vivo en nosotros que nos ayuda a vivir nuestra vocación cristiana. La gracia nos ayuda a vivir como Dios quiere que vivamos. [grace]

gracia santificante don de Dios que nos es concedido sin que lo tengamos que ganar, nos introduce en la intimidad de la Trinidad, nos une con su vida y cura nuestra naturaleza humana herida por el pecado. La gracia santificante nos ayuda a responder a nuestra vocación como hijos adoptivos de Dios y continúa la tarea de hacernos santos que comenzó con nuestro Bautismo. [sanctifying grace]

I

Iglesia el pueblo de Dios en todo el mundo, las personas de una diócesis (la Iglesia local) o el conjunto de personas que se reúne para rendir culto a Dios. La Iglesia es una, santa, católica y apostólica. [Church]

indeleble calidad de permanente e imposible de borrar o deshacer. Los sacramentos del Bautismo, la Confirmación y el Orden tienen un carácter indeleble. [indelible]

infalible incapacidad de incurrir en error o de enseñar algo falso. En cuestiones de fe y moralidad la Iglesia es infalible gracias a la presencia y guía del Espíritu Santo. El papa, en unión con los obispos, puede enseñar infaliblemente en cuestiones de fe y moral. [infallible]

Inmaculada Concepción dogma de la Iglesia que dice que María estuvo libre de pecado original desde el momento en que fue concebida. Fue preservada por los méritos de su Hijo, Jesús, el Salvador de la raza humana. La Inmaculada Concepción de María fue declarada dogma de la Iglesia católica por el Papa Pío IX en 1854 y se celebra el 8 de diciembre. [Immaculate Conception]

J

Juicio Final el juicio final de todos los seres humanos que ocurrirá cuando Cristo regrese con gloria y todos reaparezcan ante él, reencarnados en su propio cuerpo, para dar cuenta de todos sus actos en la vida. En presencia de Cristo saldrá a la luz la verdad de la relación de cada persona con Dios y el bien que cada uno ha hecho o ha dejado de hacer en su vida terrenal. En ese momento el reino de Dios vendrá completamente. [Last Judgment]

juicio particular juicio realizado por Cristo al que se enfrentan todas las personas en el momento de morir y a partir del cual se determina el acceso al cielo (tras un período de purificación, si es necesario) o la asignación al infierno y separación inmediata y eterna de Dios. En el momento de morir Cristo recompensa a cada persona en función de sus actos y su fe. [particular judgment]

justicia virtud que nos guía para dar a Dios y al prójimo lo que les pertenece. La justicia es una de las cuatro virtudes humanas centrales, llamadas virtudes cardinales, por las que guiamos nuestra vida cristiana. [justice]

G

generosity the fruit of the Holy Spirit seen in the willingness to give even when at one's own cost. [benignidad]

gentleness the fruit of the Holy Spirit seen in the ability to be gracious, peaceful, and forgiving instead of being rough or angry. [mansedumbre]

Gifts of the Holy Spirit the permanent willingness, given to us through the Holy Spirit, that makes it possible for us to do what God asks of us. The Gifts of the Holy Spirit are drawn from Isaiah 11:1–3. They include wisdom, understanding, right judgment, courage, knowledge, and wonder and awe. Church Tradition has added reverence to make a total of seven. [dones del Espíritu Santo]

goodness the fruit of the Holy Spirit seen in our love for all people and our loving actions toward them. [bondad]

grace the gift of God, given to us without our meriting it. Grace is the Holy Spirit alive in us, helping us live our Christian vocation. Grace helps us live as God wants us to. [gracia]

H

holy the Mark of the Church that indicates that the Church is one with Jesus Christ. Holiness is closeness to God, and therefore the Church is holy because God is present in it. [santa]

hope the confidence that God will always be with us, make us happy now and forever, and help us live so that we will be with him forever. [esperanza]

I

Immaculate Conception the Church teaching that Mary was free from Original Sin from the first moment of her conception. She was preserved through the merits of her Son, Jesus, the Savior of the human race. It was declared a dogma of the Catholic Church by Pope Pius IX in 1854 and is celebrated on December 8. [Inmaculada Concepción]

indelible the quality of being permanent and unable to be erased or undone. The Sacraments of Baptism, Confirmation, and Holy Orders have an indelible character. [indeleble]

infallible the inability to be in error or to teach something that is false. On matters of belief and morality, the Church is infallible because of the presence and guidance of the Holy Spirit. The pope, in union with the bishops, can teach infallibly on matters of faith and morals. [infalible]

J

joy a deep and constant gladness in the Lord that circumstances cannot destroy. It comes from a good relationship with God and others—a relationship of genuine love. [gozo]

justice the virtue that guides us to give to God and others what is due them. Justice is one of the four central human virtues, called the Cardinal Virtues, by which we guide our Christian life. [justicia]

K

kindness the fruit of the Holy Spirit seen in generous acts of service to others [longanimidad]

Kingdom of God God's rule over us, announced in the Gospels and present in the Eucharist. The beginning of the kingdom here on earth is mysteriously present in the Church, and it will come in completeness at the end of time. [reino de Dios]

knowledge one of the seven Gifts of the Holy Spirit. This gift helps us know what God asks of us and how we should respond. [ciencia]

L

Last Judgment the final judgment of all human beings that will occur when Christ returns in glory and all appear in their own bodies before him to give an account of all their deeds in life. In the presence of Christ, the truth of each person's relationship with God will be laid bare, as will the good that each person had done or failed to do during his or her earthly life. At that time God's kingdom will come into its fullness. [Juicio Final]

Liturgy of the Eucharist the part of Mass in which the bread and wine are consecrated and become the Body and Blood of Jesus Christ. We then receive Christ in Holy Communion. [Liturgia Eucarística]

Liturgy of the Word the part of Mass in which we listen to God's Word from the Bible and consider what it means for us today. The Liturgy of the Word can also be a public prayer and proclamation of God's Word that is not followed by the Liturgy of the Eucharist. [Liturgia de la Palabra]

love the fruit of the Holy Spirit, also called *charity,* seen in selfless acts of care and service toward others. [amor]

M

Magisterium the living, teaching office of the Church. This office, through the bishops and with the pope, provides an authentic interpretation of the Word of God. It ensures faithfulness to the teaching of the Apostles in matters of faith and morals. [Magisterio]

Messiah a title that means "anointed one." It is from a Hebrew word that means the same thing as the Greek word *Christ*. Messiah is the title given to Jesus as priest, prophet, and king. [Mesías]

modesty the fruit of the Holy Spirit seen in the ability to be moderate and controlled in our actions, especially our conversation and physical appearance. [modestia]

L

Liturgia de la Palabra parte de la misa en la que escuchamos la Palabra de Dios de la Biblia y pensamos en lo que significa para nosotros hoy. La Liturgia de la Palabra también puede ser una oración pública en la que se proclama la Palabra de Dios y no estar seguida por la Liturgia de la Eucaristía. [Liturgy of the Word]

Liturgia Eucarística parte de la misa en la que el pan y el vino son consagrados y se convierten en el Cuerpo y la Sangre de Jesucristo. Después recibimos a Cristo en la Santa Comunión. [Liturgy of the Eucharist]

longanimidad fruto del Espíritu Santo que se evidencia en los actos de generosidad y de servicio al prójimo. [kindness]

M

Magisterio autoridad viva docente de la Iglesia. Esta autoridad, a través de los obispos y el papa, brinda una interpretación auténtica de la Palabra de Dios. El Magisterio garantiza fidelidad a las enseñanzas de los apóstoles en cuestiones de fe y moral. [Magisterium]

mansedumbre fruto del Espíritu Santo que se evidencia en la capacidad de ser amable, apacible y compasivo en lugar de inclemente o irascible. [gentleness]

Mesías título que significa "el ungido", al igual que la palabra griega Cristo. Es el nombre que se le da a Jesús como sacerdote, profeta y rey. [Messiah]

Misterio Pascual obra de salvación llevada a cabo por Jesucristo a través de su Pasión, muerte, Resurrección y Ascensión. El Misterio Pascual se celebra en la liturgia de la Iglesia y experimentamos su efecto salvador en los sacramentos. En cada liturgia de la Iglesia Dios Padre es bendecido y adorado como fuente de todas las bendiciones que hemos recibido a través de su Hijo para convertirnos en hijos suyos por medio del Espíritu Santo. [Paschal Mystery]

modestia fruto del Espíritu Santo que se evidencia en la capacidad de ser moderados y comedidos en nuestras acciones, en especial en nuestra conversación y apariencia física. [modesty]

O

obras de misericordia corporales actos de bondad por los que ayudamos a nuestro prójimo a satisfacer sus necesidades materiales diarias. Las obras de misericordia corporales incluyen dar de comer al hambriento, dar de beber al sediento, dar posada al peregrino, vestir al desnudo, visitar y cuidar a los enfermos, redimir al cautivo y enterrar a los muertos. [Corporal Works of Mercy]

obras de misericordia espirituales actos de bondad con los que ayudamos a nuestro prójimo a satisfacer las necesidades que van más allá de lo material. Las obras de misericordia espirituales incluyen dar buen consejo al que lo necesita, enseñar al que no sabe, corregir al que yerra, consolar al triste, perdonar las injurias, sufrir con paciencia los defectos de los demás y rogar a Dios por vivos y muertos. [Spiritual Works of Mercy]

P

paciencia fruto del Espíritu Santo que se evidencia en el amor duradero por el prójimo a pesar del sufrimiento, las dificultades y las decepciones. [patience]

padrino o madrina persona que apoya, guía y presenta al que recibe el sacramento de la Confirmación. El padrino debe tener al menos 16 años de edad, haber recibido el sacramento de la Confirmación y vivir una vida cristiana. [sponsor]

paz fruto del Espíritu Santo que se evidencia en las personas que permanecen tranquilas y serenas sin caer en la ansiedad o el enfado. [peace]

pecado mortal la decisión seria de apartarnos de Dios haciendo algo que sabemos que es malo. Para que un pecado sea considerado mortal debe ser una ofensa grave, la persona debe conocer la gravedad de su acción y a pesar de ello haber elegido libremente llevarla a cabo. [mortal sin]

pecado original consecuencia de la desobediencia de los primeros seres humanos. Desobedecieron a Dios y eligieron hacer su propia voluntad en lugar de respetar la voluntad de Dios. Como resultado los seres humanos perdieron la bendición original de Dios y quedaron sujetos al pecado y a la muerte. En el Bautismo recuperamos la vida con Dios por medio de Jesucristo, aunque aún padecemos los efectos del pecado original. [Original Sin]

pecado venial elegir hacer algo que debilita nuestra relación con Dios o con otras personas. El pecado venial daña y limita la vida divina que hay en nosotros. Si no nos esforzamos por mejorar, el pecado venial puede conducir a pecados más serios. Por nuestra participación en la Eucaristía y si estamos arrepentidos, los pecados veniales son perdonados y se fortalece nuestra relación con Dios y el prójimo. [venial sin]

piedad don del Espíritu Santo que nos ayuda a amar y venerar a Dios. Este don también se conoce como reverencia. [piety]

prudencia virtud que nos conduce al bien y nos ayuda a elegir la forma correcta de alcanzar ese bien. Cuando actuamos con prudencia consideramos nuestras acciones de forma cuidadosa y reflexiva. La prudencia es una de las virtudes cardinales que guían nuestra conciencia e inciden sobre nosotros para vivir de acuerdo con la ley de Cristo. [prudence]

purgatorio estado de purificación final de todas nuestras imperfecciones humanas después de la muerte para prepararnos a entrar en el gozo de la presencia de Dios en el cielo. [Purgatory]

R

reino de Dios autoridad de Dios sobre nosotros, anunciada en el Evangelio y presente en la Eucaristía. El inicio del reino aquí en la tierra es un misterio de la Iglesia que se completará en el fin de los tiempos. [Kingdom of God]

mortal sin a serious decision to turn away from God by doing something that we know is wrong. For a sin to be mortal, it must be a very serious offense, the person must know how serious it is, and the person must freely choose to do it anyway. [pecado mortal]

N

Nicene Creed the summary of Christian beliefs developed by the bishops at the first two councils of the Church held in A.D. 325 and 381. It is the Creed shared by most Christians, in the East and in the West. [Credo Niceno]

O

one one of the four Marks of the Church. The Church is one because of its source in the one God and because of its founder, Jesus Christ. Jesus, through his Death on the cross, united all to God in one body. [una]

Original Sin the consequence of the disobedience of the first human beings. They disobeyed God and chose to follow their own will rather than God's will. As a result, human beings lost the original blessing God had intended and became subject to sin and death. In Baptism we are restored to life with God through Jesus Christ although we still experience the effects of Original Sin. [pecado original]

P

particular judgment a judgment made by Christ received by every person at the moment of death that offers either entrance into heaven (after a period of purification, if needed) or immediate and eternal separation from God in hell. At the moment of death, each person is rewarded by Christ in accordance with his or her works and faith. [juicio particular]

Paschal Mystery the work of salvation accomplished by Jesus Christ through his Passion, Death, Resurrection, and Ascension. The Paschal Mystery is celebrated in the liturgy of the Church, and we experience its saving effects in the sacraments. In every liturgy of the Church, God the Father is blessed and adored as the source of all blessings we have received through his Son in order to make us his children through the Holy Spirit. [Misterio Pascual]

patience the fruit of the Holy Spirit seen in enduring love for others despite suffering, difficulties, and disappointments. [paciencia]

peace the fruit of the Holy Spirit seen in persons who remain calm and serene without becoming anxious or upset. [paz]

piety the gift of the Holy Spirit that helps us love and worship God. Piety is also known as reverence. [piedad]

prudence the virtue that directs us toward the good and helps us to choose the correct means to achieve that good. When we act with prudence, we carefully and thoughtfully consider our actions. Prudence is one of the Cardinal Virtues that guide our conscience and influence us to live according to the Law of Christ. [prudencia]

Purgatory a state of final cleansing of all our human imperfections after death to prepare us to enter into the joy of God's presence in Heaven. [purgatorio]

R

Rite of Christian Initiation of Adults (RCIA) the formal process by which adults become members of the Church. RCIA includes different types of spiritual formation that lead to Baptism, Confirmation, and receiving Holy Communion for the first time at the Easter Vigil. [Ritual de la Iniciación Cristiana de Adultos (RICA)]

S

sacraments the seven official rites through which God's life enters our lives in the liturgy through the work of the Holy Spirit. Christ's work in the liturgy is sacramental because his mystery is made present there by the power of the Holy Spirit. Jesus gave us three sacraments that bring us into the church: Baptism, Confirmation, and the Eucharist. He gave us two sacraments that bring us healing: Penance and Reconciliation and Anointing of the Sick. He also gave us two sacraments that help members serve the community: Matrimony and Holy Orders. [sacramentos]

sanctifying grace the gift of God, given to us without our earning it, that introduces us to the intimacy of the Trinity, unites us with its life, and heals our human nature wounded by sin. Sanctifying grace helps us respond to our vocation as God's adopted children, and it continues the work of making us holy that began at our Baptism. [gracia santificante]

self-control the fruit of the Holy Spirit seen in the ability to be disciplined in one's desires and respectful of the dignity and integrity of others. [continencia]

Spiritual Works of Mercy the kind acts through which we help our neighbors meet their needs that are more than material. The Spiritual Works of Mercy include counseling the doubtful, instructing the ignorant, admonishing sinners, comforting the afflicted, forgiving offenses, bearing wrongs patiently, and praying for the living and the dead. [obras de misericordia espirituales]

sponsor a person who supports, guides, and presents a person for the Sacrament of Confirmation. A sponsor must be 16 years old, have received the Sacrament of Confirmation, and live a Christian life. [padrino o madrina]

stewardship the careful and responsible management of something entrusted to one's care, especially the goods of creation, which are intended for the whole human race. The sixth Precept of the Church makes clear our part in stewardship by requiring us to provide for the material needs of the Church, according to our abilities. [corresponsabilidad]

Ritual de la Iniciación Cristiana de Adultos (RICA) proceso formal por el cual los adultos se convierten en miembros de la Iglesia. El RICA incluye diferentes tipos de formación espiritual que conducen al Bautismo, la Confirmación y a recibir la Sagrada Comunión durante la Vigilia Pascual. [Rite of Christian Initiation for Adults (RCIA)]

S

sabiduría uno de los siete dones del Espíritu Santo. La sabiduría nos ayuda a comprender el propósito y el plan de Dios y a vivir de manera tal que podamos ejecutar ese plan. Se origina en el asombro y respeto ante la grandeza de Dios. [wisdom]

sacramentos los siete rituales oficiales por los que la vida de Dios ingresa en nuestra vida en la liturgia a través de la obra del Espíritu Santo. La obra de Cristo en la liturgia es sacramental porque su misterio se hace allí presente por el poder del Espíritu Santo. Jesús nos dio tres sacramentos que nos reúnen en la Iglesia: el Bautismo, la Confirmación y la Eucaristía. Nos dio dos sacramentos que nos brindan curación: la Penitencia y la Reconciliación y la Unción de los Enfermos. También nos dio otros dos sacramentos que ayudan a los miembros a servir a la comunidad: el Matrimonio y el Orden. [sacraments]

santa atributo de la Iglesia que indica que la Iglesia es una con Jesucristo. La santidad implica cercanía a Dios; la Iglesia es santa porque Dios está presente en ella. [holy]

T

temor de Dios don del Espíritu Santo que nos ayuda a reconocer la grandeza de Dios y nuestra dependencia de él. [fear of the Lord]

templanza virtud cardinal que nos ayuda a controlar la atracción hacia el placer y así mantener nuestros deseos naturales dentro de los límites adecuados. Esta virtud moral nos permite elegir usar los bienes de la creación con moderación. [temperance]

Torá vocablo que en hebreo significa "instrucción" o "ley". También es el nombre de los cinco primeros libros del Antiguo Testamento: Génesis, Éxodo, Levítico, Números y Deuteronomio. [Torah]

Trinidad, Santísima el misterio de la existencia de Dios en tres Personas: Padre, Hijo y Espíritu Santo. Cada Persona es Dios, completo y entero. Cada una es distinta solo en la relación que establece con las otras. Seguimos a Jesús, Dios Hijo, porque Dios Padre nos llama y Dios Espíritu Santo nos impulsa. [Trinity, Holy]

U

una atributo de la Iglesia que indica la unidad de la Iglesia como comunidad de creyentes cristianos y la unión de todos sus miembros con Cristo. [one]

V

virtud actitud firme o manera de actuar que nos permite hacer el bien. [virtue]

virtudes cardinales las cuatro virtudes que ayudan a una persona a vivir en relación con Dios y con los otros: prudencia, justicia, fortaleza y templanza. [Cardinal Virtues]

virtudes teologales las tres virtudes de la fe, la esperanza y la caridad, que son dones de Dios y que no se adquieren por el esfuerzo humano. La virtud de la fe nos ayuda a creer en Dios, la virtud de la esperanza nos ayuda a desear la vida eterna y el reino de Dios y la virtud de la caridad nos ayuda a amar a Dios y a nuestro prójimo como debemos. [Theological Virtues]

T

temperance the Cardinal Virtue that helps us control our attraction to pleasure so that our natural desires are kept within proper limits. This moral virtue helps us choose to use created goods in moderation. [templanza]

Ten Commandments the 10 rules given by God to Moses on Mount Sinai that sum up God's law and show us what is required to love God and our neighbor. By following the Ten Commandments, the Hebrews accepted their Covenant with God. [Diez Mandamientos]

Theological Virtues the three virtues of faith, hope, and charity that are gifts from God and not acquired by human effort. The virtue of faith helps us believe in him, the virtue of hope helps us desire eternal life and the Kingdom of God, and the virtue of charity helps us love God and our neighbor as we should. [virtudes teologales]

Torah the Hebrew word for "instruction" or "law." It is also the name of the first five books of the Old Testament: Genesis, Exodus, Leviticus, Numbers, and Deuteronomy. [Torá]

Trinity, Holy the mystery of the existence of God in the three Persons, the Father, the Son, and the Holy Spirit. Each Person is God, whole and entire. Each is distinct only in the relationship of each to the others. We follow Jesus, God the Son, because God the Father calls us and God the Holy Spirit moves us. [Trinidad, Santísima]

U

understanding one of the seven Gifts of the Holy Spirit. This gift helps us make the right choices in life and in our relationships with God and with others. [entendimiento]

V

venial sin a choice we make that weakens our relationship with God or other people. Venial sin wounds and lessens the divine life in us. If we make no effort to do better, venial sin can lead to more serious sin. Through our participation in the Eucharist, venial sin is forgiven when we are repentant, strengthening our relationship with God and others. [pecado venial]

virtue a firm attitude or way of acting that enables us to do good. [virtud]

W

wisdom one of the seven Gifts of the Holy Spirit. Wisdom helps us understand the purpose and plan of God and live in a way that helps bring about this plan. It begins in wonder and awe at God's greatness. [sabiduría]

Índice temático

index

Reconocimientos

Acknowledgments

Ilustraciones/Art and Photography

Introducción/Front Matter:

iii iStockphoto/Thinkstock. **iv** Colorblind/Media Bakery. **v** iStockphoto/Thinkstock. **vi(a)** The Crosiers/Gene Plaisted, OSC. **vi(b)** Geoff du Feu/Alamy.

Capítulo/Chapter 1:

1 Digital Vision/Thinkstock. **1(b)** © iStockphoto.com. **2** iofoto/Veer. **2(a)** Rick Becker-Leckrone/Shutterstock.com. **2(b)** Sebcz/Dreamstime.com. **3(a)** He Qi, He Qi Arts, www.heqigallery.com. **3(b)** He Qi, He Qi Arts, www.heqigallery.com; Alloy Photography/Veer. **4(a)** Loyola Press Photography; Andrew Ward/Life File/Photodisc. **4(b)** JGI/Jamie Grill/Blend Images/Corbis. **5(a)** Museo di San Marco dell'Angelico, Florence, Italy/Giraudon/The Brldgeman Art Library. **5(b)** Wikipedia. **6(a)** Zulhazmi Zabri/Shutterstock.com; iStockphoto/Thinkstock. **6(b)** Warling Studios; iStockphoto/Thinkstock. **7(a)** Michael D. O'Brien, www.studiobrien.com; iStockphoto/Thinkstock; iStockphoto/Thinkstock. **7(b)** Fotosearch. **8(a)** John the Evangelist, *vidriera*/stained glass window, St. Mary's Church, Edward Burne-Jones, 1898, Speldhurst, England, © the Crosiers/Gene Plaisted, OSC; Leungchopan/Dreamstime.com. **8(b)** National Gallery, London, UK/ The Bridgeman Art Library. **9(a)** © iStockphoto.com/LPETTET; © iStockphoto.com/Liliboas; Jupiterimages. **9(b)** iStockphoto/Thlnkstock. **10** © iStockphoto.com/eyedear. **11** © iStockphoto.com/blackie.

Capítulo / Chapter 2:

13 Fancy/Alamy. **14(a)** Noel Hendrickson/Digital Vision/Getty Images; iStockphoto/Thinkstock; © iStockphoto.com/N_design. **14(b)** © iStockphoto.com/bo1982. **15(a)** The Bridgeman Art Library; © iStockphoto.com/N_design. **15(b)** The Bridgeman Art Library International; iStockphoto/Thinkstock. **16(a)** Phil Martin Photography. **16(b)** © iStockphoto.com/ATTACK-RABBIT. © iStockphoto.com/patty_c. **17(a)** W.P. Wittman Limited; Mytopshelf/Alamy; Thomas Northcut/Photodisc/Thinkstock. **17(b)** Phil Martin Photography. **18(a)** Friedrich Stark/Alamy. **18(b)** Digital Vision/Thinkstock; © iStockphoto.com/kryczka. **19(a)** Phil Martin Photography. **19(b)** The Crosiers/Gene Plaisted, OSC; © iStockphoto.com/sebastianiov; © iStockphoto.com/cinoby. **20(a)** Alloy Photography/Veer. **20(b)** © iStockphoto.com/Plougmann. **21(a)** Phil Martin Photography; chbaum/Shutterstock.com. **21(b)** Icon of Saint John Neumann, *cortesía de*/courtesy of Monastery Icons, © 2001, www.monasteryicons.com. **22** Blend Images Photography/Veer. **23** iStockphoto/Thinkstock.

Capítulo / Chapter 3:

25 Hemera/Thinkstock; iStockphoto/Thinkstock; Jupiterimages/Comstock/Thinkstock. **26(a)** Jupiterimages/Comstock/Thinkstock; iStockphoto/Thinkstock. **26(b)** Lana K/Shutterstock.com. **27(a)** Image by Elizabeth Wang, "The purity and holiness of Adam and Eve before the Fall," © Radiant Light 2000. Image Code: R-60070-CW-V1. **27(b)** Image by Elizabeth Wang, RL Code T-05121-CW-V3, © Radiant Light 2010, www.radiantlight.org.uk; Jupiterimages. **28(a)** The Bridgeman Art Library International; Loyola Press Photography/www.rosarymarket.com. **28(b)** © iStockphoto.com/LindaYolanda. **29(a)** The Crosiers/Gene Plaisted, OSC; Loyola Press Photography/www.rosarymarket.com. **29(b)** Design Pics/PunchStock. **30(a)** Phil Martin Photography; James Hardy/Media Bakery. **30(b)** Phil Martin Photography. **31(b)** laurent dambies/Shutterstock.com. **32(a)** Amanda Hall, 2004, USA; David De Lossy/Photodisc/Getty Images. **32(b)** Zvonimir Atletic/Shutterstock.com. **33(a)** Gianni Dagli Orti/The Art Archive at Art Resource, NY. **33(b)** Thinkstock/Comstock/Thinkstock; Warling Studios. **34** iStockphoto/Thinkstock. **35** Corbis Photography/Veer.

Capítulo / Chapter 4:

37(a) Lawrence Manning/Media Bakery. **37(b)** *(combinado/merged)* Stockbyte/Thinkstock; *(combinado/merged)* Hemera/Thinkstock; © iStockphoto.com/Natural_Warp. **38(a)** Horton Young. **38(b)** Karina Bakalyan/Shutterstock.com. **39(a)** The Bridgeman Art Library International. **39(b)** The Bridgeman Art Library International; © iStockphoto.com/tilo. **40(b)** © iStockphoto.com/guvendemir. **41(a)** Hemera/Thinkstock. **41(b)** © National Gallery of Scotland, Edinburgh, Scotland/The Bridgeman Art Library International. **42(a)** Phil Martin Photography; Bill Miles/Media Bakery. **42(b)** P Deliss/Media Bakery; Simon Jarratt/Corbis **43(a)** The Bridgeman Art Library International. **43(b)** © iStockphoto.com/FineCollection. **44(a)** Tim Graham/Alamy; © iStockphoto.com/ajt. **44(b)** Borderlands/Alamy; Scala/Art Resource, NY. **45(a)** iStockphoto/Thinkstock; Alan Burles/Alamy. **46** Hemera/Thinkstock. **47** riekephotos/Shutterstock.com.

Capítulo / Chapter 5:

49 © iStockphoto.com/naddi; Fancy Photography/Veer. **49(b)** iStockphoto/Thinkstock. **50** Fancy Photography/Veer. **50(a)** iStockphoto/Thinkstock. **50(b)** Mark Edward Atkinson/Media Bakery. **51(a)** The Bridgeman Art Library International. **51(b)** The Bridgeman Art Library International. **52(a)** Perugino, Pietro (circa 1445–1523)/Collegio del Cambio, Perugia, Italy/Alinari/The Bridgeman Art Library; Comstock/Thinkstock. **52(b)** Dennis MacDonald/Alamy. **53(a)** Corbis Photography/Veer. **53(b)** Jason Tennant; The Crosiers/Gene Plaisted, OSC. **54(a)** Phil Martin Photography; Stockbyte/Thinkstock. **54(b)** Zulhazmi Zabri/Shutterstock.com; Asia Images Group/Getty Images. **55(a)** Kellie L. Folkertsi/Shutterstock.com; © iStockphoto.com/urbancow. **55(b)** Eyob Mergia, www.eyobart.com; © iStockphoto.com/urbancow. **56(a)** *St. Catherine of Siena (óleo sobre cobre/oil on copper)*, Peruvian School/Brooklyn Museum of Art, New York, USA/The Bridgeman Art Library International. **56(b)** *Saint Catherine of Siena*, Br. Robert Lentz, OFM, *cortesía de*/courtesy of Trinity Stores, www.trinitystores.com, 800.699.4482. **57(a)** KidStock/Blend Images/Corbis. **57(b)** Alloy Photography/Veer; The Crosiers/Gene Plaisted, OSC. **58** iStockphoto/Thinkstock. **59** PT Images/Veer.

Capítulo / Chapter 6:

61(a) © iStockphoto.com/Pingwin; mashe/Shutterstock.com. **62** Hemera/Thinkstock. **62(a)** © iStockphoto.com/aldomurillo. **62(b)** © iStockphoto.com/Juanmonino. **63(a)** Southwest Antiques. www.colonialspanish.com. **63(b)** "Festival of Lights," Copyright 2000 by John August Swanson, serigraph, 30 ¾" x 24", www.JohnAugustSwanson.com, *El artista angelino John*

August Swanson es conicido por sus cuadros y láminas originales de gran detalle y brillante colorido. Sus obras se encuentran en el National Museum of American History de la Smithsonian Institution, en la Tate Gallery de Londres, en la colección de arte religioso moderno de los Museos Vaticanos y en la Bibliothèque Nationale, Paris/Los Angeles artist John August Swanson is noted for his finely detailed, brilliantly colored paintings and original prints. His works are found in the Smithsonian Institution's National Museum of American History, London's Tate Gallery, the Vatican Museum's Collection of Modern Religious Art, and the Bibliothèque Nationale, Paris; © iStockphoto.com/kryczka; Siede Preis/Photodisc; C Squared Studios/Photodisc; **64(a)** Getty Images. **64(b)** Jupiterimages; Phil Martin Photography. **65(a)** Warling Studios. **65(b)** Phil Martin Photography. **66(a)** Warling Studios. **66(b)** Con Tanasiuk/Design Pics/Corbis; BrankaVV/Shutterstock.com. **67** Media Bakery. **67(b)** The Crosiers/Gene Plaisted, OSC. **68(a)** catedraldecaguas.com; © iStockphoto.com/ericsphotography. **68(b)** Rafael Lopez; Con Tanasiuk/Media Bakery. **69(a)** Tom Corbin. **69** © iStockphoto.com/Igphotography. **69(b)** Nic Neufeld/Shutterstock.com; © iStockphoto.com/barsik. **70** © iStockphoto.com/splain2me. **71** Thomas Northcut/Photodisc/Thinkstock.

Capítulo / Chapter 7:

73 © iStockphoto.com/grandriver. **73(b)** © iStockphoto.com/77DZIGN. **74** iStockphoto/Thinkstock. **74(a)** © iStockphoto.com/LindaYolanda. **74(b)** Stretch Photography/Media Bakery. **75(a)** Sterling & Francine Clark Art Institute, Williamstown, USA/The Bridgeman Art Library. **75(b)** Hermitage, St. Petersburg, Russia/The Bridgeman Art Library International; RubberBall/Alamy. **76(a)** © iStockphoto.com/artpipi. **76(b)** Warling Studios. **77(a)** New-York Historical Society, USA/The Bridgeman Art Library International; © iStockphoto.com/hidesy. **77(b)** Carme Balcells/Shutterstock.com; © iStockphoto.com/oleg66. **78(a)** Ivica Drusany/Shutterstock.com. **78(b)** The Archives of the Dominican Sisters of Hawthorne; Ocean Photography/Veer. **79(a)** Hank Walker/Time & Life Pictures/Getty Images; akiyoko/Shutterstock.com. **79(b)** akiyoko/Shutterstock.com. **80(a)** *Santuario de la iglesia de Piemonte, detalle de vidriera*/Piemonte church sanctuary stained glass detail, Renato Valterza, July 29, 2005. CuboImages srl/Alamy; Wikipedia. **80(b)** karen roach/Shutterstock.com. **81(a)** sjgh/Shutterstock.com. **81(b)** mangostock/Shutterstock.com; Zvonimir Atletic/Shutterstock.com. **82** © iStockphoto.com/fotoVoyager. **83** © iStockphoto.com/GomezDavid.

Capítulo / Chapter 8:

85 Hill Street Studios/Media Bakery. **85(b)** © iStockphoto.com/mxtama. **86** Hill Street Studios/Media Bakery. **86(a)** Blend Images Photography/Veer. **86(b)** Hemera/Thinkstock. **87(a)** M. Cerezo Barredo. Mary of Pentecost, *mural en la curia de los Misioneros Claretianos*/mural in the curia of the Claretian Missionaries, Rome, **1994. 87(b)** M. Cerezo Barredo. Holy Spirit, *Palio de la catedral de São Félix do Araguaia*/Canopy at the Cathedral of São Félix do Araguaia, 1993; Ocean Photography/Veer. **88(a)** Hemera/Thinkstock; © iStockphoto.com/Okea; © iStockphoto.com/krystiannawrocki. **88(b)** W.P. Wittman Limited. **89(a)** Diane Bolinger; Jupiterimages. **89(b)** Phil Martin Photography. **90(a)** © iStockphoto.com/knape; © iStockphoto.com/cinoby; © iStockphoto.com/sebastianiov. **90(b)** Jack Hollingsworth/Photodisc/Thinkstock; W.P. Wittman Limited. **91(a)** Zvonimir Atletic/Shutterstock.com; Hemera/Thinkstock. **91(b)** W.P. Wittman Limited. **92(a)** *Jesuitas de la provincia de Missouri*/Jesuits of Missouri Province; Comstock Images/Comstock/Thinkstock. **92(b)** Giraudon/The Bridgeman Art Library; The Crosiers/Gene Plaisted, OSC. **93** Fancy Photography/Veer. **94** Ocean Photography/Veer. **95** iStockphoto/Thinkstock. **95(b)** © iStockphoto.com/mxtama. **96(a)** Photo © Peter Nahum at The Leicester Galleries, London/The Bridgeman Art Library. **96(b)** Kasey Hund Photography.

Creencias y prácticas católicas / Catholic Beliefs and Practices:

97(a) © iStockphoto.com/jrroman; The Crosiers/Gene Plaisted, OSC. **97(b)** AgnusImages.com; The Crosiers/Gene Plaisted, OSC. **98(a)** Johnny van Haeften Gallery, London, UK/The Bridgeman Art Library. **98(b)** Konstantin Sutyagin/Shutterstock.com; Phil Martin Photography; © iStockphoto.com/dlerick. **99(a)** Kim Karpeles/Alamy. **99(b)** Zacarias Pereira da Mata/Shutterstock.com; © iStockphoto.com/LordRunar. **100(a)** Hermitage, St. Petersburg, Russia/The Bridgeman Art Library. **100(b)** Jupiterimages/Photos.com/Thinkstock; Thinkstock/Comstock/Thinkstock. **101(a)** Charalambos Epaminonda, sacredartpilgrim.com. **101(b)** moodboard Photography/Veer; Birgid Allig/Media Bakery. **102(a)** Fotochip/Shutterstock.com. **102(b)** platayregalo.com; Greg Kuepfer; CM Almy; Loyola Press Photography; © iStockphoto.com/princessdlaf; © iStockphoto.com/sebastianiov. **103(a)** © iStockphoto.com/jane. **103(b)** Warling Studios. **104(a)** © iStockphoto.com/kryczka. **104(b)** Warling Studios. **105(a)** Warling Studios. **105(b)** The Bridgeman Art Library International; Warling Studios. **106(a)** Somos/Media Bakery. **107(a)** Stockphoto/Thinkstock. **107(b)** OJO Images Photography/Veer. **108(a)** Daniel Bibb. **108(b)** Sean Murphy/Lifesize/Thinkstock. **109(a)** Blacqbook/Shutterstock.com. **109(b)** Loyola Press Photography. **110(a)** iStockphoto/Thinkstock; Hemis/Alamy; vnlit/Veer. **110(b)** Weyden, Goswijn van der (1465–1535) *o un pintor holandés anónimo*/or an anonymous Netherlandish painter, *The Fifteen Mysteries and the Virgin of the Rosary*, 1515–1520, *óleo sobre madera*/oil on wood, © The Metropolitan Museum of Art/Art Resource, NY. **111(a)** Kletr/Vladimir Vitek/Bigstock.com. **111(b)** Greg Kuepfer. **112(a)** Zvonimir Atletic/Shutterstock.com; The Crosiers/Gene Plaisted, OSC; Jurand/Shutterstock.com; iStockphoto/Thinkstock. **112(b)** © 2012 Con Tanasiuk/Design Pics. **113(a)** zatletic/Bigstock.com. **113(b)** Zvonimir Atletic/Shutterstock.com. **114(a)** zatletic/Bigstock.com. **114(b)** Zvonimir Atletic/Shutterstock.com.

123 Reconocimientos/Acknowledgments